阅读日本
书　系

世博会与战后日本

万博と戦後日本

吉见俊哉\著　　李斌\译

笹川日中友好基金
The Sasakawa Japan-China Friendship Fund

南京大学出版社

阅读日本书系编辑委员会名单

阅读日本书系选考委员会名单

序 另一个 1970 年——辐射雨和美国伞

"富裕的战后"的终结

由于 2011 年 3 月 11 日的地震及核电站事故的扩大化,我们的"富裕的战后"终于宣告终结了。其征兆从 1990 年代起就已经很明显了。泡沫经济的崩溃和自民党长期单独执政的结束,还有 1995 年相继发生的阪神·淡路大地震和奥姆真理教事件,都让我们体会到了"富裕的战后"的终结。

那时的地震也是突然发生的。十六年前的 1 月 17 日,以淡路岛北部为震源的大地震给大阪和神户地区带来了毁灭性的破坏。地震的整体震级为 6 级,在大阪和神户之间的区域则达到了 7 级。死亡和失踪人数为 6434 人,受伤人数为 43792 人,避难人数则超过了 30 万,全部或一半坍塌的住宅约为 25 万户,被认为是关东大地震①以来最大的地震灾害。水电煤气等公共服务的输送中断,陷于瘫痪。阪神高速公路有十几处被破坏,山阳新干线也多处断裂,地铁的隧道也塌方了。市中心很多楼房倒塌,崩塌的高速公路和燃烧的街道的影像连日在电视上播放,使人们陷入一片茫然。

在整个日本还没有走出大地震阴影的 3 月 20 日,在东京市中心又发生了更深刻地震撼列岛居民的事件,也就是奥姆真理教信徒犯下的地铁沙林毒气事件。他们在东京市中心的多辆地铁车厢内投放沙林,这是一种曾被作为化学武器使用的神经性毒气,结果

---

① 1923 年 9 月 1 日发生在日本关东地区的 7.9 级大地震,造成了约 14 万人死亡或失踪。另外,全书的脚注均为译者所加。

导致 12 名乘客和车站工作人员死亡,5510 人负重伤或轻伤。事件发生两天后,警视厅对山梨县上九一色村(现属于甲府市)的教团本部设施进行了强行搜查,结果发现了沙林等化学武器的制造设备。据被逮捕的教团干部招供,从 1994 年的松本沙林事件①到地铁沙林事件,都是奥姆教出于信仰而进行的犯罪。从这次强行搜查到 5 月 16 日教祖麻原彰晃(本名松本智津夫)被逮捕的约两个月时间,因为对这个特异的宗教团体难以理解,整个日本社会都处于一种异样的兴趣中。

对"富裕的战后"破灭具有决定性作用的 1995 年和 2011 年的两次地震,都伴随着与今天的科学技术有关的"人祸",一次是用化学武器进行的恐怖袭击,一次是核反应堆熔毁带来的核污染,这具有象征意义。实际上,在 3 月 11 日以后,因为核电站事故的解决遥遥无期而多次在电视转播的记者招待会上露面的东京电力和原子能安全保安院的干部们面无表情和缺乏现实感,让人想起了十六年前因为恐怖袭击而登上电视的教团干部。最重要的是,我们曾经在媒体上看到的奥姆真理教总部的真理之家(Satyam)和福岛第一核电站的核反应堆建筑在外观上何其相似。要说区别的话,那就是几座核反应堆已经被爆炸破坏得旧貌无存了。至少在很多人看来,两起事件具有相似之处。这种印象与人们对如今的科学技术和专家的不信任感也有关系。

面对由于可怕的大海啸而瞬间化为一片废墟的东北沿岸的景象,我们束手无策,唯有阵阵揪心。面对来不及逃走就被浊流卷走的两万几千个生命,面对无数亡魂,我们这些幸存者到底能做些什么呢? 这种心情正在弥漫整个列岛,今后大概也会长期存在于社会中吧。对于这次地震,必须要进行安魂。对于那些逝去的魂灵和东北地区的重建,也必须采取真诚努力的措施。不过即便如此,大海啸和核电站事故也并非一回事。后者是"人祸",是战后日本经济增长到现在的归结性事件。对于该事件,我们更应该做的是彻底追查其原因,而不是安魂。但是,如果向上追溯这次事件的原

① 1994 年 6 月 27 日发生在日本长野县松本市的恐怖事件,凶手在住宅区散布沙林毒气,造成了 8 人死亡,600 多人受伤。

因,就会触及战后日本这一根本性的存在。而且,事态向着这一方向发展的决定性时期与本书将要考察的战后世博会的时代也是重合的。

美国的两把"核保护伞"

福岛核电站诞生的原点可以追溯到 1960 年,也就是日美安保斗争①的那一年。该年,福岛县表示要引进核电站,次年,也就是1961 年,准备要建设第一核电站的大熊町和双叶町的町议会通过了引进核电站的决议。当时,福岛县在能源产业的引进上进展缓慢,这对其经济高速发展不利,而且,由于能源政策由煤炭向石油转变,导致县内最大的能源产业——常磐煤矿也日趋衰落,因此他们正在寻求代替水力和火力的第三种电力来源。正好大熊町在沿海的断崖边有一块地是原日军航空队基地,战后一直作为盐田使用。由于其占地面积广,收购也容易,所以被认为是建设核电站的绝佳场所。土地收购在东京奥运会举行的 1964 年完成,1967 年一号反应堆开始动工,并于大阪世博会举行的 1970 年完工,1971 年开始投入商业运营。也就是说,福岛第一核电站从决定引进到开工,再到开始运营,正好和 60 年代的经济高速增长期重合在一起。

值得关注的是,不仅是福岛第一核电站,战后日本所建设的众多核电站运营开始的时间大都集中在 1960 年代到 1970 年代。稍早于福岛第一核电站建成的敦贺核电站一号反应堆和美滨核电站一号反应堆投入商业运营都是在 1970 年。这两个核电站都位于福井县,另外,福井县的高滨核电站第一反应堆也于 1974 年开始商业运营,九州的玄海核电站一号反应堆于 1975 年,静冈县的滨冈核电站一号反应堆于 1976 年分别开始商业运营。考虑到从规划、引进、建设到开始运营需要将近十年的时间,因此日本各地的核电站几乎都是在 1960 年代进行规划和引进,70 年代开始运营的。当然,大部分核电站继一号反应堆之后又新建了二号、三号反

---

① 从 1959 年到 1960 年,为了反对《日美安全保障条约》而进行的全国性斗争。

应堆,所以反应堆的增设一直持续到了90年代中期。在1971年福岛第一核电站开始运营时日本只有4座核电站,结果到了90年代中期增长至54座,数量仅次于美国和法国,位列世界第三。

为什么日本各地会在1960年代同时规划和引进如此众多的核电站呢?要想回答这个问题,我们可以追溯到1953年至1954年发生的两件事情中寻找启发,从时间上看,是在这些核电站被引进前十年左右。这两件事都是冷战期的美国发展核战略时发生的。

其一是1953年艾森豪威尔政权提出的"新面貌"(New Look)和"原子能为和平服务"(Atoms for Peace)这两大政策。他的前任杜鲁门政权虽然下令在广岛和长崎投下了原子弹,不,可能正是因为下令投掷了原子弹,所以当他发现在这两个城市的无差别杀戮效果惊人之后,便开始将原子弹看成不同于常规武器的最终手段。与此相对,艾森豪威尔政权则将所有的核武器作为可以在实战中使用的兵器,部署到了全世界的美军基地中。他把在前任政权中原本属于原子能委员会的核武器管理权移交给了军方,并准备对共产党国家实施"大规模报复战略",在各同盟国的前方基地配备大量的战略核武器。结果,北约各国的核武器大量增加,总共部署了多达七千件的核武器。在亚洲的韩国、菲律宾、台湾等地也都进行了部署,在冲绳,以嘉手纳基地为中心部署了将近八百件核武器。就这样,到艾森豪威尔离任时为止,美军所拥有的核武器数量超过了两万件。

艾森豪威尔的"新面貌"政策就是将美国势力范围内的所有国家都进行核武装的强硬战略。而与该政策相反相成的就是"原子能为和平服务"政策,即试图在全世界推进原子能的和平利用。他于1953年在联合国大会上发表演说,承诺美国将协助各国进行有关原子能和平利用的共同研究和核电站建设。强调核能的"和平利用",向他国提供核能的好处,采取这种姿态有助于改善因为投掷原子弹和推进核武装而成为军事威胁的美国的形象,并让世界各国更容易接受核能。

1953年苏联进行的氢弹试验让美国认识到,要想在核武器上保持压倒性优势已经非常困难了。因此,美国试图通过向第三世界国家积极提供原子能技术,并与这些国家进行以和平利用为目的的共同开发等手段,将它们拉到自己的阵营中来。另一方面,苏联为了对抗美国,也试图向周边各国提供原子能技术,因此,处于这两个大国势力范围中间地带的国家同时受到了这两国的"核推销"。像伊朗、伊拉克、巴基斯坦这些不久之后将阻碍美国全球战略的国家,其最初引进原子能技术时,实际上是由美国推进的。

当初,原子能为和平服务政策的直接对像是与社会主义国家阵营接壤的第三世界国家,而并非业已成为美国同盟国的日本、西德等原轴心国。但是,对于日本国内的保守势力来说,这项政策是很有魅力的,他们非常想参与其中的技术提供。尤其是50年代中期,热心扮演艾森豪威尔核战略的响应者角色的,是后来成为首相的中曾根康弘[①]以及首任原子能委员会委员长、读卖新闻社的老板正力松太郎[②]。

中曾根在今年的事故之后仍然主张"世界的总趋势是原子能的和平利用,我没有否定能源利用"。而在1953年,"当我得知艾森豪威尔总统将转变政策,提倡原子能的和平利用时,我想:'日本也不能落后,今后将是原子能的时代'"(朝日新闻,2011年4月26日)。于是,在保守势力的帮助下,中曾根推动国会通过了原子能预算案,设立了超党派的原子能联合委员会。他还推进了原子能立法,这是后来的原子能政策的基础。中曾根与原子能的关系是如此之深,一位曾经受其影响的著名政治家说:"中曾根先生提出的'原子能的和平利用'让人无法忘记。因为我之前一直以为长崎、广岛的原子弹是这个世界上最可怕的东西。虽然我不懂他讲的具体内容是什么,但总觉得这个人讲的东西真不得了"(《朝日新闻》,2011年5月30日)。

另一方面,与中曾根齐头并进,强力扮演媒体方面的推动人角色的则是正力,他充分利用旗下的《读卖新闻》和日本电视台,展开了原子能和平利用的宣传攻势。正如有马哲夫在其著作《核电

---

① 中曾根康弘(1918~　),政治家,1982年11月至1987年11月任日本首相。

② 正力松太郎(1885~1969),实业家、政治家,1924年出任《读卖新闻》的总经理,振兴了当时濒临破产的《读卖新闻》。他还是日本职业棒球之父、电视传播之父、核能发电之父。1956年出任首届科学技术厅长官。

站·正力·CIA①》(新潮新书,2008年)中提到的那样,曾经热衷于在远东建设微波通讯网的正力与CIA等间谍机构以及通用电气公司(GE)、美国无线电公司(RCA)等电机企业的关系很深,这些电机企业也是原子能产业的重要中坚力量。正力从美国邀请来了原子能和平利用的使节团,在《读卖新闻》上不断开展推进核电站的宣传攻势,还举办了原子能和平利用博览会。他打着核电站的旗号成功进入政界,当上了原子能委员会的首任委员长,进而出任科学技术厅长官。

从艾森豪威尔政权的立场来说,"新面貌"也好,"原子能为和平服务"也罢,都是基于同样的经济原理。根据该政权的预测,冷战很可能会长期化,美国社会要想长期维持与社会主义阵营的军事紧张局面,需要冒一个险,即在控制军事费用、维持稳定财政的同时,谋求增强军备。美国的财政赤字已经因为朝鲜战争而膨胀,要想继续增强常规武器和地面兵力非常困难。在这种情况下,与常规兵力相比相对廉价且具有绝对攻击力的核武器是一种极具魅力的技术。这与核电站对电力公司来说具有魅力完全出于同样的理由,水力发电需要先行在大坝建设上投入巨资,而火力发电则会因为石油价格而时喜时忧,与这两者相比,原子能被认为是相对便宜的能源。

第五福龙丸和"原子能和平利用"

然而,"原子能为和平服务"政策不仅仅是开发能带来富裕生活的廉价新能源,还带有特别的政治意义。那就是忘却广岛和长崎。如果原子能的和平利用在世界各地顺利开展的话,人们将不再会认为它是导致核战争的破坏性技术。尤其对于日本这个因为广岛和长崎的两次被炸而反核感情强烈的国家,如果能让其承认核能不是"战争"而是"和平"的技术,就可以使美国带给其的"被炸"记忆背景化,让其承担"核保护伞"的部分任务就会变得更加容

---

① 美国中央情报局(Central Intelligence Agency),美国政府的情报、间谍和反间谍机构。

易。作为正力松太郎的心腹,在将核电站引进日本的过程中起到决定性作用的柴田秀利在 50 年代初期就曾说过:"日本自古以来就有'以毒攻毒'的说法。原子能是把双刃剑。要打倒反对原子弹的人,最好的办法就是大肆宣扬原子能的和平利用,给未来将要发生的伟大的产业革命以希望。"(佐野真一《巨怪传》,《文艺春秋》)通过强调建核电站是为了带来"和平、富裕",可以让人们忘却对"原子弹"的记忆,借此,"核电站"逐渐成为了使日本加入美国的"核保护伞"的象征性媒介。

然而,正当正力、中曾根、CIA 等掀起这股潮流时,出现了一起突发事件,那就是第五福龙丸遭受大量核辐射。1954 年 3 月 1 日,美军在比基尼环礁试爆了一颗氢弹,据说其威力是广岛原子弹的一千倍,从而导致周围数百公里被大量的高能辐射所笼罩。这次"试验"使生活在马绍尔群岛的众多居民遭受辐射后死亡,后来也长期苦于后遗症。另外,在离美军指定的危险区域外侧很远的范围内也有数百艘渔船受到辐射,其中,距爆炸中心一百五十公里的第五福龙丸受到的辐射尤甚,船体蒙上了一层死灰,虽然赶紧回到了烧津港,但船员被诊断为辐射病,一人死亡,其他的船员也一直苦于后遗症。不久之后人们得知,不仅船员遭到了直接辐射,而且从日本各地捕捞上来的鱼也受到了辐射污染,另外,含有放射能的气团也随着气流从太平洋上蜂拥而至,降下了辐射雨,导致草莓、蔬菜、茶叶、牛奶等农产品中被测出有辐射,一时舆论哗然。

国际社会强烈谴责了该次"试验",不过美国方面申辩说日本患者的发病原因不是核辐射,而是"珊瑚礁物质的化学作用"。他们还指责第五福龙丸在美军指定的禁入区内进行捕鱼作业,不过该船确实是在指定区域外作业的,这已经得到了确认。更有甚者,美国原子能委员会委员长刘易斯·施特劳斯(Lewis Strauss)居然说马绍尔群岛居民是"健康而幸福的",第五福龙丸有可能是"共产主义的间谍",其船长"肯定受雇于俄国人",并要求 CIA 进行调查。艾森豪威尔政权的高官向总统报告说:"日本对核武器过于敏感,近乎病态。而且日本人具有一种民族受害感,觉得他们是被选中的牺牲者。"在氢弹试验后八个月举行的日美联合会议上,美国政府还反复强调没有核辐射事故,并出示了一种"新标准",将辐射的安全标准提高到原来的约一千倍。另一方面，美国的进口企业却在禁止日本的罐装金枪鱼发货到美国，并要求日本用GM计数管进行精密检测。

当然，随着第五福龙丸的被辐射和渔业遭受损失的真相大白，对氢弹试验的反抗扩大到了整个日本社会。东京都杉并区的主妇团体发起的禁止使用核武器运动急速扩大，不久就收集到了三千两百万人的签名，这相当于日本总人口的三分之一。该运动的波及范围远远超过了原有势力的运动规模，在舆论调查中，反对核武器也受到了压倒性的支持。虽然日本政府支持"该试验是美国出于防卫上的必要而进行的"这一观点，不过这种官方见解只是徒招舆论的反感，反核情绪甚至蔓延到了保守势力中。

在比基尼环礁发生的事件不久之后催生出了一部纪念碑式的电影作品。不用说，那就是怪兽电影《哥斯拉》，哥斯拉的异形就是第五福龙丸所遭遇的"火球（＝氢弹）"的隐喻。电影《哥斯拉》通过异形怪兽对东京的破坏（让人联想起东京大空袭）将美国进行的氢弹试验（＝未来战争）和日本人的战争记忆联系起来，表现了日本人对核抱有的大众性恐惧（武田彻《"核"论》，中公文库）。

原子能和平利用博览会与"铁臂阿童木"

一般认为，从日本社会的这种对核能的强烈恐惧感来看，要把日本纳入美国的"核保护伞"并非易事。不管美国国务院和日本政府说什么，仅凭冷战、反共等口号无法消除遭受了继广岛、长崎之后第三次核辐射的日本社会对核的恐惧。这时，原子能的"和平利用"及其所能带来的"富裕生活"的意象被看成能扭转这种情况的有力手段。据彼得·库兹尼克（Peter Kuznick）说，在这种困难的情况下，美国国家安全保障会议的委员会提议，应该在日本建设试验用的核反应堆，并对其发起有关原子能非战争利用的强力攻势，而原子能委员会的托马斯·墨瑞（Thomas Murray）则主张，在经历过广岛、长崎的原子弹爆炸的日本建设原子能设施，将会成为"将我们所有人从两座城市的大屠杀记忆中完全解放出来的戏剧性的、基督教式的行为"。《华盛顿邮报》称赞这一想法是"消除亚洲所持有的'美国将东洋人看成核弹的牺牲品'这一印象"的最佳方法（Peter Kuznick, Japan's Nuclear History in Perspective, *Bulletin of the Atomic Scientists*, 13 April, 2011）。

也就是说,在认为核电站建设能够有效地将日本人从原子弹的记忆中"解放出来"这点上,美国国家安全保障会议和原子能委员会的战略构想与以正力为中心的日本保守势力的构想是完全一致的。就这样,在50年代中期,正力充分利用《读卖新闻》的版面开展起了"原子能和平利用"的宣传攻势。1955年5月,他从美国邀请来了"原子能和平利用使节团",而在此之前,他在日本组织了"原子能和平利用恳谈会"。当时负责与经济界人士进行交涉的《读卖新闻》职员后来回忆说,那时,就连日本经济界人士"也有很多人认为核弹很可怕,日本将会成为美国的原子弹工厂,说服他们费了很大劲"（佐野真一《巨怪传》,《文艺春秋》）。

如此一连串宣传攻势的压轴戏,是同年11月1日至12月12日将会场设在日比谷公园的原子能和平利用博览会,它是在CIA的协助下举办的。会场中"摆放着原子能列车、原子能客机等模型,讴歌着原子能的'光明前景'。最精彩的是前一年3月在比基尼环礁遭受了核辐射的第五福龙丸的展示"（佐野,同上）。第五福龙丸是禁止使用核武器运动的象征性事物,将它拉过来吸引大众的关心,若无其事地兜售产自美国的原子能和平利用的意识形态,这正是宣传策划人正力松太郎的典型手法。

拙著《博览会的政治学》也曾论述过,1955年是标榜战后复兴的中等规模的博览会盛行的时期。从40年代末起,各地就试图将博览会作为战后复兴的助推剂而不断举办复兴博览会、贸易博览会、产业博览会等。它们大多由报社单独或共同主办,因此以"原子能"为主题举办博览会对日本的报社来说是拿手好戏。比如1950年《朝日新闻》在西宫①举办的美国博览会的入场人数超过了两百万人,规模宏大。为了向观众们展示美国的全貌,入口处附近建起了模仿帝国大厦的导游塔和林肯像,会场内则林立着美国全景立体画、西部全景立体画、白宫、农业馆、宗教馆等。原子能和平

① 位于日本兵库县东南部的一个市。

利用博览会只不过是这种从"圣战"到"美国"无所不包的博览会的"原子能版"而已。

不过,这些博览会与1970年的大阪世博会虽然同为博览会,但大不一样。这不仅是规模的问题,毋宁说是阶段论式的差异。也可以说是给人们提供"梦想"意象的博览会与让人们真实感受到"梦想"实现的博览会的区别。实际上,一直到60年代初为止,原子能对日本来说都只是梦想而非现实。正力和中曾根成为美国"核保护伞"的中间人的时候,原子能在他们嘴里就是将来应该实现的理想。

因此,在想象原子能利用的理想形式时,应该与实际发生过的核弹灾难在不同的层面上进行。1950年代到60年代,体现了这种想象中的原子能利用的理想形式,让孩子们无比狂热的是体内具有核反应堆、以核聚变的能量为动力的电脑机器人"铁臂阿童木"。阿童木的妹妹叫"铀",哥哥叫"钴",其名字都是放射性同位素。至少读者和观众在铁臂阿童木"对人类的爱"中看到了作为"正义"的原子能和平利用的可能性。

煤矿关闭和通用村的"美国"

开沼博在其向东京大学研究生院学际情报学府提交的硕士论文《战后经济增长的能量——原子能村的历史社会学》(2011年1月)中,对东京电力福岛核电站周边地区进行了多次详细的实地调查,考察了福岛的地域社会自发地依赖上核电站设施的过程。过去,福岛核电站所在的双叶郡,即使在福岛县内也是最穷的地区。战后,由于濑户内海的制盐业衰退导致日本食盐不足,因此福岛县东部沿海地区也开始制盐,并获得了若干现金收入。另一方面,到20世纪中叶为止,该地区最大的能源产业一直都是常磐煤矿。该煤矿从现在的福岛第二核电站所在地附近一直延伸到茨城县北部,面积广大,在其鼎盛时期是和九州的筑丰、北海道的石狩齐名的大煤田。战争时期,它被卷入了煤炭增产的大潮中,而在战后复兴期,为了确保供不应求的电力供应,煤炭又被视为不可或缺的能源资源,增产压力一直存在。

然而，从 1950 年代中期起，这一态势骤变。在美国石油资本的斡旋下，来自中东的廉价高效的石油被大量进口到日本，从煤炭向石油转变的"能源革命"急速爆发。不久，煤炭需求一路下滑，一直由常磐煤矿支撑的该地区的经济基础也就随之失去了。在县内最大的能源产业，也就是常磐煤矿衰退的过程中，福岛县迫切需要寻找到新的强有力的能源产业。

　　这时，该县所选择的一条道路是通过大坝（位于奥只见）与核电站这两种手段，成为向东京及其周边地区提供电力的基地。迫使常磐煤矿关闭的能源资源的转换原本是与美国的石油资本利益紧密结合在一起的，尽管如此，陷入困境的福岛不得不选择的却是开发 TVA（Tennessee Valley Authority，田纳西河流域管理局）式的巨型大坝，是在"原子能和平利用"的口号下建设核电站设施，甚至是以"夏威夷"为模板开发度假中心，这些全都是将"美国"更深地嵌入自己地盘内部的方法，真具有讽刺意味。

　　开沼的论文介绍了他的采访内容，很有意思，那就是双叶郡在采用通用公司提供的技术建设福岛第一核电站时，该地区是如何接纳通用的技术人员的。根据该论文，当核电站建设开始后，发电站用地内建起了"通用村"，新盖了很多独门独院的房子，通用公司职员及其家属住了进去。"村子"里还设有学校、教堂、网球场等，美国技术人员的家属会利用这些设施，或者在这里过周末。另外，据曾在通用村工作过的日本职员说，在村内，"美国式的派对频繁举行，借此与受邀参加派对的东京电力职员和当地居民加深友好关系"。该职员还说："我还清楚地记得圣诞节和万圣节的家庭派对，当时我本来不吃肉，但受了通用村举办的派对的影响，开始吃肉了。"这简直就和占领期在美军基地附近建起的美军家属用的"集体住宅"一模一样。在煤矿走向关闭的过程中，没什么特别产业的东北偏僻地区建起的"核能的和平利用"设施与冲绳、横须贺有相通之处，是另一处日美同盟设施。

在辐射雨中撑起美国伞

　　这次，东京电力在大地震和核电站事故发生后的应对很不高明，日本政府也一片混乱，在这种背景下，美军和皇室所采取的敏捷的应对措施就显得格外突出。美军和天皇竟然成了应对危机的排头兵，历史仿佛一瞬间回到了60多年前的占领时期。奥巴马总统在地震发生后不久就说："我们可以提供任何有必要的支援"，被命名为"朋友作战"的美军支援体制就立刻行动了起来。整个三月，美军共派出了19艘舰艇和18000名士兵进行地震救援活动，还集结了140架飞机。其规模之大与美军在阿富汗和伊拉克的行动不相上下。

地震发生后，美国政府立刻展开大规模救援行动应该是有其意图的。冲绳的普天间基地迁移问题还处于胶着状态，更糟糕的是国务院前日本部长梅尔大放厥词说："冲绳人是敲诈专家"，深深伤害了日本方面。因此，美国想通过大规模救灾支援活动改善上述状况，并引发"还是需要有美军驻留"的舆论。美国决不能放弃冲绳这处东亚军事霸权的要冲，它将大地震定位为"日本有事"，想要全面呼吁"日美同盟"的有用性。然而，日本政府和东京电力的危机管理体制脆弱得超乎想象，信息也很混乱，美国当时肯定很焦急，怕错过了难得的机会。对于日本究竟是否具有作为当事者的危机管理能力，美国政府应该是抱有不信任的想法的。

日本国民也欢迎与应对迟缓的政府形成鲜明对照的美军的迅速行动，以及与日本毫无用处的"技术力量"相比更具实质性内容的美国的军事技术。看了政府一连串的应对措施，如今很多日本人对以日本政府和东京大学为首的"权威"组织的专家们抱有很深的不信任感，他们觉得美国要可靠得多。

这是怎么回事呢？如前所述，为战后在日本各地建起福岛核电站等50多处核电站铺平道路的最大推动因素是"美国"。美国的占领并没有因为旧金山和约而结束，而是在整个战后历史中得到强化，不断地渗透到我们社会的深处。祝贺整个60年代的经济高速增长及其完结的1970年大阪世博会就是这种力量系统在战后日本（作为国民国家的日本）这一容器中到达临界点的瞬间。

因此，为了配合大阪世博会开幕，当源自正力松太郎构想的日本原子能发电为其供电而开始运行敦贺核电站一号反应堆，就不是偶然的了。顺便提一下，该一号反应堆的制造商也是通用公司，因此在其建设过程中应该也同样出现了前面提到过的通用村。靠着通用的核反应堆输出的电力，庆典广场和展馆灯火通明，自动人行道和机器人各显身手，生动展示了"人类的进步与和谐"。世博会开幕约一年后，福岛第一核电站一号反应堆也开始了运营，又过了两年，源自中东产油国的石油危机爆发，日本为了摆脱对不稳定的石油资源的依赖，越发加深了对核电站的依赖。

这种对核电站依赖的加深体现了日本人对核的否定态度的变化，它始于广岛、长崎和第五福龙丸这三次遭受核辐射经历的背景化这一狡猾的战略和安排，这一点我已经论述过了。在 1950 年代末期，美国为了缓和日本本土的反美情绪，把大部分美军基地迁移到了冲绳，将本土的非军事化和冲绳的要塞化作为表里一致的政策加以推行。借此，60 年代以后的日本本土牢固树立了亲美意识，对原子能的否定态度也减弱了。根据 USIS（United States Information Service，美国新闻处）在 1956 年实施的调查，还有 60％的日本人觉得原子能对于人类来说是一种诅咒，但是到了 1958 年，这一比例急剧下降至 30％左右（Kuznick，前述论文）。在经济高速增长的过程中，人们渐渐淡忘了广岛、长崎以及第五福龙丸。

但是即便如此，在整个 60 年代，要求禁止核武器的潮流仍在继续，在 1968 年，还展开了激烈的反对核动力航母停靠佐世保港的斗争。而且进入 70 年代以后，冲绳回归近在眼前，部署在那里的美军基地的大量核武器势必引起关注。从美国方面来说，有必要设法进一步减弱日本人的"核过敏"这一认识并未有丝毫放松。从 1960 年代到 70 年代，美国积极向日本推销其原子能技术，这不仅让通用等企业获利，对美国的军事战略也是有益的。

正如从马克·盖恩（Mark Gayn）、道格拉斯·拉米斯（Douglas Lummis）到加藤典洋、武田彻等人的研究所显示的那样，"战后"这一时代是从我们"在原子能的阳光中晒太阳"开始的。但是如今战后时代终结，我们却"在辐射雨中撑着美国伞"走路。"原子能的阳光"是有光源的，那就是具有军用和民用两面性的美国核技术。核的阳光在整个冷战期间一直照耀着"战后"，但阳光终于变成了雨水，降到了我们的历史大地上。

福岛也好,柏崎①也好,敦贺也好,位处偏僻的地域社会为了生存下去,需要持续的降雨。但是,现在已经经历了第四次严重核辐射的我们感到辐射雨中包含着比原子能阳光更危险的东西,为了躲避这种危险,再次撑起了美国伞。一方面,"原子能的阳光"使得电视、自有住房、大阪世博会、东京迪斯尼乐园等众多幻影出现。另一方面,为了躲避辐射雨而撑起的伞也是美国制造的,其内容也许是监视和认证技术以及危机管理体制,这些都是作为全球资本主义的必要条件的尖端技术。

本书在考察大阪世博会时,将首先思考对于从面临关闭的九州的煤矿移居到北海道的开垦地的家庭来说,"世博会"意味着什么。一边是连接九州的煤矿和北海道的开垦地的家庭的轨迹,一边是在大阪开幕的世博会,两者之间有着巨大的落差。在同样的落差中,福岛"滨通②"的人们引进了美国的核电站,从煤矿的矿山摇身一变成为核电站的村庄。正如敦贺核电站的核反应堆所发的电支撑了大阪世博会那样,福岛核电站的核反应堆所发的电从 70 年代一直到泡沫经济为止,撑起了东京的消费文化。就这样,从世博会场的炫目光线到点亮消费都市东京的光线,"原子能之光"的洪水让三次遭受辐射的记忆成为了过去。

本书写的是从 1970 年大阪世博会到 2005 年爱知世博会的世博会史,并不会直接提及"原子能的阳光"和"美国伞"。但是,不管是在与地域的关系、与知识分子的关系,还是与"开发"的意识形态的关系上,世博会在战后日本都呈现出了与同时代的核电站极其相似的面貌,这绝非偶然。以 1960 年代到 80 年代为全盛期的"世博会"和"核电站"的历史,勾勒出了何谓"战后日本"这一问题的存在基础。而且,在这种类比关系上,可以将 90 年代以后爱知世博会问题的发展与同一时期新泻县卷町③的核电站问题的发展加以对比。这两个问题都显示出在整个战后史中都没有动摇过的体制开始引发地壳变动的征兆。核电站事故后的东北地区将会走上什

①　日本新泻县的一个市,有目前世界上最大的核电站。
②　日本福岛县的一个地区,福岛第一核电站所在地。
③　日本新泻县的一个町,1990 年代曾计划建一座核电站,但在 1996 年的居民投票中被否决,这件事对后来日本全国的反核电站运动和居民运动影响很大。

么样的复兴之路目前还不清楚，但是，本书将在战后日本的文化政治中重新审视世博会，这应该会对东北地区的未来有所帮助。这篇略显冗长的文库版序言到此结束。

2011 年 6 月 6 日
吉见俊哉

目　录

序章　战后政治与世博幻想

1　开发主义国家与"经济增长"的幻想

1970 年的原景——山田洋次《家族》中的日本列岛

凭借寅次郎系列影片而家喻户晓的山田洋次在 1970 年导演了一部杰作《家族》。主人公风见精一（井川比佐治饰）和妻子民子（倍赏千惠子饰）在位于长崎附近海面上的煤矿岛——伊王岛干承包活，贫苦度日，和他们一起生活的是年迈的父亲源藏（笠智众饰），还有两个幼小的孩子。然而煤矿马上就要关闭了，出于对这种生活的绝望，风见决定移居到北海道的开垦村去。一家人在岛上众人的送行中坐轮渡到了长崎，再从长崎坐火车一路向东。

从车窗里看到的是经济一味高速增长的工业立国的景象。九州农村风景的前方是八幡制铁所的巨大工厂群与烟囱，接着是濑户内海沿岸正在发展的联合企业。他弟弟是联合企业的员工，在福山工作，一家人住在 2DK① 的公司宿舍里，他弟弟开小轿车上下班。精一他们原本打算把父亲源藏交给弟弟照看，但是公司宿舍很小，容不下父亲，结果只好带着父亲一起前往北海道。

不久，一家人下了山阳本线②，到了大阪。眼前的街道大概是梅田的地下街吧，面对从这里经过的喧嚣人群，茫然的一家人疲惫不堪，在车站大楼的饭馆里休息。离新干线开车还有三个小时左右，妻子提议去参观世博会。公公点头道："是哦，大阪好像是在开

---

① 2 指两个卧室，D 指餐室，K 指厨房。
② 连接京阪神（京都、大阪、神户）地区和北九州地区的铁路线。

博览会。"妻子回答说："不是博览会，是世博会。"在她心目中，"世博会"不是"博览会"，而是更特别的一种东西。

一家人来到了位于千里的世博会会场的入口处，但新干线的开车时刻已经临近了。结果，慑于会场中的汹涌人流，他们只是在入口附近伸头往会场中看了几眼就前往新大阪车站了。但即便如此，太阳塔、自动人行道、单轨电车、庆典广场附近的人山人海等景象还是展现在了一家人眼前。

"世博会"充斥在大阪的大街小巷。儿童午餐上插着印有世博标志的小旗，街上则播放着世博歌曲。"世博会"被当成无比辉煌的文明盛典，庞大数量的人群被其来路不明的"巨大规模"所吸引，洪水般地涌向会场。

贫穷可怜的人们在这股浊流的席卷下疲惫不堪。被民子抱在怀里的婴儿早苗从一家人离开世博会场坐上新干线时起样子就不对劲，到了东京之后病情突变，发起了高烧，并伴有痉挛。一家人到处找急救医院，但医院都冷漠无情，结果早苗没能接受充分的救治，结束了短暂的生命。

他们的艰难之旅此后仍在继续，但从本书的观点来看，故事讲到这里应该足够了：大阪世博会的辉煌及其对日常生活的渗透，会场中四处涌动的人的浊流，在被热闹的幻想激发出的激昂热情中遭到践踏的贫苦人生以及失去的幼小生命。1970 年是战后日本史上的重要转折点，山田洋次的《家族》对其中某个瞬间的日本列岛和日本人的表情进行了精彩的解剖，我不知道有哪部作品在这点上可以超过他。

在该片中，通过纵贯列岛的外景拍摄，关注了对于战后日本来说，何谓"经济高速增长"这一问题。一方面是从九州的煤矿小镇到北海道的开垦村的人生轨迹，另一方面是在国土上重新分布的联合企业和大阪世博会的景象。大阪世博会所庆祝的经济增长的梦想在吞没了无数大众欲望的同时，还拒绝了众多贫穷的人生，碾碎了脆弱的生命，将山野变成了用混凝土打造的城市。

世博会开幕式的影像是这一过程的高调宣言，它大概会作为象征着战后日本"成功"的情景而在媒体中不断出现吧。但是，这种影像所掩盖的是电影中只在世博会场入口附近往里看了几眼就不得不返回车站的一家人那样的人们的人生,以及这些人们的眼中所看到的列岛的景象。如今,要想重新审视战后日本的世博会历史,我们的目光就必须要能够到达这些人所看到的历史的层面。

作为政治咒语的"收入倍增"

1970 年这个年份对于日本的战后史来说是一个很大的转折点。这一年,日本的国民生产总值(GNP)超过了 73 兆日元,达到了十年前的 4.6 倍。

50 年代中期的神武景气,50 年代末期开始的岩户景气,还有从 60 年代中期持续到 1970 年的伊弉诺景气,日本经济在长期的繁荣中完成了质变。这期间,矿业和工业生产增加了 2.6 倍,出口总额增加了 3.8 倍,特别是工业生产中的金属加工机械的产量增加了 2.2 倍,轿车产量增加了 18.3 倍,合成纤维织物产量增加了 5.5 倍,都有大幅增长。同一时期,煤炭和棉织物产量减少到原来的八成左右,因此产业的基础大大地向重化学工业倾斜了。第一产业人口的比重从 15.2% 降到了 7.5%,少了一半,而第三产业人口的比重从 47.5% 增加到了 54.7%。席卷全国的城市化、人口向大城市集中和农村人口过于稀少等情况表明,人们的生活基础在整体上发生了质的改变。

同一时期,人均国民收入从 387 美元增加到了 1515 美元,增长了两倍以上,即使将物价上涨因素计算在内,日本人"变富裕了"也是事实。战后日本的这种经济高速增长从 1955 年开始,就算持续到 1973 年,60 年代的十年也是明显的高峰期,这毫无疑问。

在这种背景下迎来了 1970 年。虽然大学纷争①的火种仍有残留,但这一年还是在大众对"世博会"的兴趣以及媒体的节日狂欢中度过了。从十年前的政治状况来看,这是令人惊异的变化。

今天我们回顾起来可能会觉得不言自明,但绝非如此。实际上一直到 50 年代后半期为止,战后日本社会的政治状况都是充满斗争的。1960 年是这种政治上的纠葛达到顶点的年份,三井三池煤矿的无限期罢工和安保斗争都空前高涨。

---

① 1968 年到 1970 年的日本左翼学生运动,发源于东京大学,后波及全国,出现了学生占领大学、罢课等行为。

然而,在经过了这些抗争之后,池田①政权于这一年7月成立,他将"国民收入倍增计划"作为国家政策的核心,于是日本社会走上了经济主义(=去政治化)路线。池田勇人巧妙地抓住了因为安保斗争的后遗症而露出疲态的大众的政治意识,将人们拉进了"收入倍增"的梦想,一举增大了人们对"富裕"的渴望。日本经济从50年代后半期开始就实现了年均8.5％的经济增长率,人们开始觉得美国占领期的现实突然成为了过去。因此,在"已经不是战后了"这句欺骗性的口号诞生后,就已经打下了"收入倍增"被大众接受的基础。

　　总之,从1960年的安保斗争到池田政权成立,从收入倍增计划到东京奥运会,再到池田病倒的四年多时间,是"战后"这一时代发生决定性变化的几年。而且,池田提出的"收入倍增"已不单单是国家政策,它更是巧妙地转移了这个时代大众的日常意识的言语,也是欲望之结。当时,和大平正芳一起在池田手下协助推行收入倍增政策的宫泽喜一后来就这样回顾了"大家的月薪翻一番计划"的政治意义。

　　　　(我们也)认为,如果采用凯恩斯式的方法的话,收入翻倍是理所当然的,而且日本具备了这种条件。有很多优秀的劳动力闲置着,还有无数基础设施等着去建设,两者的乘数效应当然会使收入倍增。将这种情况说成月薪翻番并弄成一个政治课题是池田先生的伟大之处。换句话说,在凯恩斯看来理所当然的事情,到他那里就升级成一种个性了。这就是池田先生所做的工作。("从安保到经济",载经济学家编辑部编《经济高速增长期的证言》上,日本经济评论社,1999年)

　　池田凭借其作为政治家的独特直觉给时代赋予了口号。口号一旦得到权威认可,成为国家政策并在社会上成立之后,就具有了自己的生命,其意义会扩散,并开始将人们席卷进来。

　　的确,没有什么口号比"收入倍增"更能激起想要从"战后"起

---

　　①　指池田勇人(1899～1965),1960.7～1964.11任日本首相。

飞的日本人的欲望了。产业结构的转变也好，国土的功能性重组也好，与大多数老百姓无关。但如果是"让大家的月薪翻倍"的话，任何人都会感兴趣，还会产生自己也加入游戏的想法。而且，经济已经发展到了可以预测这个口号实现的状态，所以预言就自动实现了，甚至连其前途也得到了保证。虽然这是一种修辞法，但正是这种修辞法使得时代的决定性瞬间发生了转移。

作为开发政策的"收入倍增"

国民收入倍增计划不仅仅是吸引大众的政治咒语，虽然它在已经产生的经济趋势下坐享其成。与此同时，由于它被置于国家政策的核心地位，因此还起到了规划、引导 60 年代的各种国家政策的作用，如产业结构和布局政策，以及资源能源政策和劳动政策，等等。特别是这一计划中，道路、港湾、工业用地和用水等社会资本的投入不够被认为是阻碍经济发展的重要原因，显示出有必要在国内已经具有潜力的工业化地区重点进行设备投资，使其成为经济急速扩张的基础。

就这样，在连接京滨、中京、阪神和北九州这四大工业地带的带状地区的中间位置建设一个中等规模的新工业地带的方针出炉了。这就是太平洋带状地区的最初设想，在这里，从旧版全国综合开发计划向新版全国综合开发计划发展的战后国土开发政策的基础已经形成。在提出收入倍增计划之前，50 年代全国性国土开发的中心不是工业布局，而是水力、粮食和以煤炭为中心的资源开发。另一方面，各地方自治体则在推进诸如东京湾和濑户内海等地的填海造地计划。但是，将这些地方层面上的动向作为一个整体加以管理的国家计划，是在从收入倍增计划发展到太平洋带状地区设想，然后进一步发展到旧版全国综合开发计划这一开发政策的推移中才首次确立的。

就这样，与收入倍增计划齐头并进的 60 年代后地域开发的时代开始了。对于以倍增计划为基础而提出的太平洋带状地区的设想，被排除在这一地区之外的地方纷纷表示不满，于是，政府在 1962 年将全国分为"过密地区"、"整修地区"和"开发地区"这三种类型，根据各个地区的特点，采用据点开发方式制定了全国综合开发计划，俗称旧全综。自此以后，就形成了一种国土开发的趋势，即对东京、大阪等过密地区的人口和产业进行重新部署,同时着眼于全国,在开发落后的地区部署大规模的产业据点。

在旧全综中,60年代前半期围绕着对新产业都市的指定,地方自治体之间展开了热情的招揽大战,另一方面,以筑波学园城市、鹿岛联合企业、水岛工业地区等为代表的大规模的新城市和工业地区先后建成。接着,自1969年起开启了新版全国综合开发计划(新全综),1977年开始第三次全国综合开发计划(三全综),1987年又开始了第四次全国综合开发计划(四全综),就这样,从60年代到80年代,经济增长与国土开发构成了自行车的两个轮子,从根本上改变了战后日本人的心性和整个列岛的景象。

而且,在这种国家层面上的开发政策作为一个系统得以确立的情况下,中央机关与地方行政在政策立案和运用上的垂直领导体制也得到了贯彻。后来,下河边淳[1]在回顾当时的情形时说道:"不管好还是不好,60年代都是中央主导型的。50年代在建设大坝、防洪和进行农业开发时,开发这件事在中央机关是没人理会的,都是地方公共团体在主导。……进入新产业都市的时代之后情况就变了,变成国家主导型了。"("寄托在新全综上的梦想",载《经济高速增长期的证言》上)也就是说,在1960年代初期,设定了"收入倍增"这个被大众接受的国家目标,同时,与该政策联动的国土开发的框架也设定好了,那就是"太平洋带状地区(集中化的矢量)"与"新产业都市(分散化的矢量)"的折中。而且,为了实现这个开发项目,庞大的资源被动员起来,形成了一种地方不得不接受中央介入的态势。

后藤道夫[2]将这种通过国家的大力介入推进国土开发的经济高速增长期的日本称为"以自由民主主义政治体制为前提的开发主义体制或国家",并强调,"在急速的重化学工业化过程中,经济高速增长期间的国家介入在世界上也是史无前例的,是独特的"("座谈会 战后开发主义国家",《Politik》第五号,旬报社,2002年)。

---

① 下河边淳(1923~　　),城市规划专家、建设省官员,多次参与制定了日本国土规划方案。

② 后藤道夫(1947~　　),哲学家、社会学家,研究方向为社会哲学、现代社会论。

中央机关的官僚们在 60 年代的经济高速增长中，前所未有地加强了对经济界和地方上的开发政策的"指导"力。

2　作为世博热的战后史——从大阪世博会到爱知世博会

从经济高速增长的梦想到富裕的自我确认

在此我们必须再次注意"国民收入倍增计划"所包含的另一个侧面，即收入倍增计划绝不仅仅是国家开发政策的纲领，也是中央官僚和地方行政的指针。1960 年安保斗争的前一年，正是有了使人们狂热不已的皇太子成婚[①]热，以"平民"和"恋爱"为象征，国民欢呼着迎接皇室的"大众天皇制"（松下圭一[②]语）才得以成立。同样道理，要想实现经济高速增长期的开发政策，就必须使该政策得到国民们的明确支持，为此，"收入倍增计划"这样的言语政治就无论如何都是必要的了。

这种言语政治不仅仅是使政策正当化的事后操作。一直到战时为止，开发政治都是以"天皇/帝国"这一超越性存在为后盾而形成的，与此不同，战后的开发政策则是在相信"国民的富裕生活"将来能够实现的基础上才可能实施。

与其说宫泽喜一是精明强干的政治家，不如说他是冷静的分析者。在前面提到的采访中，他断言道："这么大规模的收入倍增的行动虽然也是计划，但更是一种运动。这么大的运动一旦开始了，不管谁坐在驾驶席上，都要一走到底"，他还说，池田政权之后，"收入倍增"中所凝聚的大众的欲望已经超越了个别政权和政策的层面，开始如浊流一般翻滚奔腾起来了。宫泽所说的"运动"的方向是哪里呢？这个国家的人们是如何实际感受"倍增"了的"收入"，并将其在公众场合表现出来的呢？

1964 年的东京奥运会上，战后日本的媒体重新构建了符合冷

①　1959 年 4 月，日本皇室为明仁皇太子（现在的明仁天皇）和美智子举行了隆重的结婚庆典。

②　松下圭一（1929～　），政治学家，研究方向为政治学、政治思想史等。

战体制的国家认同（national identity），众多的观众也接受了这种国家认同，但人们并没有直接感受到"收入倍增"的成果。另一方面，到了 60 年代末，水俣病①以及川崎②、四日市③等地发生的公害问题轰动一时，由此人们广泛认识到了经济高速增长政策的根本性缺陷。

在这种情况下，如果"收入倍增·地域开发"如宫泽所说是一种"运动"的话，应该需要不断给大众的这种"能动的"欲望浊流传达一些具体的话语和意象。也就是说，当"收入倍增"更应该作为一种"现在"的实际感受，而不是对"未来"的投资被人们所体验时，以不同于"计划"的方式向人们提供欲望和凭信的文化政治作为战后开发主义的一部分出现了。

本书的理解是，正是在这种背景下，产生了战后日本的长期博览会热潮，具体时期就是从 1970 年的大阪世博会到 2005 年的爱知世博会。

60 年代末，当大阪世博会临近时，经常有人提出批判说："大阪世博会是当权者为了阻止 1970 年的安保斗争所采取的策略。"的确，正如池田的"收入倍增"阻止了 1960 年的安保斗争那样，大阪世博会也阻止了 1970 年的安保斗争和同时代的学生造反。但这毕竟只是结果的一部分，战后日本的"世博会"不能只放在 1970 年这样一个有限的年份去考察，在后经济高速增长期的现实中，它和当年"收入倍增"的梦想一样，起到了意识形态方面以及政策方面的作用。

当然，我并不是说只有世博会是经济高速增长期之后得了无比幸福症一般的文化战略的手段。从整体来看，60 年代中期以后，在开始享受经济增长成果的日本社会中，"收入倍增"的梦想转化成了以企业为中心的经济增长主义意识形态，支配着人们的日常

---

① 公害病之一，原因是化学企业向海中排放废液所引起的水银中毒。1953 年首先在日本九州熊本县水俣镇发生，1956 年被确认，当时病因不明，因此以发生地命名。

② 日本神奈川县的一个市，曾发生过很严重的空气污染和水质污浊。

③ 日本三重县北部的一个市，曾发生过名为"四日市哮喘"的公害病，原因是大气污染导致的慢性支气管炎。

意识。因此,后经济高速增长期的文化政治的最大手段是企业(作为社会的"公司")自身,以及使其现实性渗透到日常意识中去的媒体广告。不过,世博会以最清晰的方式展示了60年代"收入倍增"与"地域开发"紧密结合起来向前推进过程的到达点。

在本书中接下来还将介绍数次亮相的世博先生——堺屋太一①,堺屋一直反复主张世博会不是"地域开发"的事业,而是"演出"。但是他忽视了自经济高速增长期以来一连串世博热在结构上的连续性。60年代初期,大众对国家的国土开发政策以及作为其基础的"收入倍增"的愿望明显是表里一体的。世博会和地方上的博览会从经济高速增长期继承了这种一体性。

冲绳海洋博览会之后,很多博览会的入场人数已无法达成目标,即便如此,世博热还是持续了很长时间,其原因正是在于收入倍增以来"开发"和"演出"的一体性已经形成固定结构了。堺屋反复否定这种一体性,从而自己忘记了自己的出身。

后经济高速增长期的万博热

自1970年的"日本万国博览会"(大阪世博会)起到"2005年日本国际博览会"(爱知世博会)为止,日本一共举办过五次国际性博览会。大阪世博会举办五年之后的1975年,在冲绳举办了"国际海洋博览会"(冲绳海洋博览会),又过了十年,1985年在筑波研究型学园城市举办了"国际科学技术博览会"(筑波科技博览会)。五年之后的1990年,又一次在大阪举行了"国际花与绿博览会"(花博会)。

反过来,也可以说在日本能够被称为"世博会"的只有1970年、1975年、1985年、1990年和2005年举办的这五次。其中,1970年和2005年是综合性博览会,1975年、1985年和1990年是有特定主题的专业性博览会,它们都受到了BIE(国际展览局)的认可,三次专业博览会正好是在两次综合博览会之间举行的。

另外,在这期间,1981年举办了神户港岛博览会,80年代后半期则出现了地方博览会的热潮,1994年还曾计划在东京举行城市

① 堺屋太一(1935~),作家、评论家、原通产省官员,曾任经济企划厅长官。策划实施了1970年大阪世博会并获得了成功。

博览会。由此而言，也许很多人会有这样的印象，即日本从 70 年代到 90 年代初一直沉浸在万博热中。

实际上，神户市在人工岛港岛（Port Island）举办的港岛博览会，仅在会场设施上就投入了七百多亿日元，如果连相关公共事业也包含在内的话，则一共投入了两千多亿日元的事业费，规模宏大。参加该博览会的有国内企业约五百家，自治体和公共团体约五十个，还有多达三十个的海外国家，入场人数达一千六百万人，规模与世博会不相上下。受到该博览会在票房上大获成功的刺激，80 年代末地方博览会在全国各地此起彼伏。例如 1988 年举办了琦玉博览会、濑户大桥博览会、奈良·丝绸之路博览会、岐阜中部未来博览会、青函隧道①博览会，接着 1989 年同时举行了亚太博览会、横滨博览会等，泡沫破裂的趋势越发明显。

将上述印象加以扩展，我们至少可以将从 1970 年的大阪世博会到 1990 年的花博会，在某些情况下甚至可以延伸到 2005 年的爱知世博会，将这几十年看成是战后日本的长期世博热的时代。实际上，70 年代以后在日本举行的所有世博会和地方博览会都受到了作为经济高速增长的象征、成功动员了六千四百万名观众的大阪世博会的深刻印象的影响，用各种方式背负着它的幻影。

首先，1975 年的冲绳海洋博览会毫无疑问是在大阪世博会的直接影响下构思出来的，可以说是大阪世博会的分身，或者说是底片。正如将会在第二章中讲到的那样，在讨论如何振兴回归后的冲绳时，正在举办的大阪世博会成了日琉双方都关心的话题，在冲绳举办"大阪世博会那样的世博会"逐渐被视为浅显易懂地表现"与本土不相上下"的手段。也可以说，日本政府通过赠送大阪世博会的分身给回归后的冲绳作为礼物这一手段，试图在回避过去的历史以及美军基地的现实的情况下，将"收入倍增"的梦想扩张到冲绳。虽然海洋博览会的入场人数没有达到冲绳经济界的期望值，但在冲绳旅游基础设施的完善、形象打造、日常意识的转变，尤其是在勾起经济高速增长型欲望方面，其大阪世博会的分身化战

---

① 连接本州和北海道的海底铁路隧道，起点是本州的青森地区，终点是北海道的函馆地区，全长约 54 公里，是世界上最长的海底铁路隧道。

略取得了巨大效果。

80年代之后是走上泡沫经济之路的时代,这期间举办了筑波科技博览会和大阪花博会,同期举办的还有神户港岛博览会及其后一连串的地方博览会。和冲绳海洋博览会相比,这些博览会是另一个意义上的对大阪世博会的模仿。

也就是说,正如第三章将要论述到的那样,80年代的世博会和地方博览会上受到欢迎的展馆和展示主题都是未来的科学技术,以及让大家用整个身体来体验这种科技的影像展示。实际上,是将大阪世博会上的展示技术、制作系统和广告代理商等各个领域串联起来的人脉形成一个固定的系统,在幕后撑起了80年代的博览会热潮。而且,与大阪世博会相比,这些80年代以后的世博会和地方博览会更明确地将博览会定位为地域开发的一种手段。在这样的事实面前,就连上面提到的堺屋也不得不发牢骚说,从会场建设到展示技术和人脉,后来的世博会和地方博览会都只不过是在"重温"大阪世博会。

爱知世博会恐怕是背负着这种大阪世博会幻影的最后一次世博会了。正如在下面的第四章将要讲到的那样,在爱知世博会的策划过程中,无论是在国家对世博会的投入上,还是在市民参与这次世博会的程度上,切断"大阪世博会(=经济高速增长的梦想)"残影的趋势已经不可阻挡了。

90年代中期通产省官僚所尝试的向"环境世博会(=脱离开发)"转变的方针,弃用大阪世博会的人脉,指出"环境世博会"将会破坏"海上森林"的环境这一问题的市民联盟,再加上爱知世博会讨论会议上的不同立场的横向对话和政策制定——这些情况都表明,完全不同于以收入倍增计划以来的开发主义范式为基础的大阪世博会的历史地平线正在浮现。

然而,即便如此,爱知世博会在整体上还是没有脱离大阪世博会的框架,这也是事实。只要看看从名古屋申办奥运会失败到提出世博会构想的过程、围绕博览会体制和世博会结束后土地利用计划的纠纷以及2001年春天的"堺屋风波"就可以明白这点。结果,爱知世博会混杂了大阪世博会以来的旧要素和脱离大阪世博会的新要素,在掩盖前者和后者的不协调音的同时,采取了让两者并存的方式。

3　本书的对象与立场

作为事例的四次世博会

对于战后日本长期的世博热,本书试图将焦点集中在 1970 年的大阪世博会、1975 年的冲绳海洋博览会、1985 年的筑波科技博览会以及 2005 年的爱知世博会这四次博览会来进行探讨。

日本政府决定举办大阪世博会是在东京奥运会即将开幕时,作为筑波科技博览会举办地的学园城市的规划也是在 60 年代初进行的,另外,冲绳回归也是 60 年代的一大政治课题,从这几点来看,本书第三章之前所探讨的世博会的背景都是 60 年代。也就是说,尽管这几次博览会在举办时间上跨度很大,从 1970 年一直到 80 年代中期,但它们有一个共同点,即都是在前面提到的收入倍增和经济高速增长的梦想中孕育出来的活动。而且,爱知世博会原本也是作为名古屋申奥失败的替代物而构想出来的,正如后面将会提到的那样,其开发意向与大阪世博会、冲绳海洋博览会和筑波科技博览会都处于同一水平线上。

但是,将作为大众梦想的"经济增长"和作为国家政策的"开发"融为一体的收入倍增计划以来的战略性构造,在冲绳海洋博览会和筑波科技博览会上要比大阪世博会时更加明显、突出。大阪世博会时,这种关系是不言自明的前提,直接与宏大的时代结构联系在一起,而在海洋博览会和科技博览会上,虽然与社会的实际情况稍有背离,但它仍作为中央和地方的官僚们制定的政策突显了出来。而在爱知世博会的策划过程中,这种背离已经发展到了难以掩饰的程度,这点将在第四章中详细论述。

换言之,本书将要谈论的四次世博会虽然在文化政治与开发政策的融合构造上具有共同的起源和政策性基础,但它们与各自举办时代的关系则在这三十多年的岁月中发生了很大的变化。本书一方面想展示从大阪世博会到爱知世博会的世博策划方的战略同型性,另一方面则想阐明它们与各自的时代背景的关系发生了多么巨大的变化。

的确，如果想书写更为全面的战后博览会史的话，就不能漏掉80年代的神户港岛博览会、地方博览会的热潮以及大阪花博会。但我认为，这些80年代的世博会和地方博览会中所能看到的问题已经集中体现在筑波科技博览会中了。

而且，五次世博会和地方博览会之间不仅仅存在规模上的不同，更多的是制度上的差别。如果是世博会，即使其举办动机和事业主体来自地方政府，但向BIE提交申请和邀请外国政府参加则是日本政府的工作，举办所需预算的相当一部分是由国家预算提供的。而且，关于举办世博会的各种决定必须要经过内阁会议批准，从实质上来讲，它更多地被看成"国家的博览会"。总之，国家对世博会的参与程度之深是地方博览会望尘莫及的，而且这也符合大家的期待。

因此，通过聚焦"世博会"，不仅可以发现博览会是大众欲望的动员装置，而且可以思考在战后日本，国家与地方行政、知识分子以及大众层面的欲望的联系和纠葛。本书试图通过分析世博会来阐明的不仅仅是战后博览会的历史，更是透过博览会这一感光板所看到的，将国家、中央、地方、产业界都席卷进来的开发主义的政策系统与列岛上的人们的关系。

世博会中的知识分子和国家

那么，本书将从哪些角度来探讨这四个事例呢？

本书第一个想探讨的是后经济高速增长期的世博会中知识分子与国家的关系。大阪世博会时，以桑原武夫①为首的京都大学人文科学研究所的学者和新陈代谢派②的建筑家、1960年代的前卫艺术家们、冲绳海洋博览会时的大城立裕③、爱知世博会时的中泽新一④和隈研吾⑤，还有本书作者自己，各种知识分子以不同的立场参与了四次世博会的策划过程，而且时常是身不由己地卷了

① 桑原武夫（1904～1988），法国文学研究者、评论家。
② 1960年前后形成的建筑家团体，中心人物有黑川纪章、菊竹清训等，主张根据社会变化和人口增长来建设有机生长的城市和建筑。
③ 大城立裕（1925～　），小说家，冲绳人，1967年获得芥川奖。
④ 中泽新一（1950～　），哲学家、思想家、人类学家、宗教学家。
⑤ 隈研吾（1954～　），建筑家，曾从事爱知世博会的场馆设计。

进去。

在这些世博会上,知识分子们在拟定主题和基本理念时处于中心地位,但在进行实际的展示和具体策划时则处于边缘位置。政府和博览会协会为了获得世博会的举办权并形成良好的国际形象,在筹备阶段会积极利用这些知识分子,但一旦涉及实际的具体策划、展示、会后土地利用、制定政策,就会慎重地远离他们。有时,这些知识分子和艺术家在筹备时会位居核心地位,但在吴越同舟式的博览会协会的体制中,其主题和理念却无法顺利实现。

但是,同时有一件很有意思的事,即当我们通览这几次世博会的主题和基本理念时,会发现知识分子们试图表达的理念具有惊人的连续性。最终将主题定为"人类的进步与和谐"的大阪世博会主题委员会当时所讨论的是克服当今世界所面临的"不和谐"的人类智慧。他们所想出的最有希望的主题方案是"人类的智慧",这种关心与大约三十年后的爱知世博会的主题"自然的睿智"在根本上是相通的。

当然,前者含有对追求人类普遍才智的启蒙理性的信赖,而后者则包含了 60 年代以来后现代智慧中所体现的与自然共生的思想。显然,前者向后者的过渡对应于现代智慧向后现代智慧的过渡。不过,在此应该注意的则是时隔三十多年的两次世博会的理念之间的连续性。这种连续性在大城立裕等人试图让"一直将海洋尊为文化之母的冲绳"复苏的冲绳海洋博览会的理念中也能看到,在聚焦于"人类·居住·环境"的筑波科技博览会的理念中同样能找到。

总之,世博会提供了一个折冲的场所,在这里,60 年代以来一直在大学的研究室和艺术创作的现场提供前卫思想的人们不得不面对国家文化(开发政治)并与其进行交锋。在各次世博会上试图追问的是知识本身在现代的理想状态,以及不会被来自西方和投向西方的目光所回收的文化的多种可能性。

尽管如此,在包括大阪世博会在内的所有过去的世博会上,这些主题和理念没有一次能从始至终地指导整个博览会的展示和具体策划。甚至可以说,战后日本的世博会举办史始终就是参与这些世博会的知识分子们的理念在现实展览中不断遭遇挫折的历史。

对人文领域和艺术领域的知识分子及创作者来说，以这种毫无胜算的方式与国家打交道大概经常会发生不愉快的事吧。在战后日本的世博会上，知识分子们的理念到底为什么会这么软弱无力呢？或者说，他们寄托在主题和理念中的想法到底要怎样才能不被束之高阁而传达给广大的民众呢？——本书的分析首先从这个问题开始。

世博会中的"开发"和"自然"

本书中要分析的第二个大问题是战后世博会中"开发"和"自然"的关系。众所周知，在 2005 年的爱知世博会上，这个问题成了焦点，关于这点将在第四章详述。不过，爱知世博会上提起的开发和自然的问题在大阪世博会的时代就已经明显存在了。

正如第一章中将要讲到的那样，在大阪世博会的筹备过程中，曾经提出过如何在会场安排中充分利用千里丘陵的细褶皱地形和竹林的问题。但从结果来看，原有的山丘、山谷、大大小小的池塘以及郁郁苍苍的竹林都完全消失了，建成了一片平坦空旷的人造都市。同样的情况也发在建设筑波研究型学园城市时和科技博览会上，长年累月形成的杂树林、住宅周围的树林、附近山上的林木等都在新城市和博览会场的建设工程中被砍伐掉了。当时，作家住井末[①]曾经诉说过她难以忍受"借科技世博会的名义使常总台地的平地林所剩无几，山峰都变得光秃秃的"，不过住井的这种痛苦并没有广泛渗透到 80 年代的社会中。

大阪世博会和筑波科技博览会上受到破坏的是爱知世博会上成为焦点的丘陵地带的自然景观，而冲绳海洋博览会所毁灭的则是曾经布满珊瑚礁的沿岸自然风光。实际上，那时海洋博览会的相关工程所引起的砂土流失已经让海洋污染发展到了无可挽回的地步。会场附近的整个海面因为被削凿的山体上落下的红土而变得通红，珊瑚逐渐灭绝了。80 年代以降，以那时修建的公路网等基础设施为基础，冲绳本岛西岸开始推进度假地开发。

---

① 住井末(1902～1997)，女作家，代表作有《没有桥的河》，另外还有许多儿童文学作品。

1981 年的神户港岛博览会也是一个在沿海地区举办的、伴随着大规模土地修整的博览会。因为博览会的举办地港岛是神户市将六甲山脉的山峰削平,用山体的土填埋神户的海而建成的,原山峰所在地成了住宅区,而填埋地则成了人工岛,因此港岛是大规模改变自然的副产品。当时,高崎裕士①曾批判这种大规模的土地修整是明显不符合自然规律的行为,并质疑道,"做出这么粗暴的事,就不怕马上受到自然的报复吗",已经开始地面下沉的人工岛"在地震时怎么办"("港岛归来有所思",《朝日新闻》1981 年 7 月 29 日晚报)? 这是阪神淡路大地震发生前大约十四年的事情。

因此,与战后开发主义紧密结合的世博会和会场周围的自然的复杂关系,绝不是在爱知世博会上才开始出现的。自大阪世博会以来,博览会事业反复地威胁附近山地的自然,并不断对其加以破坏。大阪世博会、冲绳海洋博览会或是筑波研究型学园城市的事例和爱知世博会的不同点,并不在于它们的开发计划以及对自然的处理方式。它们的区别在于世博会的举办计划向社会公开后所引起的反应,也就是广大社会对"开发"和"自然"的理解方式的变化。

例如 70 年代初期,当冲绳海洋博览会的计划公布之后,连当地报纸都称赞了以"海中牧场"和"海中公园"为基地的新海洋开发。人们认为"通过填海造地,冲绳的面积可以增加现在总面积的三分之一",为了确保新的工业用地,"只要把那里填平就可以了"的"乐观态度"也出现了。与此相对,在爱知世博会的举办计划公布后,当地市民展开了对破坏附近山地自然景观的批判,反对运动逐渐扎下了根。最后,在地方上的运动和全球性机构的联动下,国家的计划不得不从根本上加以重新考虑和修正。

市民社会的成熟与媒体

上面这点与本书将要分析的第三个大问题有所关联。在东拼西凑的博览会协会作为组织的局限性、具体承办者对知识分子的世博会理念的不理解、地方自治体对开发主义和相关公共事业的

---

① 高崎裕士(1931~),环保人士,1960 年代见到濑户内海被污染后,发起了保护海洋的运动。

期待等方面，四次博览会有着惊人的相似，即使隔了三十多年看上去也几乎没什么变化。与此相对，市民们对世博会的理解方式在大阪世博会的时代和90年代以后却有着决定性的不同。

1970年大阪世博会举办时，几乎看不到有市民联合起来呼吁保护千里丘陵的自然景色，对世博会的批判运动也主要是由知识分子、学生和反战活动家的团体发起的。冲绳海洋博览会举办时，以冲绳县工会协议会为中心展开了强有力的反对运动，但那毕竟是以工会为基础的有组织运动。到了1985年的筑波科技博览会，已不是以工会和学生组织为基础，而是与环境保护有关的市民团体组织，对世博会的批判活动终于开始萌芽了。这一趋势虽然被贴上了"市民参与"这一陈词滥调的标签，并没有得到重视，但到了爱知世博会时代终于急剧扩大了。

很明显，市民们这种态度上的变化背后，是以互联网为首的相关媒体的急速发展在起着作用。在日本，电脑和互联网以Windows95上市的1995年前后为界，开始在社会上迅速普及。在阪神淡路大地震中，在受灾地参加救援活动的志愿者中会使用电脑的人负责通过计算机通信或互联网为灾民搜集信息，并将受灾地的情况传达给全国，成了"信息志愿者"。1997年在福井县附近海面发生的纳霍德卡号①沉没造成的大量重油溢出事故中，为了负责清除漂浮到日本海沿岸的重油的志愿者们能够更好地开展工作，互联网成为了核心的信息媒体。

在这种趋势下，从90年代末开始，在围绕地方上的公共事业所产生的居民和行政机关纠纷中，电子邮件、邮件列表、网站等被用来作为运动的强大工具。90年代末，反对在藤前②滩涂建设垃圾处理厂的运动、反对千叶县三番濑进行填海造地的运动等围绕公共事业的斗争中，互联网都是不可或缺的媒体。在第四章中将要论述的90年代末围绕爱知世博会的攻防战中，互联网也发挥了极其重要的作用。而且，这是和电视、报纸等大众传媒性质完全不同的媒体，大众传媒只是甘于起到动员观众去看世博会的宣传媒体的作用。

---

① 俄罗斯籍的油轮，1997年1月在日本岛根县隐歧岛附近海面发生断裂并沉没。

② 位于日本爱知县名古屋市。

"世博会幻想"何去何从

在大阪世博会之后的三十多年中逐渐成熟的市民社会使"世博会幻想"出现了破绽，并将从内部将其瓦解。这里所说的"世博会幻想"是一种语言和战略上的手段，它承接了 60 年代"收入倍增和地域开发"的浪潮，一方面将"世博会"打造成在泛滥的未来意象中对作为经济高速增长成果的个人富裕现状进行自我确认的场所，另一方面则凭借对"未来"的信赖争取到国家预算的投入，进行周边地区的开发。

如果说 60 年代的"收入倍增"是一种言语政治的话，那么 70 年代以降的"世博会幻想"则明显是意象（image）的政治。它不仅被林立于会场中的企业展馆里反复放映的高科技影像固定化了，而且作为涌入大阪世博会开幕式和会场的巨大人流的意象，长期以来也在反复上演。这种意象的政治与中央对地方的逐渐膨大的公共事业投资结合起来，构成了贯穿冲绳海洋博览会、筑波科技博览会，一连串地方博览会、花博会，直到爱知世博会的"世博会幻想"的主体。

如同本章开始所讲到的那样，山田洋次面对被大阪世博会吞没的六千四百万人的欲望浊流，试图通过将风见一家尽管被时代愚弄却仍在这个列岛的边缘平静生活着的家庭的目光放在与其对立的位置，来将那个时代的现实相对化。这是在 70 年代的现实中成功使"世博会幻想"产生裂痕的为数不多的几次尝试之一。为了达到这一目标，在设定情节时必须要有被居于主导地位的现实所疏远的他者的目光，以及作为他者生活场所的九州的煤矿小镇和北海道的开垦村。

自那以后又过了三十多年，经过了围绕爱知世博会产生的各种冲突，始于大阪世博会的"世博会幻想"看起来似乎将要被参与这次举办计划的不同立场的市民们从内部瓦解，人们即将从咒语中被解放出来。不过，国家、各县、企业以及博览会协会等组织仍然维持着旧态，仿佛这三十多年间没有发生过任何重要的事情。不管怎样，时代仍处于过渡期。爱知世博会上的环境理念和市民对参与的尝试究竟能否真正击碎一直以来的"世博会幻想"？难道只不过是在旧结构体的表面施了一层新的化妆吗？我们接下来需要通过再次重温战后的世博会历史，谨慎地找出上述问题的答案。

第一章 作为经济增长象征的世博会——从东京奥运会到大阪世博会

对战后日本来说，1970 年的大阪世博会意味着什么？

从国际上来看，这次世博会相当于 60 年代世博热潮的尾声，在它前面是 1958 年大获成功的布鲁塞尔世博会（这是世博会在中断二十年后再次举办）、1964—65 年的纽约世博会和 1967 年的蒙特利尔世博会。对二战后一直持续到 60 年代的全球性"经济增长时代"的前途的梦想和人道主义在大阪世博会上得到了象征性的体现。

但是，在战后日本社会，这次"日本万国博览会"似乎获得了一种特权性的地位，无法完全用上述国际背景来加以说明。它是一种集合式的意象，是达成了经济高速增长的日本社会的自画像，是一亿人对战后日本的经济复苏和经济高速增长成果进行自我确认的纪念碑。

70 年代以降，在电视、报纸和杂志等媒体上，大阪世博会的开幕式、庆典广场、太阳塔的形象反复出现了无数次。另外，六千四百万人这一天文数字的入场观众数不正是一种证据吗？它证明了这次活动不仅仅是"世界博览会"，而且是和战后日本大众社会的某种决定性变化紧密相连的。由于这次世博会在门票收入上的大获成功而确立的世博会幻想，主导了其后日本的博览会历史。

在本章中，我想再次聚焦于 1970 年的这次世博会，阐明本书所说的"世博会幻想"是通过怎样的必然和偶然、排除和忘却而形成的。

1 在大阪召开产业奥运会

从东京奥运会到构想大阪世博会

1970 年在大阪举办世界博览会的想法是在东京奥运会举办的前一年，也就是 1963 年开始正式提上议事日程的。其契机是 1963 年 10 月，巴黎的国际展览局（BIE）请求日本政府批准国际展览公约，于是日本政府开始构想举办 1970 年世博会，并将其视为继东京奥运会之后的国家项目。

国际展览公约是一战后于 1928 年在巴黎起草并签订的，日本当时也签了字，但由于参加世博会不一定要以批准公约为前提条件，所以长期以来日本一直没有批准该公约。进入 60 年代以后，在日本出现了战后复兴和经济高速增长、贸易自由化、回归 OECD（经济合作与发展组织）等国际机构等趋势，BIE 方面也开始出现一种动向，即把包括日本在内的尚未批准公约的国家纳入到举办国际博览会的官方系统中来。对于在经济高速增长的大潮中逐步将国际化作为重要举措的政府来说，这一请求来得正是时候。

在上述形势下，最先为举办世博会推波助澜的是曾经在通产省（原商工省）工作过的政治家。1940 年原本应该举办所谓的"纪元①2600 年纪念世博会"，那时在商工省负责此事的课长丰田雅孝如今成了参议院议员，他率先为举办世博会摇旗呐喊起来。1964 年 2 月，他在自民党政调会的贸易对策特别委员会上倡导在日本举办世界博览会，并在 4 月的参议院商工委员会上也进行了同样的提议。

与此相呼应，在东京奥运会开幕前不久的 1964 年 3 月，通产省提议 1970 年在日本举办"亚洲的首次'世界博览会'"，并列举了以下举办理由："可以提高世界对我国产业水平的认识；通过介绍和宣传我国产品，出口有望获得飞跃式发展；能够促进国民对产业和贸易的关心"（《朝日新闻》，1964 年 3 月 8 日）。也就是说在这个时

---

① 指以日本第一代天皇——神武天皇即位之年（公元前 660 年）为元年的纪年体系，也称"皇纪"。

候,至少在表面上,举办世博会的重点似乎不在于国民性盛会或是对经济高速增长成果的自我确认,而在于提升日本产品的形象、振兴出口和唤起全球市场的注意等方面。

在不久之后的 6 月,1970 年举办世博会的构想获得了内阁会议的批准,正式开始在政府层面上进行准备。不过这时,举办城市的热门候选并非只有大阪。首相池田勇人提出是否可以利用羽田机场搬走后留下的空地,而建设大臣河野一郎则热情提议将琵琶湖①填埋后修整成一片广阔的用地。而且,虽然此事获得了内阁会议的批准,同年夏天却出现了一种论调,认为 1970 年举办世博会为时尚早,不如延期。奥运会是在东京举办的,从保持平衡的角度来说,世博会举办地最好放在近畿地区,这是大部分人的一致意见,不过大阪府、滋贺县和神户市为了获得主办权而展开了激烈的竞争。结果,拥有强大经济实力、同时能够确保大面积用地的大阪府占了优势。1965 年 4 月,经过樱内义雄通产大臣的裁定,决定在大阪府吹田市的千里丘陵举办。

这样,在 1965 年 5 月,日本政府向巴黎的 BIE 全体大会提交了 1970 年在日本举办世博会的申请,获得了广泛的支持。不过,这时澳大利亚的墨尔本市仍有可能提出申办,所以并非最终决定。不过从这时开始,1970 年举办大阪世博会已经无限接近实现了。接着,1965 年 9 月,被视为竞争对手的墨尔本市放弃了申办,由此,BIE 正式决定在大阪举办世博会,会场也定在了吹田的千里丘陵。报道该消息的报纸强调:这次世博会是“亚洲首次”;世博会是“人类智慧”的奥运会;公共事业投资规模可能会超过东京奥运会(《朝日新闻》,1965 年 9 月 14 日)。

在这种形势下,同年 7 月,世博会协会的前身——大阪国际博览会准备委员会成立,并于 10 月正式改组为日本世界博览会协会。同时,还设立了主题委员会、会场规划委员会等构成世博会筹备主体的各种机构。1966 年 2 月,协会决定将这次世博会的正式名称定为“日本万国博览会”,会期从 1970 年 3 月 15 日至 9 月 14 日,共计 184 天,展出产品分为 9 大类 52 小类。接着在同年 5 月,

---

① 日本第一大淡水湖,位于滋贺县,也是国家公园。

BIE全体大会全票正式通过日本万国博览会这一命名，日本政府可以正式邀请海外各国参加大阪世博会了。

"纪元 2600 年世博会"的亡灵

不过，抱着完善关西地区基础设施的强烈意识在大阪举行的世博会，为什么必须叫做"日本万国博览会"呢？没有人把东京奥运会称为"日本奥运会"。而且，世博会的惯例是用举办城市的名称来命名的，人们会说"巴黎世博会"、"芝加哥世博会"，但没有人说"法国世博会"、"美国世博会"。世博会一般用举办城市而不是举办国家的名字来命名这一习惯背后，也许有一种默契，那就是即使在事实上呈现出强烈的民族主义色彩的情况下，表面上还是要表现出一种国际主义的倾向。然而，1970 年的"日本万国博览会"公然打破了这一惯例，将作为象征的"日本"加入了命名中。

实际上，对世博会进行这种露骨的民族主义的命名暗示我们，大阪世博会本应是在三十年前举办的另一个"日本万国博览会"的复活版。那就是化作泡影的东京世博会，也就是为了纪念"纪元2600 年"而预定在东京与奥运会同时举办的世博会，其正式名称正是"日本万国博览会"。

自明治以来，对日本这个国家来说，举办世界博览会不仅仅意味着举办国际性的产业博览会，而且具有一种更为特别的意义。在日本举办世博会的构想可以一直追溯到农商务卿西乡从道于1890 年提交的开办亚细亚大博览会的建议书。这一构想由于财政等原因没有实现，不过到了 1900 年代，由于日俄战争的胜利，举办世博会的趋势高涨，西园寺①内阁于 1912 年公布了举办日本大博览会的计划。主会场定在神宫外苑，也向海外发出了邀请，但在离举办还有四年时因为削减经费而决定中止。

举办世博会的动向再次正式出现是在 1930 年左右。在那之前的 1926 年，打算在东京举办世博会的民间人士成立了博览会俱乐部，开始做各方面的工作。1930 年，东京和横滨的县市级机关、商工会议所等主要机构齐聚一堂，组织成立了博览会协议会，开始

---

① 指西园寺公望（1849～1940），贵族、政治家。1906.1～1908.7、1911.8～1912.12 两次任日本首相。

进行筹备策划的具体工作。该协议会提议,为了纪念震灾复兴,于1935年在东京和横滨(芝浦人造陆地和横滨港湾地区)举办日本首次世界博览会。商工省同意了这一提案,国会也于次年通过了举办世博会的议案,看上去举办准备正在有条不紊地进行。但是,这一计划由于满洲事变的爆发和政局不稳而延期,不久之后又被另一个方案取代了,那就是1940年同时举办世博会和奥运会作为"纪元2600年"庆典的重头戏。

1940年的东京世博会(和奥运会)的准备工作于1935年以后在政府的主导下逐步推进。会场有两个,第一会场位于东京的月岛人造陆地(现在的晴海)和新越中岛,第二会场位于横滨的山下公园。第一会场以建国纪念馆为中心,另外还准备建设工艺馆、机械馆、电气馆、农业馆、化学工业馆、矿山馆、外国馆、海外发展馆等二十八个馆;第二会场则准备建设水产馆等三个馆。建国纪念馆的设计方案采取了设计竞赛的方式,最后的中选方案是在神社建筑上加了一个塔,国家主义色彩很浓厚。另外,还准备了将要种植在会场中的约30万株树木,在1938年还确定了主题曲,附有彩票的门票也投入了销售,世博会的气氛在社会上热烈起来。

这次世博会的统一主题是"东西文化的融合",同时还设有两个副主题:"世界产业的发达"和"增进国际和平"。关于后一个副主题,日本表示,"如果世界各国无一例外地领会了这种日本精神的真髓,并加以效仿的话,国际和平就会在不经意间实现,世界就会成为永久的安居乐园",露骨地表达了侵略主义的见解。

关于1940年的东京世博会,已经有很多人进行过研究。例如古川隆久[1]在关于"纪元2600年"事业的著作中对东京世博会的计划制定过程和相关的情况进行了整理。据该书介绍,世博会的准备克服了众多困难,在1936—37年间进展顺利,开始了附有奖金(彩票)的门票的销售,组织了世博会协会,王子制纸总经理藤原银次郎[2]就任会长,广播也在拼命播放一些让人听了兴高采烈的话,比如"世界进入了博览会时代",举办世博会预计将给东京带来至

---

① 古川隆久(1962~   ),历史学家,研究方向为日本近代史。

② 藤原银次郎(1869~1960),实业家、政治家。1933年主导了王子制纸与另两家公司的合并,成立了新的王子制纸并任总经理,被称为"制纸王"。

少两亿日元的消费,等等。高岛屋、松坂屋等百货商店为了抓住世博会和奥运会同时举办这一梦幻般的机会,积极地进行店铺扩张。旅游业界则把宝押在了招揽外国游客和国内旅游的升温上,并为此对体制进行了整改。实际上,从1936、37年左右开始,在群马、三重、爱媛等地区还出现了组建世博会观光旅行团的动向(《皇纪·世博会·奥运会》,中公新书,1998年)。

看了上述动态,正在激化的日中战争、日益紧张的日美关系、军部势力的抬头等仿佛是另一个世界发生的事情。一直到30年代中期为止,对大多数日本人来说,离他们更近的是消费、旅游、世博会和奥运会,而不是战争。

被"延期"的东京世博会

众所周知,此后,进行战争和军备扩张成为最高命题,"不是战争所直接需要的土木建设工程"全部中止,奥运会和世博会实际上已经不可能举办了。但是,在此我想关注的是,实际上世博会并没有"中止"。1938年7月15日的内阁会议上的决定是:"放弃举办"奥运会和将世博会"延期"至日中战争结束后。

据古川介绍,商工省的说法是:"世博会是政府的纪元2600年庆祝纪念事业之一,也是国际性的活动,而且已经请皇族(秩父宫①)担任了世博会的名誉总裁,因此要在七月末之前从下面三个选项中选择一个:按预定计划举办、缩小规模举办、延期。因为已经开始销售门票了,所以没有考虑中止这个选项。"因此,1970年"日本万国博览会"的举办是名副其实的"延期"了三十年之久的计划的实现。

从奥运会、新干线和子弹列车的构想到世博会,这些都是在总体战体制下的30年代就已经构想过的全国性的大项目,这些项目的绝大部分在战后的60年代都实现了,这点也与世博会的延期举办有所关联。所谓总体战体制,就是中央官僚对社会提出课题,并带领产业界、地域社会和媒体有组织地前进,这一体制绝没有因为战败而告终。战后,军部这一不确定因素被排除,官僚系统在整个占领期反而得以保存和强化,需要达成的课题从军事课题转变为

①　秩父宫雍仁亲王(1902~1953),大正天皇的第二个儿子,昭和天皇的弟弟。

经济和文化课题，总体战体制在经济高速增长期全面开花结果。奥运会如此，新干线也是如此，接下来一直保持"延期"状态的世博会就无论如何都必须举办了。

这种连续性最初在通产省的经济政策中可以清楚地看出来。正如查莫斯·约翰逊①(Chalmers Ashby Johnson)所指出的那样，"战前与战后的通产省官僚之间有着直接的连续性，几乎没有受到战后开除公职令的影响"。为了佐证这一连续性，约翰逊举出了下列事实：左右经济高速增长期日本产业的通产省事务次官几乎全部都是在昭和的统制期进入商工省的战前派。他们在总体战体制期的商工省和军需省所积累的经验成为了决定经济高速增长期政策方向的基础。

据说，50年代后半期通产省的新产业培育方法实际上是由下列程序构成的。首先，"通产省就该产业进行调查，起草一份能够明确指出该产业必要性和前途的文件。……其次，通产省同意分配外币给它，并由开发银行提供资金。第三，批准其引进外国技术。第四，认定该产业为'战略性重要产业'，同意其设备特别折旧。第五，为了建设工厂，无偿或者以象征性价格提供已经修整好的土地。第六，给予税收上的优惠。第七，组成'行政指导下的卡特尔'，以便限制竞争和调整投资"(《通产省和日本的奇迹》，TBS—BRITANNICA，1982年)。因此，在这种有力的保护和指导下达成的经济高速增长正好可以比做战时达成的军事目标。所以，正如"战争胜利"通过凯旋游行和祝捷大会等进行自我确认那样，"收入倍增"和"经济高速增长"的达成也有必要通过某种国家仪式来进行自我确认。

2　人类的进步与和谐

光从四面八方来——Light from Anywhere

1970年大阪世博会的统一主题是"人类的进步与和谐

---

① 查莫斯·约翰逊(1931～2010)，美国日本政策研究所所长，日本发展模式概念之父。

(Progress and Harmony for Mankind)"。在序章里提到的电影《家族》中,去参观世博会的风见一家在会场入口处附近偶然遇见了伊王岛放高利贷的人。在离开故乡前不久,他曾色眯眯地纠缠过民子,民子趁机借了三万日元。当他发现民子后便跑过来威胁道:"快还钱,如果乘夜逃跑的话我就告到警察那里去。"身陷窘境的民子不由自主地喊出的是下面这句话:"你说的话真好笑。这里是人类进步与和谐的世博会会场啊!你这样也算是日本人吗?"

在这里,什么是"进步"和"和谐"并不是问题,重要的是,民子是连进入会场片刻都无法做到的贫苦百姓,就连她都把"人类的进步与和谐"这一口号当成也许可以将自己从眼前的困境中拯救出来的某种咒语。当然,电影作品并不一定能正确把握那个时代人们的感情,但是对于不久之后通过寅次郎系列影片生动表现了对于日本民众来说何谓幻想的山田洋次眼光的准确性,我还是信任的。"收入倍增"反映在了经济高速增长初期日本人的意识中,与此类似,"人类的进步与和谐"这一口号在经济高速增长完成阶段的日本人的集体意识中也都有所反映。

不过,负责起草世博会统一主题的委员会当初进行讨论的内容,并不能完全归纳为"人类的进步与和谐"这一漂亮的口号。

BIE 全体大会正式决定由大阪举办 1970 年世博会是在 1965 年 9 月,同样是在这个月,由日本政府设立的大阪国际博览会准备委员会(世博会协会的前身)成立了负责起草大阪世博会统一主题的主题委员会。委员长为茅诚司①,副委员长为桑原武夫,委员中有井深大②、大佛次郎③、贝冢茂树④、曽野绫子⑤、丹下健三⑥、松本

① 茅诚司(1898～1988),物理学家,1957～1963 任东京大学校长。
② 井深大(1908～1997),实业家,与盛田昭夫一起创办了索尼公司。
③ 大佛次郎(1897～1973),作家。
④ 贝冢茂树(1904～1987),中国史学者,京都大学名誉教授。
⑤ 曽野绫子(1931～),女作家。
⑥ 丹下健三(1913～2005),建筑家、城市规划专家。除日本之外,很多国家都有他的建筑作品。

重治①、武者小路实笃②、汤川秀树③等重量级人物。这些人于同年9月1日召开了第一次会议，10月5日、20日、25日又频繁召开委员会，逐步确定统一主题。统领这一群人的是桑原，他用高超的笔法将委员们用头脑风暴的方式提出的想法和意见加以总结归纳。如今，委员会的速记录作为《日本万国博览会官方记录·资料集别册》的一卷而留存了下来，读几遍就可以清楚地发现，这些委员们在讨论中对70年代以降的日本和世界的前途提出了在当时来说可谓出类拔萃的卓见。

例如，桑原在会上曾经多次主张的，用今天的话来说就是某种温和的多元文化主义。1940年，原本应该为了庆祝"纪元2600年"而举行的东京世博会的主题是"东西文化的融合"。但是，桑原说，到了1970年，这种"东洋"对"西洋"的划分已经不成立了。

> 比起美国来，印度在科学、政治、生活水平等各方面都处于劣势，这是客观事实。但我们不能说因为印度没有过美国式的生活，没有美国那样的科学所以不行，也不能说因为它没有像俄国那样共产主义化所以不行，而是必须站在印度有它自己自古以来的文化这个角度去看问题。印度的事情应该由印度人自己去思考，虽然我们个人嘴上说说不要紧，但是日本、美国、苏联作为国家不应该提出让印度更快地发展科学之类的意见。我认为，印度的文化也好，中国的文化也好，朝鲜的文化也好，美国的文化也好，非洲的，比如加纳也好，它们都是一种独立的存在，……应该承认这种多样性，并各自做出相应的努力，然后根据情况获得进步或是发展。（第一次主题委员会）

在接受了桑原上述观点的基础上，作为大阪世博会应该主打

---

① 松本重治(1899～1989)，新闻工作者，曾任"国际文化会馆"理事长。

② 武者小路实笃(1885～1976)，小说家、诗人、剧作家、画家，日本文学流派"白桦派"的代表人物。

③ 汤川秀树(1907～1981)，日本理论物理学家，1949年获得诺贝尔物理学奖，是首位获得诺贝尔奖的日本人。

的核心概念，主题委员会首先关注的是松本重治提议的"Light from Anywhere（光从四面八方来）"。这是针对一般所说的"光从东方来"或"光从西方来"而言的，其中包含了对试图将西欧的现代普遍化的西欧中心主义思维的明确批判。

人类的智慧——战胜不和谐

桑原等人在主题委员会上反复议论的另一个内容是，对于20世纪社会所面临的困难和矛盾，人类的智慧应该如何应对？在此特别突出的两个问题是：科技文明所带来的困惑，以及民族、国家、意识形态之间的纷争。我下面想再次引用一段桑原的发言。

> 世界一片灰色，是极端糟糕的地方，如果只看到这一点，只盯住这一点看的话，就会确定世界不好，就会觉得，这个不好的世界会变好吗？这样一来，悲观主义应该就会变成虚无主义，但我们还是相信这种智慧的存在，这种智慧的存在会拯救人类的未来。（第三次主题委员会）

反复阅读主题委员会的议论内容就会发现，引领着大方向的确实是桑原。不过，出席会议的很多委员都想将对20世纪世界的危机意识反映到大阪世博会的主题中去。例如，关于科学技术所带来的问题，汤川秀树就说："最近自从进入20世纪以后，科学技术发展很快，急速发展，又出现了非常严重的问题，这一点很重要。"他还强调，大阪世博会不应该仅仅赞扬科学，而必须采取不同的做法。另外，下面这个观点也被提及了若干次：在越南战争越发激烈的这个时代，对东西冷战和南北差距增大的问题意识也应该以某种形式反映到大阪世博会的主题中。

问题是用什么样的言辞来表现这种问题意识。为了概括对人类经历的困难以及迸发出的矛盾的危机意识，委员会采用了"不和谐"这个词。对一连串的议论加以整理并草拟出基本理念的桑原说明道，当初他自己也将草案中用"矛盾"一词表现的部分都换成了"不和谐"。其理由是，"矛盾这个词，如果说到世界上的矛盾的话，就有一种日语的语感，好像有的国家有，有的国家没有。而不和谐是一个温和的词，因为和谐是一个温和的词，即使在它前面加一个不,也不尖锐。而矛盾就感觉太强烈了"。他还说明道,另外,"矛盾"一词还稍微带有点马克思主义的语气,他们想避免被误认为有这种倾向。

因此,在大阪世博会的构想中,主题委员会最为重视的是如何克服当今人类面临的"不和谐"。他们想出的大阪世博会原本的主题重点在于"不和谐"而不是"和谐"。而且,委员会还一致认为,克服这种"不和谐"的关键在于"人类的智慧",这也是"Light from Anywhere"中的"Light"的内涵。实际上,当时最有希望成为统一主题的方案是"人类的智慧(Man and their Wisdoms)"。

众所周知,自那时起大约三十年后,中泽新一等人起草的爱知世博会的统一主题是"自然的睿智(Nature's Wisdom)"。"人类的智慧"和"自然的睿智"。隔了三十年的岁月,桑原武夫和中泽新一这两位不同类型的知识分子构想出了极其类似,却又在某个方面形成鲜明对比的世博会主题,这件事非常有意思。

不过,"人类的智慧"这一主题方案存在一个缺点。预定于大阪世博会的三年前举办的蒙特利尔世博会的统一主题就是"人类与世界(Man and his World)"。"Man and their Wisdoms"这一主题和蒙特利尔世博会的主题过于相似,很可能有人会说"日本人又在模仿了"之类的话。因此,有必要想出一个既包含大家讨论过的内容,又和其他世博会的主题不太类似的主题。

"人类的进步与谐和"就是在这种情况下被想出来的。大家认为,这一主题将原来提出的"不和谐"包含在了"和谐"中,"智慧"则包含在了"进步"中,含义更广。渐露疲色的委员们全体一致通过了该方案。

但是,"人类的智慧"和"人类的进步与和谐"这两个主题在受众的印象中是大不一样的。当初提出"人类的智慧"这个主题时,议论的核心是将"现代的不和谐(矛盾)与(靠)人类的智慧(来拯救)"作为主题,在这点上大家意见是一致的。另外,大家还有一种认识,那就是"人类的智慧"绝不是单数形式,而是复数形式,而且它不是仅从西方或是东方来,而的的确确是来自四面八方(Anywhere)。由于有了这种基本认识,即使将可能会给人以消极印象的词推后到背景的位置,"人类的智慧"这个词仍然表现出了对现代的批判意识。

然而,如果改成"人类的进步与和谐"的话,由于"进步"一词的积极意义过于强烈,其他词就只能对"进步"一词起到补充作用,原有的批判性含义几乎消失殆尽。不过,即便如此,基本理念的文案几乎原封不动地沿用了桑原的原稿,并留存了下来,文中清楚地铭刻着委员会对世界的下列认识,这构成了他们议论的基调:

> 观察世界现状时,不得不坦率地承认,尽管人类有过光荣的历史,但他们正在为众多的不和谐而苦恼。由于技术文明的高度发展,现代人类正在经历整个生活上的根本变革,但其中产生的众多问题尚未得到解决。而且,世界各地区之间存在着很大的不均衡,地区之间的交流不管是在物质上还是精神上都明显不够,不仅如此,还经常会失去理解与宽容,产生摩擦和紧张。就连科学和技术,如果使用不当的话,就有可能立刻将人类自身引向毁灭。
>
> 面对这样的今天的世界,我们仍然相信,能够打开人类未来繁荣局面的智慧是存在的。而且我们相信,这种智慧之光的存在不局限于地球上的某一地区,而是闪耀在所有有人类存在的地方。这种具有多样性的人类智慧如果能有效地进行互相交流和刺激,就能产生更高层次的智慧,并通过不同传统之间的理解和宽容,给全人类带来通往更好生活的和谐发展。
>
> (《朝日新闻》,1965年10月21日)

这是一篇名文。假如战后的知识分子觉得大阪世博会还多少有点魅力的话,应该就是因为世博会的出发点包含着对上述理念的深深向往。文中包含着一种强烈的讯息,即在二战后的后殖民主义背景下,虽然存在众多的"不和谐",如核能和公害等科学技术的负面效果、东西冷战和地区纷争、人种之间的对立,等等,但还是应该相信人类的复数形式的"智慧"能够克服这些"不和谐"。这种认识明显与下面将会提到的本土性或者说民族性的庆典式理念不同。

然后,基于上述理念,到1966年春天为止,除了桑原等人之外,还有梅棹忠夫①、小松左京②、川添登③、开高健④、堤清二⑤、中根千枝⑥、永井道雄⑦等人参加的专门调查委员会确定了四个副主题,分别是"人类自身——追求更健康充实的生命"、"人类和自然——追求更丰富的自然利用"、"人类和技术——追求更美好的生活设计"、"人类和人类——追求更深的相互理解",并商量着要将它们作为世博会展示和活动的支柱。

基本理念只不过是"空头支票"?

当代的重量级知识分子齐聚一堂并费尽心思设计出的基本理念、主题和副主题在多大程度上反映到了实际的会场规划和展示中去了呢? 在主题委员会中,有不少委员认为应该在世博会场的关键地点设立若干座聚焦于主题和副主题的场馆,以引领整个会场的形象。曾任副主题专门调查委员会委员长的赤堀四郎⑧这样说道:

> 为了充分发扬现在的基本理念,需要建几个主题馆。虽然主题是四个,但我认为主题馆应该不止四个,要多得多。要制定具体的计划,确定往场馆里放入什么东西,然后根据放入东西的内容,有些东西邀请各国提供,有些则由日本自己负责提供。(第六次主题委员会)

好几位委员也表达了同样的意见,比如"还要拜托其他国家提供给某个场馆切合这个主题的,或者即使不切合,至少也是以其为参照的某些东西,如果不这样的话,如果只是听凭对方意见的话,

---

① 梅棹忠夫(1920～2010),民族学家,国立民族学博物馆首任馆长。
② 小松左京(1931～2011),小说家,以科幻小说见长,代表作为《日本沉没》。
③ 川添登(1926～),建筑评论家,新陈代谢派的核心成员之一。
④ 开高健(1930～1989),小说家,1958 年获芥川奖。
⑤ 堤清二(1927～2013),实业家、小说家、诗人。
⑥ 中根千枝(1926～),社会人类学家,东京大学的首位女教授。
⑦ 永井道雄(1923～2000),教育社会学家,1974～1976 曾任日本文部大臣。
⑧ 赤堀四郎(1900～1992),生物化学家,1960～1966 任大阪大学校长。

就不可能实现这个主题"(驹村资正①),等等,大部分委员都主张应该强烈地突出基本理念作为指导方针。桑原也说:"具体数量不好说是十座或者是二十座,但是至少必须建造多座(直接表现基本理念的展馆)"。

对于上述主张,世博会协会的新井真一②事务总长说道:"主题委员会的基本工作……是否建造主题馆这个问题可以说是一种售后服务,……不知道下面的话说得对不对,我觉得,副主题委员本来的使命是引导'人类的进步与和谐'这一主题与展示相结合。关于其实现方式,如果要建主题馆的话,可以作为一种建议,他们应该这样想。"这个发言有点意思不清,论点模糊。是不是想说委员们对展示内容说三道四其实是一种越权行为呢?

世博会协会的最高审议机构——常任理事会也讨论了如何将统一主题和副主题体现到现实的世博会展览中去,但由于前面提到的主题委员会和常任理事会的成员组成完全不一样,而且协会事务局也没有积极地充当两者之间的沟通桥梁,因此主题委员会的委员们的想法并没有正确地传达给常任理事会。

不仅如此,协会事务局在常任理事会上还有意识地遮蔽了赋予主题以实质性内容这一主题委员会的全体意见,并试图将讨论诱导到另一个方向上去,即仅仅将主题和副主题作为"空头支票"提出来,而将实质性的场馆建设和展示计划与主题割裂开来,委托给专业的制作人。从大阪商工会议所进入协会事务局的里井达三良③的下列发言清楚地表明了协会方面的这种想法。

　　　(主题委员会)担心自己主张的这种精神(基本理念和主题)究竟能否在主题馆中体现出来,赤堀先生和各位委员都非常担心。他们说,想要再往前走一步,以便能看到这个主题确实体现在场馆中了。在我们看来,这就是制作人的阶段了。也就是说,他们还想兼任制作人。作为我们协会事务局来说,

　　① 驹村资正(1894~1969),实业家,曾任日本棉花协会理事长、日本贸易振兴会理事长等职。

　　② 新井真一(1914~2012),通产省官僚、实业家,曾任通产省纤维局长。

　　③ 里井达三良(1908~1998),经济界人士,曾任大阪商工会议所副会长。

想请他们在现阶段就收手,在实际中具体表现主题的工作就让协会来做吧。(第六次常任理事会)

顺便说一下,以会长石坂泰三①为首的常任理事会未必会对主题委员会的提案持否定态度。为了说明主题委员会得出的结论而出席常任理事会的桑原,在说明了一连串副主题的宗旨后曾呼吁说,要在国家和协会的主导下建设多个对应各副主题的"模范"展馆,并得到了石坂"我觉得做这样的事情是日本的骄傲"的许诺。然而,在另一次常任理事会上,当谈论到如何表现主题和副主题这个问题的时候,协会事务局长新井真一却说了下面这番话,模糊了议论的焦点。

比如说有一个叫庆典广场的地方,大家都会聚集到这里欢闹,我们可以将这里也视为一个主题馆。我们确定制作人的时候要将这点考虑在内,当然,也不是一下子确定所有的制作人。如果有设施能表现主题的话,那它也是主题馆,这样我们在做计划的时候就可以留有余地……(第十三次常任理事会)

如果主题委员会的委员们听到上述发言的话,会作何反应呢?的确,常任理事会的理事们并没有参加主题委员会,因此两者之间有认识上的差距,这是没办法的事。但是,事务方面的人员原本就应该出席有关主题的所有委员会,并负有协助委员会落实议论和结论的职责。这样看来,事务方面的干部们反复进行上面这样的发言也可以说是一种有意识的背叛行为。在这种略显混乱的议论中,连协会会长石坂泰三自己都说:"我不太明白主题馆的范围和定义。"

从"人类的智慧"到全民性的"节日庆典"

结果,与桑原和赤堀等人的期望相反,将主题委员会苦思冥想

---

① 石坂泰三(1886~1975),经济界人士、实业家,曾任第一生命保险和东芝公司的总经理,1956~1968 年任日本经济团体联合会会长。

出的世博会基本理念、主题和副主题反映到具体的场馆和展示中去的系统丝毫没有确立。如果硬要说的话，基本理念只不过是"空头支票"，统一主题仅仅是"宣传标语"，而副主题则经历了"脱胎换骨"。应该说，事实上的世博会场、纪念碑和场馆的制作是按照东京奥运会的清晰记忆，逐步被办成了全民性的"节日庆典"。

对这种转变起到决定性作用的是丹下健三等人打造的"庆典广场"和冈本太郎[①]的"太阳塔"。一方面，丹下主张，"明确突出大阪世博会是世界人类的节日庆典这一意识，再加上这是首次在东方举行的世界博览会，具有划时代的意义"（"和谐之美、惊人、还有愉快"，载《世博会读本 1968 年版》，周刊《东洋经济》临时增刊，1968 年）。然后，他将"庆典广场"放到了"节日庆典"的中心位置。

另一方面，冈本更激进地提出了世博会作为"节日庆典"的想法。例如，在和桑原武夫的对谈中，他说，"世博会是节日庆典。……我所说的节日庆典并不是要在庆典中做些什么，或者庆典后做些漂亮的事情，而是我认为其本质是绝对的消费。……我觉得博览会的性质并非是在其中学习各种各样的科学知识"，世博会的本质在于"惊讶和喜悦交织在一起，将过去的旧概念和科学知识抛开，把它们清除掉，是一种兴奋"（"对谈·发扬冒险精神"，载《朝日杂志》，1967 年 10 月 22 日号）。

也许是受到了这种主张的影响，媒体也渐渐开始将大阪世博会作为世纪的"节日庆典"来宣传了。而且，作为制作人和艺术指导参与作为"节日庆典"的大阪世博会的策划的，不仅是丹下和冈本等人。所谓的"大师级人物"就不用说了，一直到 60 年代为止都在进行反体制活动的众多艺术家们也被动员去当了世纪"节日庆典"的艺术指导。这些问题都已经在拙著《博览会的政治学》（讲谈社学术文库，2010 年）中提到过，在此就不重复了。总之，类型和立场各异的艺术家们的多样化活动作为一个整体，与将大阪世博会导演成宏大的"节日庆典"的潮流在方向上是一致的。

就这样，基本理念和副主题都没有得到充分理解，只有"人类的进步与和谐"这一口号生存了下来，而"不和谐"这一隐含的主题

---

① 冈本太郎(1911～1996)，艺术家，"太阳塔"设计者。

就不用说了,连"和谐"都几乎没被顾及,宣扬科学技术的"进步"的展馆占了大多数。实际的结果是,"国内的企业团体都很头疼,认为'在展示时,表现进步很简单,但表现和谐很难'。原本应该浅显易懂地解释主题的副主题也很抽象难懂。……左思右想之间时间就到了。无奈之下,企业团体最后提交的展示内容全都是'未来万岁',一味强调进步,重要的和谐精神几乎没有涉及"(《朝日新闻》,1969 年 9 月 15 日)。

还有一个问题是,"节日庆典"由谁来举办,又是为了谁而举办。大阪世博会不可能成为冈本太郎所主张的那种"惊讶和喜悦交织在一起"的庆典。例如,围绕原子弹爆炸的照片发生了一系列纠纷。原本计划在主题馆进行的原子弹爆炸展示由于政府和自治体插嘴说"过于逼真"而不得不更改了展示内容;而在地方自治体馆中,还发生了提及原子弹和战争的展示物被展馆方面单方面撤下的事件。日本馆的历史展示从明治时期直接跳跃到现代,借此抹去了战争记忆,还突出了"国民生产总值世界第二"这一经济增长成果。另外,对于在会场入口处呼吁署名和募捐的水俣巡礼团,协会方面以禁止募捐和署名的规定为挡箭牌,甚至按住募捐市民的手进行制止。

"人类的进步与和谐"这一主题也作为这种检阅和驱赶的根据加以使用。例如,对原子弹爆炸展示的策划提出反对意见的广岛市长在谈到反对展示的理由时说:"原子弹爆炸资料的展示不符合'人类的进步与和谐'这一世博会的主题。"(《朝日新闻》,1967 年 10月 20 日)正如我前面论述到的那样,从主题委员会讨论的内容来看,这是完全相反的解释。"人类的进步与和谐"这一主题后来就逐渐只有了这种语言上的效果。

3 世博会神话失位中的停滞

关西经济界与大阪世博会之间

不过,即使从协会和国家的角度来看,大阪世博会的准备也不是一开始就一帆风顺的。其最初的挫折也许就是作为事业主体的日本世博会协会的会长人选,即作为大阪世博会象征的人物的确定。

政府首先筹划的是让松下电器（现在的 Panasonic）会长松下幸之助①就任协会会长。松下是在战后日本的经济发展大潮中白手起家的英雄，是作为"世界的松下"的领导人而广为人知的关西工商界人士，因此在任何人看来，他都是担任大阪世博会象征的最佳人选。但是，尽管有来自政府方面的恳请，但松下还是谢绝出任会长。

无可奈何之下，政府只好试图从关西经济联合会会长阿部孝次、住友银行董事长堀田庄三等关西经济界的重量级人物中选取会长，但都被拒绝，而陷入了困境。最终，由于政府看中的人选全部表示拒绝，作为经团联会长从一开始就参与这项计划的石坂泰三不得已接受了会长一职。

初始阶段确定会长人选时的混乱给我们带来了有关大阪世博会的何种暗示呢？的确，成为会长之后，必须要从经济界争取数额巨大的捐款，接待、到国外出差等个人负担也不小。但如果大阪世博会原本是关西经济界主动提出的构想的话，怎么可能有这么多的关西经济界人士都拒绝出任会长一职呢？大阪世博会虽然会场位于大阪，却是在与关西经济界和地域社会没有达成充分共识的情况下，由中央主导的构想，正因为如此，关西经济界人士才会害怕过重的负担被强加给自己，难道不是这样吗？

的确，大阪府和大阪市等地方自治体当初对举办世博会非常积极。但府、市的这种积极姿态与当地经济界的全体意志似乎并不一致。而且，一旦走出大阪，不同自治体对世博会的理解也是复杂的。例如京都府知事蜷川虎三就攻击说，大阪世博会"对百姓没有好处"。蜷川知事的理由是："举办世界博览会这一想法本身就已经落后于时代了，作为地方自治体来说，有其他值得去做的、有意义的事情。"构想中的博览会的实体是为了产业的利益，"即使举办了也对一般百姓没有好处"（《朝日新闻》，1965 年 12 月 11 日）。

当然，如果将大阪周边的自治体作为一个整体来看的话，像京都府那样明确表示反对的地方是例外。相关自治体心里始终想的

① 松下幸之助(1894～1989)，实业家，1918 年创立松下公司。

是"以世博会为借口完善近畿地区的基础设施"。实际上，当初就存在通过举办世博会争取巨额的公共事业投资的想法，这才是在举办世博会过程中大家最为关心的事情。

东京奥运会时，包括东海道新干线在内的公共投资约为9800亿日元，令东京面貌一新。一种"这次轮到大阪还有关西发展了"的感情在大阪周边的县、市、町、村中暗自存在。因此，当举办世博会有望带来公共事业投资时，完全不知道和筹备世博会有何种关系的要求也不断被提了出来，比如完善整个近畿地区的下水道（关西下水道协会）、食用肉市场的改造（大阪市）、警察署建设（奈良县）、福井机场扩建（福井县），等等。

当时，在关西经济界还有这样一种观点，认为通过举办世博会"预计会给会场内外的建设带来庞大的需求。借此，不仅以土木建设为首的钢铁、水泥、机械等产业都会受益，而且公路、港湾、城市的再次开发等公共设施都永久性地保留下来，连同这些在内的世博会的所有投资会在经济界循环，从而带来经济规模的扩大"（浅田长平"期待经济规模的扩大"，载《世博会读本 1966 年版》，周刊《东洋经济》临时增刊，1966 年）。人们认为大量的公共投资可以强化关西的经济基础，带来足以抗衡东京的发展。

当世博会正式决定在大阪举办时，《朝日新闻》写道："据大阪府的财政当局自己讲，当地财政已经快要出现赤字了，而大阪市则已经变为赤字。财政困难的府市坚决要举办可能会导致赤字进一步增多的世博会，其原因在于对据说多达一兆日元的相关公共投资的期待。"而且该报还指出："即使不举办世博会，为了适应地区的发展，前面列举的与世博会相关的公共事业也几乎都是要上马的。问题在于，在目前的政治体制下，如果没有奥运会或世博会的话，这些事业就无法顺利推进。"（《朝日新闻》，1965 年 9 月 14 日）一直到筑波科技博览会为止的战后世博会的历史将会表明，这种"政治体制"数十年间一直没有变化。

增长缓慢的世博会参加者

由上可知，大阪世博会并非从筹划初期开始就受到关西经济界的全面支援的。即使到了举办准备步入正轨的 1966 年秋天，在关西的经济团体中，只有大阪商工会议所设置了特别的世博会对策部门,而关西经济联合会、关西经济同友会、大阪工业会、关西经营者协会等团体都停留在"精神援助"阶段。不仅如此,即使放眼整个日本产业界,一开始就积极参与世博会出展的企业也只是少数。主要原因之一是很多大企业当初都没考虑到参加大阪世博对企业来说具有广告效应。

在大阪世博会上,即使是大企业,大多数也不会建设单独的展馆,他们或者是建设不同行业的展馆,比如纤维业界建设纤维馆,钢铁业界建设钢铁馆,汽车业界建设汽车馆等等,或者是加入到住友、三井、三菱等企业集团的展馆中去。原本是竞争对手的企业和不同行业如果共同建一个展馆的话,对各家企业来说很难产生独自的广告效应。1966年时,某位负责宣传的人士曾说道:"有三十亿日元的话,可以在全国性电视台的黄金时段每天做三十分钟的节目做八年。与之相比,在世博会上出展完全是为社会做贡献。"(《朝日新闻》,1966年9月14日)

这种情况直到离开幕还有三年的1967年也没有变化。这一年的9月,由于国内企业和民间团体的出展申请低于预期,世博会协会将原定的申请截止日期大大延期了。在原定截止日期过了之后,协会预留给国内企业的场地至少还有四块没有售出。国外企业则更为惨淡,"只有一家公司暂定申请,分配给国外企业的共计两万六千平方米的六块场地完全卖不动。据协会说,分配给国外的场地能售出多少目前无法预测"(《朝日新闻》,1967年9月7日晚报)。

与最后在现实中企业展馆林立的景象不同,直到大阪世博会开幕前三年为止,大家都在担心会场是不是会像缺了齿的梳子一样稀稀拉拉的。而且,不仅是数量方面,质量方面也不容乐观。有人在背后说,日本企业的展示缺乏新鲜感,大阪世博会最终可能会变成充斥着屏幕的"电影竞赛"。还有人批判道,日本企业的展馆在建筑风格上很多都是"蒙特利尔世博会的模仿者",企业的展示也大同小异。

对于大阪世博会的同样的消极态度在外国政府那里也能看到。1967年9月,"分配给外国政府和国际机构的共有五十三块场地,共计二十万两千平方米,但目前为止明确表示参加的只有十六个国家和一个机构，其中确定场地面积的只有加拿大、苏联和法国这三个国家"（《朝日新闻》，同上）。国外的参加积极性不高与世博会协会应对的拙劣、昂贵的建设费以及对征税的不满有关。

1968 年 5 月，世博会协会召集预定参加或有参加意向的海外国家代表召开了世博会参加国会议。与会代表中有人提出，日本的工程费用太高，比物价昂贵的纽约还要贵一倍。还有代表提出不满，说连展馆附设的餐厅和商店都要征收高额税金，这让人无法接受。面对心生不满的各国代表，协会方面打起了无微不至的服务牌，表示"有多达三次的招待宴会，有导游带队进行无比周到的京都、奈良旅游，……还为随行的夫人们准备了提前一步的京都旅游和乘船游玩等特别节目"（《朝日新闻》，1968 年 6 月 1 日）。但是在会议上，协会方面不断地模糊议论焦点，几乎没有讨论悬而未决的问题，将其留待以后解决。

最终，与事前的担心截然不同，来自海外的参展国家多达七十七国，刷新了世博会记录。不过，这个数字是协会为了增加参展国家数而拼命努力的结果。在增加参展国家数一事上成为秘密武器的是国际共同馆这一手段。这种设施是为了促进不可能担负巨额展馆建设资金的众多小国参加世博会，以每单位面积数万日元的相对低廉价格提供场地，在听取参加国的设计方针的同时，由世博会协会为他们建设的展示设施。这样一来，参加费用的相当一部分实际上由协会代为负担了，因此，像老挝、柬埔寨、摩纳哥、马耳他这样的小国也能轻易参加了。

同时，热心于招揽他国参加的日本政府也被抓住了把柄，犹豫是否要参加的国家纷纷向其索要各种好处。例如"有的国家强迫日本购买牛肉、红茶、烟叶等，有的国家则寻求上水道和学校建设的援助……协会也拜托商社'帮忙从发展中国家进口商品'"（《朝日新闻》，1969 年 3 月 13 日晚报）。尽管对于中国、蒙古等七个国家以"没有建交"为理由而拒绝其参展，但日本在增加参展国家数上反复进行了"不顾一切"的努力。

如上所述，大阪世博会绝不是一开始就确定会场一定会被丰富多彩的众多企业展馆和超过七十个海外国家填满的。国内媒体一直在说，尽管不久后就要开幕了，但世博会"还没有成为每个家庭茶余饭后的谈论内容", 这种不安一直持续到了开幕的前两年。

到了这个时候, 批判开始指向协会的无能和政府的暧昧态度。实际上, 由于世博会协会是由来自大阪府、大阪市、中央机关和民间企业的借调职员凑在一起组成的, 因此效率低下, 在应对国外政府和团体时也有诸多困难。例如, 有意向参加世博会的海外团体向协会咨询了很多问题, 如展馆的具体建设费用、确保建筑材料和建筑人员的可能性、长期参展情况下的资格问题, 等等, 但是协会连答复这些咨询的手册都没有准备。

协会在 1968 年时职员已多达六百数十人, 机构庞大, 但却被批判"从一条道路的建设到象征造型区的设计, 几乎都是包给外边做, 对于会场土质和入场人数的各种调查也委托给别人, 毫无计划性, 浪费严重"。而且还有评论说, "即使到了正式施工的时期, 这种低效率和态度仍然毫无改观, 缺乏使命感"(《朝日新闻》, 1968 年 3 月 15 日)。

谁在举办世博会? 为了谁?

这种使命感的缺乏也许与下面这个因素有关, 即在世博会的整个筹备过程中, 连中心人物也一直不清楚究竟要负多大程度的责任。世博会协会的最终决策机构是每月召开一次的常任理事会, 在 1965 年 12 月 20 日的第一次理事会上, 协会副会长永野重雄[①]和通产省的官僚们进行了下面这番对话。

> (永野副会长)"因为条约的责任人是日本这一国家, 因此是国家负责吗? 这个机构(世博会协会)是一种协助机构还是责任主体?"
>
> (新井事务总长)"这是一个根本性的问题, 根据国际条约, 是日本举办博览会。……还有一点, 今后和外国接触时, 还是要根据条约走外交渠道。另外, 我想可能是由会长先生来当总代表(commissioner general), 对于这种中心人物应该像政府委员一样赋予其若干外交权, ……让他具有对外的权

---

① 永野重雄(1900～1984), 实业家, 曾任日本钢铁联盟会长、日本商工会议所会长、新日本制铁会长等。

限。……"

（岛田通产省企业局长）"说清楚点就是，这个博览会事业的责任主体是这个协会。会长和下面的副会长、常任理事，这些人是责任主体。实施的责任由博览会团体负责到底。……"

（永野副会长）"这种责任的另一种见解和观点是，责任在于国家，负起全部责任，换句话说，举办世博会是国家的义务。如果遇到阻碍而放弃的话，不是世博会的责任，而是日本这个国家的责任，只要条约还在。"

（濑谷通产省审议官）"我想，虽然对外称是日本政府负责，但对内的说法是这个协会负责。"

（永野副会长）"我所说的是性质问题，国家是条约的当事者，在国际公约上签字的，因此责任人不是这个协会，而是国家吧。"

（岛田通产省企业局长）"有两种，像布鲁塞尔就是国家主办的。有两个，到时候到底由哪个来主办需要跟国际展览局的事务局联系一下，就说根据条约由民间来主办。"

（永野副会长）"日本采取后一种方式……"

（小田原常任理事）"这是和国际展览局商量后决定的吗？"

（永野副会长）"这个最关键的问题，从会长、副会长到下面的人没有一个知道谁是责任人，很奇怪。"（第一次常任理事会）

看上去通产省和协会官员在把世博会的最终责任互相推给对方，简直就像把接到手的炸弹扔给眼前的对手一样。的确，从制度上来说，大阪世博会的事业主体是协会，因此正如通产省官僚所主张的那样，责任主体是协会自身。不过，永野说得也很对，可能是由于事务方面人员的事先说明不够，在理事会开始的时候，"这个最关键的问题，从会长、副会长到下面的人没有一个知道谁是责任人"。

而且，由于世博会协会完全是临时拼凑起来的组织，即使必须要负起责任,是否具有足够的应对能力也需要打一个问号。实际上,只要重看一遍理事会记录就会清楚地发现,会长们和协会事务局之间的关系并不融洽,而且,这种矛盾有几次都表面化了,比如围绕象征标志的选定所产生的混乱,还有新井事务总长的辞职风波。大阪世博会的正式名称是"日本万国博览会",也就是突出了"日本"这个国家,但国家并没有从正面负起事业责任,因此,责任的所在一直很模糊。

这样看来,有必要重新提出一个问题,即大阪世博会原本是由谁,为了谁,面向谁而举办的活动呢?的确,主题委员会是想把这次活动办成发现人类类同性的大会,但协会、当地自治体和大企业并没有认真地去理解知识分子们的这种问题意识。

对于行政部门来说,世博会首先是巨额公共事业的机会。但是,虽然当地的大阪府举双手欢迎世博会的举办,但邻近的府县一直对大阪府的单独行动抱有怀疑。另一方面,对于企业来说,这次世博会真的值得欢迎吗?在世博会的广告效应和大众动员能力尚未被实际感受到的阶段,对企业来说,参加大阪世博会与其说是有效的广告战略,不如说是对"中央"的一种配合。最后,这个国家的民众是如何将自己的梦想与大阪世博会重合的?人们参与世博会的方式除了被动员之外,还可能有别的途径吗?

4 作为未来都市的世博会场

千里丘陵的竹林

大阪世博会的举办地是紧邻千里新城的千里丘陵地区,面积达三百三十万平方米。会场定在这里是在世博会筹划正式启动的1965年4月,当时击败了滋贺县琵琶湖畔的木滨和神户市的神户东部人造陆地等其他候选地。也就是说,1970年世博会选择的不是湖畔和海滨的博览会,而是丘陵的博览会。

不过,丘陵上有山也有谷,还有河流和池塘。实际上这一带的海拔高差有四五十米左右,虽然不是剧烈的起伏,但连绵不断的山和谷就像细小的褶皱一样,山的斜坡上孟宗竹丛生,是全国闻名的竹笋产地。山谷中是农田,大大小小有近六百个池塘散布其间。

据八木滋说，这些农田开发于江户时代，主要种植用于酿酒的大米，销往池田、伊丹、滩等地区的酒窖（"30年至5000年的时间——千里丘陵的历史"，载《世博会启封》，大阪市立博物馆，2000年）。

另一方面，紧邻这片丘陵的地区已经被开发成了千里新城，工业用地、住宅和道路连绵不绝。千里新城的开发始于50年代末，在战后的新城开发中属于最早的一批。到1960年为止完成了近九成的土地的收购，1963年阪急千里线（当时被称为千里山线）也延伸到了现在的南千里，1970年有三万多户，约十万人生活在这里，人工小镇初现雏形。另外，在建设新城时被拆迁的人们紧贴着人工小镇边上建了新的住宅区。

成为世博会会场的正是自然的丘陵和人工的新城接壤的区域，处于变化的边缘。对于这种丘陵的自然状况，负责会场规划的人们是如何处理的呢？当我们重新温习一遍会场规划的制定过程就会注意到，在初期，即使在协会中也曾有人提出过下面这样的意见，"（在规划中将要成为会场的地方）有很多丘陵，还有很多自然的竹林，我想在高低富于变化的会场构造的基础上对主题进行消化"（第一次会场规划委员会）。

在计划的初期阶段，负责起草基本方案的是西山夘三[1]和丹下健三，在西山等人提交的基本方案的基本方针中，很重要的一点是"在计划时尽可能尊重自然地形，确保与自然谐调的丰富的空间造型和优秀的会场景观"。而且，在会场规划委员会上，就如何在保留丘陵自然景观的前提下进行会场建设进行了讨论。委员之一，专业为植物学的关口镁太郎[2]呼吁应该尽可能保留会场的竹林，他说道：

> 本来这个地区固有的植物景观是橡树、米槠等常绿阔叶树，但早就没有了，后来出现的是松树林，特别是赤松林，它构成了这一带的植物景观，自然的植物景观。到了江户末期，出于生产目的，树木种类渐渐变成了现在的孟宗竹。……从森

---

① 西山夘三(1911～1994)，建筑学家、建筑家、城市规划专家。
② 关口镁太郎(1896～1981)，造园家、林学家，曾任日本造园学会会长。

林的角度看，这些竹子不是什么气派的树林，但如果和拔掉这些竹子重新种植树木来建设绿地景观相比，可以说这已经是很好的植物景观了。……所幸的是竹子原产于东方，尤其是东南亚地区特有的东西，而且，日本的竹林和东南亚其他地方的竹林不同，是那种姿态非常雅致、优美的竹林。作为这次在亚洲首次……举办的博览会整体植物景观的中心再合适不过了。（第三次会场规划委员会）

但是，要保留竹林的话，就必须将会场中削山填谷所修整成的平地面积尽量缩小。某位委员还提出了下面的意见：虽然核心的象征造型区必须整成平地，"但其他区域只要巧妙地规划道路，在倾斜的地方建场馆反而会很有意思"。但是，在倾斜地建展馆的方案没有得到多数人的支持。既然要在平地上修建展馆，就必须要平整出相应的土地。大家渐渐倾向于把山削平，然后用山体的土填埋山谷这种方法，认为除此以外别无他法。

村野藤吾①直率地提问说，基本方针中提出的"保留自然"这个关键和"建设会场"这件要事是否肯定会产生矛盾？西山夘三回答说："无法完全保留（自然）。必须要进行大量的削填。所谓的保留自然是在可能的范围内希望能多保留一点，坦白地讲，实际上褶皱（译者注：指起伏的山体）……很少能保留。因为褶皱很细，所以山谷无法很好地容纳（设施）。……因此必须大面积地把山削平"。另外又有委员问道："如果平地所占比例很大的话，就必须要按照现在平整工业用地的办法来做吧？"西山回答道："我想很大程度上会是这样。"（第三次会场规划委员会）

西山自己应该不会认为整成平地就是最佳选择。但最后得出的结论是：在要建众多场馆，而且是在平地上建设的前提下，只能进行大规模的土地平整，虽然这很令人遗憾。

制约大阪世博会的会场规划的另一个条件是，大阪中央环状线公路需要从会场中央东西向穿过。这样一来，世博会场和这一带的自然生态系统必然会被一分为二。因此，只要不改变这一道

---

① 村野藤吾(1891～1984)，建筑家。

路规划,就很难确保世博会场的一体性和保留自然景观。

例如,西山等人作为基本方案的基础而提交的四个会场方案中,第一方案是手掌型,并且充分利用错综复杂的山谷地形来部署设施,但由于无法将被环状线分割成南北两部分的会场很好地串联起来等理由而被否决,最后采用的是象征造型区和中央大道呈十字形交叉的方案。当然,这种情况下也有人提议在环状公路上方盖上屋顶,然后将屋顶上方弄成会场,以减小土地平整的面积,但由于预算过于庞大,没有被采纳。

此后,在第二次规划方案(1966年5月)向第三次规划方案(同年9月)发展的过程中,会场规划的主导权由西山转移到了丹下健三手中,再加上和丹下在观念上有所对立,所以西山交出了规划制定的领导权。但是,一直握有规划主导权的西山,并没有放弃保留丘陵的自然环境这一基本想法。事实上,西山非常气愤地对丹下整理出的会场规划最终方案提出了异议,还提交了意见书,意见书中指出了丹下方案的若干缺点,但对顾及自然景观的问题却完全没有提及。

结果,在大阪世博会的会场中,原有的丘陵、山谷、大大小小的池塘等自然地形以及郁郁苍苍的竹林几乎完全消失了,建成了一片平坦空旷的人造都市。今天,当我们走在这片当年是会场的土地上时,很难想象这里曾经是丘陵和山谷交错分布的茂密竹林。在大阪世博会上,自然的记忆就如此被抹去了,新陈代谢派横行,一个彻头彻尾的人工未来都市出现了。

我想确认的是,当时,这种毁掉自然的行为甚至完全没被当做一回事。为了建设为期仅仅半年的短暂梦想的"未来都市",推土机不断地削山填谷,抹掉了农田和记忆的痕迹。但是,批判性地报道这件事的媒体言论在那个时代几乎找不到。担心工程进度、重视劳动力不足和建设费用负担问题的报道倒是不少,但几乎没有记者质问这种开发和土地平整究竟是否不可避免。

作为未来都市典范的大阪世博会

大阪世博会在将原有的丘陵地形、竹林以及曾经在那里生存的动植物彻底抹去之后,建成的是一座不折不扣的未来幻想都市。换言之,在建设理想的未来都市这一口号下,摧毁自然被正当化了，人们也认为这么做是理所当然的。事实上，当会场建设正式开始后，作为世博会的形容词，使用得最多的就是"未来都市"这一表达方式。

这个词源于1966年4月西山等人在会场规划委员会上提交的基本规划，规划的基本方针的第一条就是：大阪世博会的"整个会场在构成上以未来都市的核心模型为目标"。为此，在规划中以"庆典广场"为中心，引进了"准确把握会场内的信息，协同集中、一元化的管理体制，谋求增强展示效果和会场运营顺利"的计算机系统、"作为未来都市核心，充满清洁的空气、水和绿色植物"的环境设计以及"能够实现鸟瞰会场、迅速参观、大人流参观、旅游、专业性研究、闲逛等多种观览方式"的交通系统。

大阪世博会逐渐向未来都市的方向发展，其最大效果是使很多人的关注点更多地放在了展馆中使用的技术和陈列在会场中的未来式构造体上，而不是如何理解每个展示和主题的演绎。在报道会场规划的最终方案时，《朝日新闻》评论说，这次的世博会"不仅会场本身可以说是一个'参展作品'，而且因为其'空间'本身就是一个纪念馆，所以与之前的世博会历史相比非常独特"（《朝日新闻》，1966年9月7日）。

会场本身是"一件作品"这种想法对负责会场规划的建筑家们来说是求之不得的。从庆典广场的大屋顶、自动人行道到冷气、保安及引导的集中管理、以空气膜结构为代表的新型建筑施工法，还有众多影像展示的系统，这些都抓住了到场者的眼球。而且不久之后，所有这些都将作为作品成为"未来都市"的一部分。

就这样，在世博会开幕的时候，各种杂志和报纸都组编了"世博会的未来学"之类的特辑，兴高采烈地发表着诸如"手扶电梯、自动人行道、单轨火车、安静的电力汽车，还有展馆内的全面空调、风雨对策和日照对策十分完备，全天候地参观展馆可以将人们的身心疲劳减少到最低程度，有利于消除紧张"之类的不经思考的乐观论调。事实上，笼罩着建设在世博会场中的展馆的不是"人类的进步与和谐"这一主题的具体化，而是最新科技所带来的"未来都市"的华丽身姿。例如，在人多拥挤的世博会场中也算是人气最旺的企业展馆之一的三菱未来馆中，展示以"五十年后的日本"为概念而打造,沿自动人行道介绍了21世纪的都市面貌,例如气象控制队通过宇宙卫星消灭台风的情况,以及进行海底油田和矿山勘探的海底开发基地的景象。

该馆的展示得到了以总制片人田中友幸①为中心、以圆谷英二②为首的东宝特技摄影团队的全面协助。田中自己原本就是长期在东宝制作电影的制片人,说三菱馆实际上是三菱·东宝馆也不为过。这支东宝的制作队伍接受了三菱集团在财政上和技术上的援助,进行了一个试验,即把特技电影的世界加以空间化,将观众带到屏幕中去。在实验中,他们参考最多的是访问北美时在蒙特利尔世博会上看到的影像展示,同时还有阿纳海姆的迪斯尼乐园开发的吸引技术。虽然三菱未来馆的公开主题是"日本的自然和日本人的梦想",该主题四平八稳毫不出奇,但展馆展示的中心却集中在表现"未来"上,这点在刚开始策划时就是一个默认的前提(前田茂雄等,《博览会与田中友幸》,日本创造企划株式会社,2003年)。

另外,在电气通信馆,为了"展望电脑、通讯和广播电视结合起来创造的崭新的未来社会",试验了使用巨型屏幕的多元播放和无线电话的自由使用;在汽车馆,假想在未来都市发明了让人一天可以活动240小时的神经加速剂,忙碌活动的人们身影出现在了屏幕上,同时还设置了根据电脑指示行驶的小型汽车的环状跑道作为未来交通系统的样板。

此外,用预制装配的方式将钢管组装起来并嵌入不锈钢密封舱的珍宝美丽馆被认为是未来居住空间的样板。拥有厨房模块和卫生间模块的一楼暗示着未来的住宅,而在二楼,正在通过电脑进行美容咨询。在富士面包机器人馆,"机器人的森林"、"机器人的街道"、"机器人的未来"等单元依次排列,能看见多种多样的未来机器人。松下馆则展示了一个时间胶囊,里面放着现代生活的各种物品,是给五千年后的未来的人们看的。正是这种企业展馆和未来都市形象的泛滥主导了大阪世博会的整个展示。

---

① 田中友幸(1910~1997),电影制片人,曾任东宝电影公司董事长、总经理。
② 圆谷英二(1901~1970),特技导演、电影导演、摄影师,代表作为《哥斯拉》。

影像的泛滥和广告的逻辑

在构建未来都市的形象时,前卫的影像表现被大量使用。例如,在富士集团的展馆中,巨大的半圆筒形的空气膜结构球形屋顶内部,采用多画面影像的方式放映着电脑控制的幻灯片,这被称为"Multivision"或"杂色图"。在三和集团的绿馆中,直径三十米的球形屋顶上放映着被称为"Astrorama"的 360 度全方位影像。而在东芝 IHI 馆,观众席一边旋转一边上下运动,其周围的九个屏幕上放映着世界各地的影像。还有很多其他的企业展馆也请来了前卫艺术家进行影像展示的新尝试。正如吉田光邦①所指出的那样,"在经济增长中不断扩张的日本企业的形象就是进步和扩大,这时,前卫艺术被认为最适合企业的未来进步"(《改订版　世界博览会》,NHK Books,1985 年)。

就这样,对于讴歌经济高速增长的日本企业来说,大阪世博会最终成为了极其有效的广告媒体。世博会开幕前,在通产省的世博会准备室负责呼吁企业参展的是池口小太郎,也就是后来的堺屋太一,他激励不愿意参展的国内企业说:"世界博览会是巨大的交流场所,是开拓新需求的舞台,而且,这场盛大活动的主角就是国内外的企业自己。"池口强调的是作为"巨大的交流场所"的世博会的广告效应。也就是说,所谓世博,就是企业自身作为运动员出场的产业奥运会。

> 在全世界的公司一字排开的世博会会场上,各家企业很容易被拿来比较。入场者会来看,关于企业的报道应该会产生很大影响。利用这个机会,可以将各企业的技术水平、信用能力、经营理念或是社会性广泛地灌输给世人。……数千万观众集中起来打造的企业形象是很难打破的。("事关企业盛衰的大盛典",载《世博会读本 1966 年版》)

在如此猛烈的煽动下,企业究竟是否对世博会的"广告效应"

---

① 吉田光邦(1921~1991),科学史家,京都大学名誉教授,研究方向为科学技术史。

持积极态度了呢？这一点不太清楚。不过，大阪世博会的最终结果证实了池口的预言，使得后来堺屋太一作为企业指南员的地位日趋稳固。

而且，从这一时期开始，以电通为首的大型广告公司关注起了博览会作为广告媒体的可能性，逐步深度参与到企业的整个展示策划中。例如，在林立的企业展馆中，电力馆、燃气馆、华歌尔·Riccar缝纫机馆、久保田馆由电通直接制作，古河馆由博报堂直接制作，日立集团馆则由东急Agency直接制作。

此外，广告公司以幕后方式参与展示的策划与参展组织的运营的情况也不少。尤其是电通，在公司内部成立了世博室，企图利用与政府的良好关系获得大阪世博会上的展示和活动的订单，从而发展成为全球性的广告公司。在国家与地方自治体的监督下，广告公司取代了以前的展览会公司成为制作人，企业展馆通过前卫的影像描绘出"富裕的未来"的形象。这种体制就始于大阪世博会。

5 在一亿人的"梦想"面前

六千四百万入场者的群像

1970年的大阪世博会一共涌进了六千四百万名充满兴奋和紧张的观众，这是一个令人惊异的数字。他们是什么人？为什么会来到这个会场？又在会场经历了些什么呢？

大致看来，大阪世博会的入场人数在三月刚开幕时并不多，不久之后眼看着人就多了起来，到了暑假，连日有超过五十万人拖家带口涌入会场，到了会期末段，甚至创下了一天有835832名入场者的记录。当时的报纸上有诸如"世博会叫苦不迭——8万人导致未来都市瘫痪"（《每日新闻》，3月15日）、"涌向'未来'的人潮"（《朝日新闻》，3月16日）之类的标题，到了九月，又出现了"孩子要被挤扁了"（《每日新闻》，9月6日）、"拥挤、一万人露宿"（《读卖新闻》，9月7日）、"被挤爆的'残酷博览会'"（《朝日新闻》，9月7日）等标题。

人、人、人。从国际集市到位于北大阪急行线两侧的庆典广场有一座约三百米的天桥,那真是"堵塞的管道"。人们在上面只能慢慢蠕动。被踩到脚的孩子突然大哭大叫。保安人员被人潮吞没,不见踪影。在人堆的闷热和拥挤中,被挤得脚离地的人们火气渐大,甚至开始互相斥责。有一位父亲说:"孩子要被踩扁了",然后将婴儿车扔到了下面的马路上。……人们一边被推搡着一边歇斯底里地叫喊着:"这种世博会鬼才要来",在他们的脸上,充满了在购买高价门票后被当成超拥挤都市的试验品的愤怒。(《每日新闻》,9月6日)

就算这种拥挤程度只限于会期末段,但是,根据世博会协会的调查,观众在会场内的平均逗留时间为六个半小时,其中有四个半小时是在等待,因此"排队博览会"、"残酷博览会"之类的绰号应运而生也是理所当然的。每天上午九点一开门,涌来的人群往里猛冲的情景被称为"野牛冲锋(buffalo dash)",他们在烈日下默默地排好几个小时队的身影震惊了来自国外的访客。人们交纳昂贵的入场费,为了等待而排队,不断地从一个馆跑向另一个馆。

人们在这里看到了什么呢? 黑压压一片的日本人默默地排队,好不容易进了展馆,却又为了去下一个展馆排队而无法静下心来看展示,只是匆匆在馆内跑一圈。美国馆的接待人员说:"我只能认为日本人是为了盖章和签名而来到会场的。……等待了那么久才入馆,但有人却对展示品毫无兴趣,仅用四分钟就逛完了美国馆。"(《读卖新闻》,9月9日晚报)苏联馆的宣传人员则说:"有不少人一入场就在灯光昏暗的地方躺下来,然后鼾声大作。他们是为了什么而排队的呀。"(《读卖新闻》,9月9日晚报)涌进展馆的人们几乎从不向负责接待的工作人员提问,不认识的人之间也极少交流。

最终,下面这样的发言就成了当时日本人平均的世博会体验:一位来自群马的男性说:"看见了什么? 我不知道。有巨大的房子,密密麻麻的人,买什么都很贵。"另一位来自静冈的男性说:"你问我看见了什么,我哪知道。因为我是来看'世博会'的。"什么东西都无法静下心来看,也无法互相交流的世博会。但正是这样的世博会吸引了超过这个国家总人口一半的人们的狂热参与，他们忍受着长时间的等待，而且一直到后来都在谈论着世博会。

"超出预想"的参观大军

这种全民性的狂热和过度的拥挤是在筹备世博会时没有想到的。实际上，世博会协会在准备阶段作为会场规划、交通规划和设定入场费用的基础而设想的入场人数是大约三千万人。准确地说，即使是在离开幕还有三年的时候，协会设想的总入场人数最低为 2857 万人，最高为 3703 万人，只有最终实际入场人数的一半左右。究竟为什么会出现这么大的预测偏差呢？

实际上，在会长石坂泰三的推荐下，协会曾通过野村综研委托斯坦福研究所进行调查，而协会方面的世博会入场者三千万人这一设想就是基于该调查的结果而得出的。实施于 1966 年的这项调查包括下列项目：大阪世博会的入场人数预测、门票价格设定对入场人数的影响预测、入场者支出模式的分析、世博会的收支预测、给近畿地区带来的经济效果的预测，等等。

在入场人数的预测中，为了从统计学角度预测总入场人数、各个月的入场人数、各时间带入场人数、平均逗留人数、最高逗留人数等数据，在全国进行了样本数为两千的问卷调查，对其中的一千个样本还进行了采访调查。斯坦福研究所此前曾经实施过关于蒙特利尔世博会的调查，我想他们是以那时的调查和计算方式为基础来收集相关数据，从而预测大阪世博会入场人数的。

因此，这样得出的数值本身是基于一定的计算依据的。尽管如此，实际的入场人数完全背离了预测值又是为什么呢？第一种可能性是人们对大阪世博会的兴趣到了即将开幕的时候突然大增。

总理府广报室和世博会协会在 1966 年到 1969 年实施了若干次舆论调查，调查的结果可以作为上述可能性的旁证。例如，总理府于 1966 年 11 月、1968 年 6 月、1969 年 3 月和 10 月进行了四次"关于日本万国博览会的舆论动向"的调查，随着世博会开幕的临近，回答"一定要去看"的人的比例在 1966 年时只有 14%，到了 1968 年为 22%，而 1969 年 3 月为 25%，同年 10 月则增至 30%。尤其是近畿地区，1969 年 10 月时有 67% 的人回答"一定要去看"。

以这种增长率来推测,到 1970 年 3 月为止,全国范围内"一定要去看"的人估计有近 40%,近畿地区则大部分人都有这种愿望。

与此相对,"不想去"的人从 1966 年的 37% 减少到了 1969 年 10 月的 7%。同样,在世博会协会和总理府共同实施的调查中,回答"一定要去"世博会的比例从 1966 年 7 月的 16% 增加到了 1969 年 10 月的 32%,与上面一项调查的结果相同。也就是说,离世博会开幕还有三年时,七个人中才有一个人一定要去,而到了开幕前夕,三个人中就有一个人有此意愿。如果说初期的调查没有把时间变化因素考虑进去,那确实如此,但想要去看世博会的人在开幕前的一年间的确增加了很多。

人们是被什么动员起来的?

问题在于这种想去看世博会的人数激增是如何产生的。人们对于大阪世博会的关心在大阪和其他地区之间有着显著差异,这从一开始就是个问题。实际上在大阪周边,自从获得举办权之后,世博会的人气就居高不下。早在 1965 年,大阪刚获得举办权,"祝贺世界博览会在大阪举办"的招牌和广告气球就布满了街道,关西地区的媒体版面出现了诸如"自太阁大人①以来的社会革新"、"世博会的经济效果三兆日元"之类的吸引眼球的标题,如果坐出租车的话,司机也会跟你说:"世博会会让景气变好吧。"(《世博会读本1966 年版》)

但是,这种一早开始的世博会人气只限于大阪及其附近的县。从全国范围来看,即使到了离开幕只剩一年时,民众对于世博会的兴趣仍没有高涨起来,世博会"无法成为每个家庭茶余饭后的谈论内容",这被看成是有问题的。因此我们可以认为,随着开幕的临近,世博会人气在攀比效应下高涨一事的背后有着时代特有的某种原因。

一方面,涌向大阪世博会的大批人群中确实有很多是有组织地被动员来的,这是事实。实际上,国铁和农协进行了彻底的有组织的动员,据说,"富山县农协从约十万人的农业人口中派遣六万

---

① 指丰臣秀吉(1537～1598),日本战国时代和安土桃山时代的武将、大名,统一了日本,建成了大阪城。

五千人去了世博会。在某个小镇，当地的权威人士在车站举行世博壮行会以激励大家，简直就像战时送别出征士兵的场景"(《朝日新闻》,1970年9月9日晚报)。在学校，文部省的指示是尽量把课堂带到世博会上去，不仅教师们的世博会旅行被当成"进修"看待，而且修学旅行中也常常有参观世博会的行程。

野口武彦①很重视这种有组织的动员，认为大阪世博会是"动员民众参加'节日'和'玩乐'的综合演习"。在世博会上，"所有信息的垄断、信息传达通道的占有、信息量的管理和操作等都以最大规模在运行。不仅如此，被提供的信息在不动产业、交通业、旅行业、宾馆业等行业之间催生出了具有相乘效应的需求，将国内民众动员去奇妙的未来宗教的圣地巡礼"("70年代的离奇白日梦"，载《朝日杂志》1970年6月28日号)。

不过，即使从上述舆论调查的结果来看，也不能说人们去参观世博会只是这种有组织动员的结果。应该说，"世博会"与这个国家民众自身的幻想性是难分彼此地融合在一起的。例如，住在东京的一位主妇在题为"不去世博会的修学旅行很残酷"的读者来信中写道："在照片、电视上看到的新奇和有趣的建筑，象征未来的会场，就算已过中年的我这种主妇也有想去看的好奇心，更何况能吸收一切、正在不断成长的初中生呢，真想让他们去参观一下。"(《朝日新闻》,1970年3月22日)

大众媒体中的真实性

要让民众的幻想都集中到"世博会"上面，就必须有一些能够调动民众积极性的条件扎根到人们的日常生活中。正如上面这位主妇所说的"在照片、电视上看到的新奇和有趣的建筑"这句话所显示的那样，在日常意识层面上的自发性动员机制中发挥最大作用的恐怕是电视、报纸等大众媒体。

因为各家报纸从开幕之前就采取了全面支援大阪世博会的态度，数次组编介绍世博会的"新颖"和"有趣"的特辑，并登载了"让世博会成功吧"、"以回归人类为目标的世博会"等社论。尤其是大阪的主流报纸，三月下旬登载了三百多篇世博会报道，在整个会期

---

① 野口武彦(1937~),文艺评论家、日本文学研究者。

中,每个月刊登的世博会报道也超过了八十篇。当然,正如"西部是报纸世博会,东部是周刊世博会,全日本是电视世博会"这句话所说的那样,日本东部虽然没有这么多报道,但报纸上没有一天不提"世博会"。而且,在这些大量的世博会报道的背后,可以看到这样一种态度,即大阪世博会是"全国性的大事业,具有重大的外交意义。再怎么写也不为过"(《新闻协会报》,1970 年 4 月 7 日),这句话出自某家报社的编辑部主任之口。

　　的确,报纸的世博会报道也不全部都是颂扬声。但是,一名记者曾经发表过这样的感想:"这是开幕前一位世博会协会的干部说的话,他说'我想让你们写一篇报道,批判性的就行'。……我一直以为我对世博会采取的就是一种批判性立场,并不是听了他的话才这样的。不过,现在想来,协会早就算计好了,批判性报道也是一种宣传。"也就是说,即使是对会场的混乱和展示内容提出批判的报道,也具有将人们的关心集中到"世博会"上来的效果("媒体的大作'世博会的虚像'",载《媒体市民》1970 年 10 月号)。

　　比报纸的报道更具有决定性作用的是电视。在举行开幕式的3 月 14 日,NHK 播出了两个半小时的特别节目,民营电视台则集全台之力,分别制作了三小时到四小时半不等的特别节目,不仅如此,从向公众开放的翌日,也就是 15 日开始,各电视台都播出了固定节目,NHK 有"连接世博会"(3～9 月,每周一～周五)、"邀您参加国民节日"(3～9 月,每周一、三、五)、"世博会时间"(4～8 月,每周二)等,日本电视台有"太太的世博会"(3～9 月,每周一～周五)、"EXPO 特邀席"(4～9 月,每周日)等,TBS 有"世博会亮点"(3～9月,每天)、"这就是世博会"(3～9 月,每周日)、"和明星一起评论世博会"(3～9 月,每周日)等,富士电视台有"世博会周三演播室"(4～9 月,每周三)等,NET(现在的朝日电视台)有"早安! 世博会"(3～9 月,每周一～周五)等,不停地向全国播放世博会场的绚丽影像。

　　当时就有几个人提出这样一个疑问:媒体是否无法成为大阪世博会的批评者,甚至连旁观者也不是,倒不如说化身为主办者了? 实际上,世博会场中设有比东京奥运会还要气派的媒体中心,提供信息服务,记者们足不出户就可以掌握会场内外发生的事情。

媒体中心每天向各家媒体提供大量新闻和印刷品,采取了一有什么突发事故或新闻就立刻通知大家的体制。在记者们看来,"即使躺着也基本上什么都知道。一旦发生了什么事,运营本部会立刻举行记者招待会",简直是"天堂"一般的环境。

这种信息充足的环境使新闻报道堕落。上田哲[1]在大阪世博会刚闭幕没多久时说:"记者们说世博会上的报道是'无数纸片的洪水',每天从中选择要写的新闻就已经让人够累的了,这点我可以理解。但是我看了半年的媒体报道,尽管多如洪水,但完全没有真正描绘出世博会。"上田提出的问题是:"既然集中了八千亿的投资、对科学的夸耀和六千万人,又有四千名记者在场,为什么文明批评没有成为世博会场报道的基调呢?有这么多文化材料却缺少文明批评,其原因只能是媒体放弃了批判者的立场。媒体只是协办方。不,媒体成为了世博会的主办者。"(前述"媒体的大作'世博会的虚像'")

1970年,在关于世博会的大量信息泛滥的情况下,媒体逐渐失去了自己的立脚点。不言而喻,这是信息社会的典型现象,是从1970年世博会到如今的战争报道一以贯之的媒体的圈套。

6 大众的变化与知识分子的去向

批判大阪世博会的方法

在一片混乱中吞噬大阪世博会的是上述媒体和大众的日常意识融为一体的欲望系统。如何来评价这一现实呢?无论是相信日本民众绝不会被世博会这种国家主导的活动所欺骗的人们,还是作为启蒙知识分子或前卫艺术家,希望在世博会上和大众共享思想课题或艺术实验的人们,在这种全面系统化的大众欲望的奔流面前也都吓得屏住了呼吸,呆然伫立。因为日本的民众当时正在发生决定性的变化。

或者也可以这么说:大阪世博会首次全面呈现出日本民众起了决定性变化这一事实,50年代的反对美国基地斗争和60年代的

---

① 上田哲(1928~2008),政治家、新闻工作者、工会运动家。

安保斗争都已经是很久以前的事了，人们的日常意识、欲望、思想的日常性和大众性必须要在全新的范式中加以思考。大阪世博会是让知识分子切身体会到后经济高速增长期的现实的最初事件。

同时代的知识分子是如何看待这一现实的呢？当时，有不少人批判说，大阪世博会是处于统治地位的体制为了将民众的注意力从1970年的安保斗争转移开而布下的圈套。例如，宫内嘉久指出，大阪世博会"被定位为1970年安保斗争绝好的掩盖物或防波堤，而且是事先算计好的"。针生一郎[1]也批判大阪世博会具有两面性，一面是夸耀经济增长和大国主义的"显教"，这是与"明治百年"结合起来的，另一面是将大众的意识封印在富裕的幻想中，避开1970年安保斗争矛头的"密教"。

这些批判确实准确把握了大阪世博会在那个时代的政治状况中所起到的作用。六月，日美安保条约自动延长，尽管有反安保的游行，但世博会已经吸引了三千万人，而且势头有增无减，另外，所谓的革新势力也没能将明确反对世博会的态度保持到最后。世博会的举行将1970年这一年份从"安保"之年象征性地转换成了"世博会"之年，这是事实。

不过，大阪世博会所包含的问题不止是这种一时性的政治效果。多木浩二当时就指出，即使可以批判大阪世博会的性质是"企图凭借资产阶级意识形态对文化进行重组和强化，并怀着这种意图将知识精英拉拢到体制一方，确立对技术和交流的统治地位"，但问题是，这种特质至少在日常生活中是看不到的（"世博会反对论"，载《展望》1969年1月号）。关于大阪世博会，我们应该质问的是仿佛极其非政治性地被这一政治性空间吞没的大众的日常意识本身，以及与这种意识的形成有着很深关系的媒体的效果和社会的变化。

与国家大事打交道的方法

从这个意义上说，更能够追问大阪世博会的政治性的，也许不是从外部批判世博会的批评家，而是投身到世博会的系统中，但却一直敏锐地感觉到自我矛盾和不协调的中间性知识分子。比如在

---

[1]　针生一郎（1925～2010），美术评论家、文艺评论家。

开幕的一年前,和桑原武夫同在京都大学人文科学研究所的吉田光邦当着世博会担当大臣菅野和太郎①与事务总长铃木俊一②的面,批判了大阪世博会在内容方面没有作出任何新的开拓。

吉田首先指出的是在很大程度上一直支配着世博会的展示和活动的西欧中心主义。当铃木轻浮地炫耀其"准备邀请以大都会歌剧院、莫斯科大剧院为首的管弦乐队、芭蕾舞团的计划"时,吉田立刻提醒他,"古典的节目有一种强烈的偏重欧洲的倾向。对于忽视中国的京剧、印度的民族舞蹈等亚洲和非洲节目的活动计划,我表示反对"。然后,他又批判了协会一直到最后都对邀请中国不积极,他说:"没有从一开始就积极招呼中国,你可以说是邀请活动的失误。这与活动的节目单也有关联,我总觉得西欧中心主义的色彩太过浓厚。"

而且,所有国内企业集团的展馆都"有太多爱呀梦想呀之类的文学青年式的思维。并且很多都是在模仿蒙特利尔世博会"。展馆所呈现的内容大多都是陈旧的、荒诞无稽的,在展示技术方面也大多没有摆脱对蒙特利尔世博会的模仿。这就是大阪世博会的实质。吉田的上述批判相当严厉。

而且,吉田还批判了自己的前辈们,他说,大阪世博会之所以一直无法摆脱西欧中心主义,常常流于模仿,原因之一是主题委员会在确定了主题和副主题之后就退出了,并没有试图在展示和活动方面也承担起引领方向的责任("座谈会·世博会最后冲刺 尚待解决的问题",载《朝日新闻》,1969年3月15日)。如果主题和基本理念中包含的想法真的具体实现了的话,就可以清楚地知道,西欧中心主义和单纯的未来礼赞距离世博会原本的理念有多遥远。

菅野和铃木等人几乎完全没有理解吉田上述批判的含义,而与吉田具有相同问题意识的是他在人文科学研究所的同事,比如多田道太郎③。多田早在1966年与梅棹忠夫、加藤秀俊④、小松左京等人的座谈会上,面对尽管抱有怀疑却无法舍弃企业和知识分

① 菅野和太郎(1895~1976),政治家,曾任经济企划厅长官、通商产业大臣。
② 铃木俊一(1910~2010),政治家、官僚,曾任东京都知事。
③ 多田道太郎(1924~2007),法国文学研究者、评论家,京都大学名誉教授。
④ 加藤秀俊(1930~),评论家、社会学家。

子合作的可能性的梅棹，就这样讲述了其困难：

> 日本经济界有超级实用主义的倾向。另一方面，知识分子对实用主义有完全无视，甚至蔑视的倾向，两者无法结合。在世博会上，两者肯定也说不到一起。实际上，要用同一种哲学将产业和知性连接到一起是非常困难的。不知在接下来的三年里能否做到（"围绕主题'人类的进步与和谐'"，载《世博会读本 1966 年版》）。

正如吉田和多田一眼看穿的那样，大阪世博会第一次遇到的重大而又深刻的挫折也许就是身为谈论"文化"的专家、知识分子认真地与国家、产业界进行争论，想要把对方拉入自己的圈子里来，结果却失败了。正如吉田批判的那样，桑原过于彬彬有礼了。最后他"没有承担责任"。不过，梅棹一直通过世博会来追求与国家和产业界的合作，并留下了国立民族学博物馆这一遗产，对于他的轨迹，吉田和多田内心是如何看待的呢？要想和国家项目或是这个国家的产业界打交道，除了梅棹顽强走过的路以外，知识分子还有其他选择吗？

桑原等人组成的主题委员会提出了那个时代即使在世界范围内都非常卓越的理念，但对不理解其意义的官僚机构和产业界却如此无力，这也许是因为他们除了大学、文学界和自己的专业领域之外没有任何的社会基础。或者也许他们没有认识到，要想实现自己的理念，国家是靠不住的，必须要和民众进行某种合作。而且，他们没有积极地与媒体等机构沟通，以便极力宣传自己提出的理念的可能性。吉田的批判正是击中了这一点，不过，也许桑原、梅棹以及参与大阪世博会的建筑家们认为，最终实现高级理念的能力只能寄希望于国家，而不是民众。

大阪世博会上的"民众参与"是怎么回事？

因此，在结束这一章之前，我们应该提出的问题是："民众参与"大阪世博会是可能的吗？例如，在《朝日新闻》策划的女性市民与桑原武夫的座谈会上，有市民提出："我觉得世博会需要更多的能量。另外，也没有和国民的对话，比如这样策划行不行，等等。

和民众的交流渠道不通。"还有人表示了不满，说："世博会是在大众不知情的情况下进行策划，并由上面强加给我们的。"（《朝日新闻》,1969 年 9 月 15 日）

用今天的话来说，就是批判大阪世博会彻底缺乏"民众参与"的机制。同样的批判也出现在了其他的几家媒体上，周刊《东洋经济》的《世博会读本》在开幕的两年前就曾严厉地批判道："世博会只是一部分有关人员的自说自唱，没有全民性的热情，这难道不是因为缺乏某种问题意识吗？民众缺席、缺乏与国民对话的世博会再怎么夸耀参加国家的数量，其规模再怎么是史上最大，也只不过是背离了世博会本质的虚像。"（"对民众缺席的世博会的担心"，载《世博会读本 1966 年版》）

这些批判的重点很清楚。缺乏"与国民对话"的世博会也好，无意思考民众参与机制的世博会也好，都只不过是国家自上而下强加给民众的官方活动，外表再怎么光鲜也不可能被同时代的人们广泛接受。主题委员会的知识分子们精心设计的理念再怎么高级，如果没有在和普通民众对话时提出来，也只能是极为空洞的咒语。仔细分析出席座谈会的人们的发言就可以看出，这种认识是大家所共有的。

但是在这个时代，对于世博会提出的开发主义的梦想，如果普通民众将其用作自我表达的场所的话，究竟会产生怎样的渠道呢？

从结果来说，大阪世博会没有催生出这种民众性的渠道。但是，即便如此，同时代的状况中还是存在着若干重要的萌芽。其中有一件事是必须要提及的，那是在世博会开幕的大约半年前，1969年 8 月，由"为了反战的世博会协会"主办的"反博会（为了反战的世博）"。大阪世博会没有地方"让无名的人们展示其文化创造"（原本意义上的民众参与的舞台），正在陷入"嘴上说要以'人类的和谐与进步'为目标，但却无视现实的不和谐和野蛮"的泥潭。这种世博会只能是"人民缺席的情况下现代文明的伪盛典"。于是，具有上述想法的以关西越南和平联合会为中心的市民们举行了反博会，将其作为"自己这种无名之辈战胜伪世博会的文化创造"活动。

反博会的会期是从 1969 年 8 月 7 日到 11 日，一共五天。会场设在基本位于大阪市中央的大阪城公园。反博会原本是南大阪越南和平联合会的年轻人构想出来的,本来只是准备在天王寺公园进行反战的展览。但该构想在同年2月的越南和平联合会全国恳谈会上被提出来之后,得到了全国反战组织的赞同,于是计划就扩大了,变成了在宽敞的大阪城公园举办综合性的反战活动。当然,预算也从当初的一百万日元左右膨胀到了四百万日元,参加人数也增加至一百五十人左右。反博会协会的年轻人们自掏腰包筹集了经费,在组织活动时也都是义务劳动。

柴田翔[1]详细报道了这次活动的准备情况,据他说,在关西越南和平联合会的事务所的一角,"青年劳动者和学生齐聚一堂,一起出点子,制订计划,欢笑,歌唱,进行联络,然后又为了实施计划而散去"。他们还在梅田的地下街组织了民间集会,边弹吉他边进行活动的宣传,顺便募捐("反抗世博会模式的快活的'小孙悟空'们",载《周刊朝日》,1969年6月6日号)。

根据反博会协会的活动计划,博览会场中应该有令人目不暇接的自己制作的内容,例如:"大家都是老师、学生和职员"的反博会市民大学,独立制作人拍摄的纪录片的放映会以及他们与电影作者的讨论会,从学生戏剧到前卫剧的各种戏剧,民间集会,冲绳问题讨论集会,大学问题研讨会,关于冲绳、美军基地和各地反战运动的展板展示,关于儿童的玩乐和文化的讲习会,信息交换的广场,等等。当然,这些内容并非全部都实现了。不过,展示了前一年在九州大学校内坠毁的美军战机F-4的残骸,曾引发热议,另外还发生了世博会官方旗帜被烧毁等意外事件。

从结果来看,反博会大受欢迎,连日有数千人蜂拥而至,最后一天在御堂大道[2]上进行了约六千人的反战示威游行。越南和平联合会负责人小田实[3]这样总结了这次成功:"有全共斗,有反战青年,有劳动者、保姆和拉着孩子手的主妇。总之,没想到会来这么多人,超出预想人数的人们构建了一个论坛。所有阶层的市民都

---

① 柴田翔(1935～),小说家、德国文学研究者,东京大学名誉教授,1964年获芥川奖。

② 南北向纵贯大阪市中心的国道。

③ 小田实(1932～2007),作家、政治运动家。

自发地过来了。"(《朝日新闻》,1969 年 8 月 12 日)

　　虽然准备期间短,预算不足,但反博会连日吸引了数千人,总共吸引了多达两万名参加者,大获成功。自筹经费、自己进行制作的反博会吸引了超出主办方预想的众多民众,其原因应该是这种想法得到了更为广泛的社会支持。小田实还说希望在第二年,也就是大阪世博会举办的那年夏天也举办同样的活动。但据我所知,在第二年夏天,人们的兴趣和精力几乎都集中到了大阪世博会上,因此第二次市民世博会没有能举行。在学生运动仍然盛行的这个时代,虽然有过叫嚣"粉碎世博会"的几次示威游行,但像反博会这样,对另一条途径,即民众参与的可能性进行试验的举动别无他例。

　　但是我认为,正如大阪世博会是其后长达三十多年的战后日本世博会热潮的嚆矢一样,1969 年的这次反博会揭开了民众参与战后世博会的序幕,尽管后来主题的重心从"反战"转移到了"环境"。

　　正如小田实所讲述的那样,反博会的参加者不仅是全共斗、越南和平联合会和各地反战团体的年轻人们,而且有"劳动者、保姆和拉着孩子手的主妇"。这种多样性是这个时代的大学斗争的旗手们一直到最后都无法获得的。而且,这种多样性和"超出预想人数的人们的论坛"与其说是从外部"粉碎"了大阪世博会,不如说是孕育了一种可能性,即将大阪世博会这种原本只有国家和企业参与的大型活动"内破"为市民活动的可能性。

　　在前面提到的由《朝日新闻》策划的以桑原武夫为中心的座谈会上,女性市民们说:"在反博会上,年轻人热情洋溢,我们感受到了他们试图用自己的双手进行创造的活力。我们觉得世博会更需要活力。"女性市民的这种直觉正好言中了即将大大改变后来的世博会历史的另一条脉络。

第二章　名为冲绳海洋博览会的分身——"回归本土"与世博幻想

　　1970 年大阪世博会的"成功"对其后日本的博览会的举行与定位具有决定性的影响。其中，在大阪世博会举办仅仅五年之后，于 1975 年为了庆祝"回归本土"而在冲绳的本部半岛举办的冲绳国际海洋博览会，清晰地显示出了战后日本的世博会政治的基本构造，那就是通过公共事业进行的开发政治和世博会的举办、会场的可持续利用和环境破坏、经济增长神话和企业展馆，以及世博会推动者们的"活跃"，等等，这些构造不久之后就被模式化，并被筑波科技博览会、大阪花博会、地方博览会，甚至是后来的爱知世博会所继承。

　　冲绳作为一个以地区的历史连贯性、"回归"后从基地依赖型经济向公共事业型经济的转变，并以"海洋·自然"为主题的博览会却最终造成了对自然的破坏，可以说冲绳海洋博览会在很多方面是我们思考对于战后日本来说"世博会"究竟为何物时的试金石。本章将聚焦于冲绳海洋博览会，并试图思考在后经济高速增长期的日本社会中，世博会事业是如何逐步系统化的。

1　"回归本土"与举办海洋博览会

作为"回归后"的象征

　　日本政府和琉球政府产生在回归后的冲绳举办以"海洋"为主题的国际博览会的构想，是从 1970 年大阪世博会前后开始的。同年 1 月，作为展示"回归后"的冲绳"去基地化"的重头戏，通产省公布了一个构想,即举办以"人类与海洋"为主题的世博会作为政府的冲绳回归纪念活动之一(《冲绳 Times》,1970 年 1 月 31 日)。

在通产省的这一构想诞生之前,从日美共同声明正式决定冲绳"回归本土"的 1969 年开始,琉球经济界也出现了积极申办"世博会"的动向。特别是研究冲绳"回归后"的各项措施的美日琉三方政府的共同研究机构——日美琉咨询委员会于 1969 年春天提出了一个方案,即为了使"回归后"的冲绳不仅在军事上,而且在经济文化上也成为远东以及东南亚的重镇,要在冲绳举办类似大阪世博会的纪念活动。一般认为这一方案最后导致了通产省的构想诞生。1970 年 2 月,琉球政府在局长会议上决定冲绳申办海洋博览会。当然,这一动向有其特殊的背景,那就是 60 年代末围绕冲绳"回归本土"的时代环境。海洋博览会是一个明白易懂的象征,它让冲绳的人们觉得政治性"回归本土"的意义所在,仿佛不久就带来了经济和文化上的"与本土不相上下"。

不久之后,大阪世博会闭幕,通产省、琉球政府、本土经济界和琉球经济界怀着各自的打算,开始将海洋博览会正式提上议程。例如,冲绳经济振兴恳谈会于 1970 年 10 月发表共同声明,内容包括在冲绳设置海洋开发研究所作为日本海洋开发的中心,以及将参加过大阪世博会的制作人召集到冲绳作为海洋博览会的推动力。当初也有人认为"应该首先解决基础设施问题。虽然顺便申办海洋博览会也是可以的,但应该强烈要求获得更具实质性的东西"。不过以琉球商工会议所和冲绳经济开发研究所为中心,经济界制造出了举办海洋博览会的趋势(《冲绳 Times》,1970 年 4 月 8 日)。

1970 年 12 月,日本政府同意将冲绳海洋博览会预备调查费列入 1971 年度预算,这样一来,举办海洋博览会就获得了权威认可。于是,本土的大企业也开始正式着手参与海洋博览会。另外,在 1970 年 5 月,琉球商工会议所、市町村会、琉球大学的学者团体等结成了海洋博览会申办促成会,8 月,琉球政府向本土政府提交正式文书,要求在冲绳举办海洋博览会。翌年 10 月,政府内阁会议同意在冲绳举办以"海洋"为主题的国际博览会。由此,琉球政府决定在民政府设立以主席为本部长的海洋博览会推进本部。次月,通产省设立了冲绳博览会的准备室。同年 11 月,BIE 全体大会也受理了日本政府提出的举办海洋博览会的申请,翌年,也就是1972 年 2 月,冲绳国际海洋博览会协会成立。就这样,在 1972 年 5 月"回归"后不到十天,BIE 全体大会就正式通过了海洋博览会的命名。

从上述历程中,我们首先注意到的是从构想到开幕的速度之快。大阪世博会时,通产省提出举办计划是在东京奥运会之前不久,到正式举办为止大约花了六年时间。另外,在爱知世博会时,从 80 年代末提出构想到 2005 年正式举办,过程长达十五年以上。与此相对应,冲绳海洋博览会在提出计划后不到四年就举办了,在战后的世博会中属于在最短时间内完成准备的。

而且,决定继大阪世博会后在"回归"后的冲绳举办世博会,意味着海洋博览会正位于此前一系列国家事件的延长线上,例如战后日本人都在关心皇太子的"大婚"时东京奥运会开始筹备,在东京奥运会举办后不久就开始准备大阪世博会。而冲绳海洋博览会象征性地表明,始于"大婚"这一天皇制活动,并经历了奥运会(东京)、世博会(关西),在经济高速增长中发展的战后日本的文化政治终于把冲绳也包括进去了。

总的来说,1975 年冲绳海洋博览会的举办,从一开始就在很大程度上受到了冲绳的"回归本土"与大阪世博会的"成功"这两个契机的规定。

关于"回归本土"与举办海洋博览会的关系,多田治[①]在《冲绳形象的诞生》(东洋经济新报社,2004 年)中进行了缜密的分析。多田认为,60 年代的冲绳是一个特别的"外部",它使本土的国家政治的中心从"日美安保"这一军事性议题得以转移到"经济高速增长"、"国土开发"等经济性议题上来。也就是说,一方面,回归前的冲绳被排除在始于 1962 年的全国综合开发计划和各种经济增长政策之外。当整个日本社会的意识从战后转向经济增长和地域开发的时候,只有冲绳位于这种战后意识的变迁过程之外。另一方

---

① 多田治(1970~),一桥大学社会学部教授,研究领域为社会学、冲绳研究等。

面,当时美国逐渐陷入越南战争的泥潭,在东亚的美军力量越发集中到冲绳,冲绳集中体现了"日美安保体制"的矛盾和压抑。

从 1972 年的"回归"到海洋博览会开幕,所发生的就是上溯到 60 年代末为止的"经济分离/军事委托"这一框架向"经济一体/军事委托"这一框架的过渡。其中很重要的一点是,70 年代以降冲绳与本土经济的一体化,始终都是对美国进行"军事委托"这一安保体制的框架内的一体化。因此,冲绳在"回归"后也扮演着军事要冲的角色,围绕美军基地的各种问题几乎都没有解决,遗留了下来。另外,作为对这一状况的补偿,冲绳从国库获得了比国内其他府县多得多的巨额补助金。冲绳海洋博览会正是在包含着这种矛盾的框架的连续过渡过程中的一个象征性的契机。

从新全综到冲绳振兴开发计划

正如多田详细论述的那样,如果将冲绳海洋博览会定位于通过"回归本土"实现从经济"分离"到"一体"的过渡这一语境,那么决定过渡方向的,是从 1969 年制定的新全国综合开发计划(新全综)到 1972 年冲绳开发厅制定的冲绳振兴开发计划这一连续的步骤。毋庸赘言,新全综取代了此前的据点开发方式,试图通过新干线和高速公路网的建设将整个国土空间网络化,以大规模项目的形式进行全面开发,是具有名副其实的"列岛改造"指向的政策。接着,以这种全域开发型政策为基本方案,从 60 年代末到 1970 年左右,冲绳不断有人提出"回归"后的经济振兴对策。不久之后,终于由开发厅制定了冲绳振兴开发计划。

多田在书中指出,在从冲绳确定要回归到制定这一开发计划的这段过程中,存在着美国资本与日本政府的对立,前者试图进入即将回归的冲绳并建立起自己的据点,而后者则认为"回归"后的冲绳的经济开发应该在本土资本的主导下加以推进。

实际上,在 60 年代末,琉球政府对引进外资也采取了积极态度。在本土资本还不太情愿进入冲绳的情况下,琉球经济界和美国方面都认识到,在资本方面依赖美国以支撑发展是使冲绳回归后也能生存下去的现实对策。但在日本政府看来,"冲绳回归"意味着将冲绳纳入本土经济圈。正如这四个字的字面意思,因此,"回归"后的冲绳的经济开发必须始终在日本本土资本的主导下加以推进。于是,政府打着"国家利益"的旗号,限制外资进入冲绳,并以引进本土资本为中心,强力推出了冲绳"回归"后的经济开发蓝图。

这里所体现的是与开发主义紧密相连的经济民族主义。另一方面,正是在这种开发主义式的民族主义的推动下,开辟出了通往冲绳海洋博览会的道路。

实际上,在"回归"前,冲绳"外资"的主流并非日本本土企业,而是美国的资本。例如,1969年底,在冲绳的外资企业的出资额中,美国约为两亿三千五百万美元,远远超过了日本本土企业的九百万美元。在行业种类上,美国企业在回归前就已经涉足众多行业,从石油的炼制和销售、银行、金融到观光业、宾馆、餐厅、百货店、食品,并且站稳了脚跟。与此相比,进入冲绳的日本企业则以农业为主,如砂糖、菠萝等,而且仅限于"与当地产业共同经营或是对其投资"(《冲绳 Times》,1970年3月5日)。

也就是说从整体来看,直到60年代末为止,冲绳经济和夏威夷、关岛等地一样,位于美国资本在经济上控制环太平洋地区的延长线上。在冲绳即将回归日本的1970年前后,在当地已经有了立足点的美国企业为了保护其既得权益,开始了各种活动,不仅如此,以世界最大的炼铝企业——美国铝业公司(Alcoa)为首,电子、汽车、机械等生产厂商都试图在日本的法律限制生效之前赶紧进入冲绳。与此相对应,这时日本的大企业中明确表明要进军冲绳的基本上只有松下电器一家。

因此,在"回归"的同时,在新全综中重点加入"冲绳开发的基本构想",与此联动,还制定了冲绳振兴开发计划,这些举措意味着一种制度性的布局,其最主要的目的是为了回避美国外资的进入,推动引进本土资本,将冲绳纳入本土经济圈。多田认为,该计划有三大意图:实现冲绳县民的生活水平"与本土看齐"、以公路为中心完善交通基础设施和基础产业的建设、通过来自本土的旅游视线来重新定义"亚热带"冲绳。

也就是说,第一,因为认识到日本本土的"国民标准"与冲绳县的水平之间有差距,所以为了将后者稍加标准化,重点完善以学校、医院为首的公共设施,使其达到"与本土相当"的水平。第二,完善公路和基础产业的建设是开发计划最重视的部分，向 58 号国道和冲绳汽车专用道路的建设、那霸机场的整修等项目投入了大量的预算。第三，通过这些计划，试图将"我国唯一的亚热带海洋地区"冲绳建设成充分利用其地理和自然条件的"海洋性度假区"。冲绳海洋博览会正是将这些政策课题一举串联起来"改造"冲绳的典型事例。

大阪世博会上的"日本"

另一方面，冲绳海洋博览会的举办也受到了 1970 年大阪世博会"成功"的最直接的影响。早在 1970 年 3 月，连接冲绳经济界和本土经济界的重要组织——冲绳经济振兴恳谈会就在大阪召开了第五次会议，并把视察刚刚开幕的大阪世博会列入了会议日程。多田很关注这次视察，他论述道："化为世博会奇观的本土资本的力量在冲绳的要人们眼里应该显示出了压倒性的存在感。这给冲绳方面的出席者们带来了巨大的视觉冲击，使他们同意由本土资本承担回归后的冲绳开发。"

事实上，在经历了这次视察之后，恳谈会的共同声明甚至坚决主张将经历过大阪世博会的制作人召集到冲绳，让他们来推进海洋博览会。参加恳谈会的通产省高官也指出，举办大阪世博会，国家、地方自治体和外国的出资额约为两千亿日元，公共投资需要七千亿日元，然后强调了大阪世博会之后的开发效果的连续性，他说："冲绳如果没有这种机会的话，就无法完善环境和社会资本。"

其实，叹服于大阪世博会的华丽场面，梦想通过在冲绳也举办"同样的博览会"来实现回归后的"与本土看齐"的，并不仅仅是一部分经济界人士和官员。在 1970 年前后这个阶段，冲绳的更广泛的人群和媒体也都被卷入了对大阪世博会的全民性"狂热"的漩涡中。当时的事态是，冲绳各地的各个阶层的民众申办海洋博览会的舆论高涨，各地无一例外地热烈要求琉球政府进行申办。

琉球政府主席屋良朝苗①收到了三十多个团体提交的申办决议，反对的声音几乎完全没有。屋良回想道："为了响应舆论，琉球

---

① 屋良朝苗(1902～1997)，琉球政府和冲绳县的政治家、教育家，冲绳回归后任冲绳县知事。

立法院也于 1971 年 8 月对申办一事进行了议决……舆论的高涨使我没有充分的时间来考虑。虽然不太明白是怎么回事，但只能果断决定申办。"（《屋良朝苗回顾录》，朝日新闻社，1977 年）在 1970 年前后，一方面日本政府和经济界为了将冲绳纳入本土经济圈，不时制造出海洋博览会的梦幻形象，另一方面，冲绳的经济界、商店会和地区团体也将大阪世博会的狂热与自己梦想的未来图景重叠到了一起。

当时，冲绳的人们是如何接触到大阪世博会的形象的呢？关于大阪世博会的信息在《冲绳 Times》和《琉球新报》等本地报纸上被大肆报道，冲绳的报纸和杂志上也连日登载着引起大家对大阪世博会兴趣的各种广告。不仅如此，1970 年 1 月，那霸市具有代表性的百货商店——琉贸百货店以店内三楼和四楼的二百三十平方米场地为会场举办了"'世博会来了'展览"，展出了二十八个场馆模型、四个大型的会场模型和四十三块介绍外国的展板，提供了"与真会场一模一样的展示"。

冲绳的旅游业界当然组织了参观世博会的团体旅行和修学旅行，不仅如此，以居住在大阪和神户的众多原籍冲绳的人为中心，还组织了"住民宿看世博之会"这一团体，目的是为了让老乡们在大阪周边不会为住宿发愁。据说这个会有约一百名会员，他们的家里随时可以供两百几十位来自冲绳的参观者居住（《冲绳 Times》，1970 年 1 月 8 日）。

举办海洋博览会推进协议会在 1971 年 3 月整理出一份名为《海洋世界博览会在冲绳举办的基本构想》的文件，它可以让我们推测当时冲绳的世博会申办推进派是如何理解海洋博览会的。这份报告显示了当地推进派对冲绳海洋博览会的构想在多大程度上受到了大阪世博会形象的左右。

例如在文件中，经济研究所的平良朝男[1]在提到举办海洋博览会的意义时认为，"20 世纪诞生的伟大科学有原子能开发和宇宙开发，作为与其并列的 70 年代以降的主题，海洋开发正在受到关

——————————

[1]　平良朝男（1936～　），冲绳大学名誉教授，研究方向为社会经济统计学，曾在冲绳经济开发研究所任职。

注"。因此他主张将海洋开发作为在冲绳举办的世博会的主题,并认为其目标应该是把在东京奥运会和大阪世博会上"都能看到的那种希求和平的人类的进步与和谐的精神放到海洋开发的领域中去"。平良认为,冲绳的海洋世博会是"大阪世博会后的国家项目",其目的是借此机会将冲绳发展为① 向东南亚进军的基地;② 太平洋经济圈的据点;③ 海洋开发的综合性基地。此前的东京奥运会、大阪世博会等"国家项目"举办时,"投入了巨额资金到相关事业中,其波及效果不仅有助于当地的开发,还为将来的发展打下了基础"。因此,在基本构想中,将在世博会场中建设一个每天可以容纳五到十万人的海洋性休闲娱乐设施,是一个充满了未来色彩的博览会场。

从依赖基地到依赖开发

如上所述,举办冲绳海洋博览会所展示的是冲绳经济由"依赖基地"向"依赖开发"进行结构性转变的过程。60 年代,当本土的出口产业顺利成长起来之后,日本经济政策的主要目标逐渐放到了"矫正地区差距"上,于是,基础设施被分散到地方上。这一政策首先采取了据点开发方式,在各地建立"新产业都市"。不久之后新全综诞生,开始推进包括新干线、高速公路和机场等基础设施建设在内的大规模开发。在这种地方开发的过程中,公共事业开始臃肿化,"土建国家"型的政治系统逐渐确立。众所周知,公共事业将作为自民党最大的权力基础一直发挥有效作用。

事实上,从 70 年代开始日本公共投资的增长率就大于 GNP 的增长率,1974 年以降,前者甚至超过了后者的 10%。在这种变化中,建筑业的从业人员数量持续增加,填补了农业人口的减少。在工业化和城市化的过程中,离开农业的人们很多都成为了建筑业工人以维持生活,这使自民党的权力基础得以维持。而且,即使继续从事农业,男子们在农闲期也会去当建筑业工人,因此,公共事业本身就是地方上的农民维持生活的一种手段。

伴随冲绳的"回归"而制定的冲绳振兴开发计划,正位于这种将基础设施分散到地方上的公共事业政策的延长线上。在此我想关注的是,由于在冷战体制中承担了"军事"任务而在冲绳形成的基地依赖型的经济结构,与由于逐渐臃肿的公共投资而在本土形成的公共事业依赖型的经济结构的同型性。前者是对美军统治下的"基地"这一公共事业的依赖，后者是对在基础设施分散到地方上这一名目下，以公路、港湾、机场等建设为首的公共事业的依赖，两者有结构上的连续性。

就这样，在回归后，冲绳县政府和经济界不断提出以海洋博览会为首的大规模开发项目，强化了对公共事业的依赖，同时实施的是破坏群岛自然环境的开发政治。"与本土看齐"、"矫正差距"等口号起到了咒语般的作用，不过，正是以"矫正差距"为目标而推行的依赖公共事业的开发政策，使得冲绳很难真正摆脱此前基地依赖型的经济结构。

从日本本土政策的走势来看，在举办海洋博览会的 70 年代，有好几个方向的政策在缠斗不休。一方面将公共投资集中在四大工业地带和大规模联合企业身上，以求获得集聚经济效益，另一方面又将公共投资分散到地方上，试图矫正地区差距。如果加强集中化，虽然生产效率能提高，但很多衰败的地方可能会对中央举起反旗。而如果为了矫正地区差距而动用大量公共投资的话，虽然能带来直接的经济发展，但更会使整个国家在财政上依赖中央政府的趋势增强。

战后的日本在经济发展的同时确保了自民党获得支持的基础，因此一直在扩大对地方上的分散性公共投资。尤其是 70 年代以降，这种通过对地方公共事业的部署来维持统一的战略不断扩大。举办海洋博览会完全符合这种为了矫正地区差距而对大规模的公共事业进行分散部署的政策。

在冲绳经济界看来，冲绳长期"被置于国政之外，处于意外的逆境中，与本土相比，各方面都明显落后"，而举办海洋博览会是"为了纪念回归，通过对冲绳的集中开发援助来加以报答，是出于全民性善意的国家项目"（冲绳经营者协会"要让海洋博览会成功！"载《冲绳春秋》第 7 号，1973 年）。通过依靠这种"出于全民性善意的国家项目"，冲绳将显著体现战后日本凭借"开发"而形成的紧箍咒构造。

2 在"海洋博览会"的漩涡中

从玫瑰色到灰色——关于海洋博览会舆论的反转

前面已经提到,由于大阪世博会的辉煌形象和对"回归本土"的期待感的双重作用,围绕海洋博览会的冲绳舆论在 1970 年前后是推进论压倒了反对论,前者希望以海洋博览会为推动力来实现"与本土看齐"。然而,1972 年 5 月"回归"实现之后,到了 1973 年,众多的人们逐渐深刻体验了"回归后"的现实,关于海洋博览会的态度也从推进申办变成了怀有疑问和反对,来了个一百八十度大转弯。

根据多田治的验证,围绕海洋博览会的冲绳舆论的这种变化的契机是 1973 年初,在县内拥有九十个工会①、规模达五万人的冲绳县工会协议会(县工协)拒绝了县政府让他们参加"让海洋博览会成功会"的要求,决定对海洋博览会采取"不合作"的态度。同年 2 月,县工协成立了"海洋博览会对策委员会",明确提出反对海洋博览会。同年 5 月的国际劳动节,反对海洋博览会作为公开口号被提出,6 月,县工协正式向县知事提出取消海洋博览会的要求。接着在 8 月,东京的总评②大会上也通过了中止海洋博览会的要求,该博览会正在破坏冲绳居民的生活这一认识在本土也逐渐普及开来。就这样,对于县工协来说,"反对海洋博览会"逐渐起到了政治斗争上的象征性作用。

围绕海洋博览会的冲绳舆论从 1973 年开始转变的最大原因,在于回归后的物价飞涨和本土资本对土地的垄断收购。当时,海洋博览会的举办决定骤然引发了一场建设热潮,使得工资和材料费用猛涨,种植甘蔗的农户都流向了更能赚钱的建筑业,因此农业垮掉了。另外,本土资本的进入导致当地中小企业倒闭的现象增加,农地接二连三地被收购,然后被改作娱乐休闲用地,诸如此类的问题很多。

---

① 日语称为"劳动组合",现根据中国习惯译为"工会"。
② 全称为"日本劳动组合总评议会",是日本工会的中央机构。

县工协敏锐地感觉到了这种情况的变化,进一步加强了对海洋博览会的反对态度。他们在 1973 年 8 月 23 日公布的宣言中称,在海洋博览会的准备过程中,"短期内集中进行的会场建设,公路、港湾、宾馆等游客引导设施的大型工程及随之而来的巨额资金投入,再加上动员了多达三万人的追加劳动力,使得县内消费物资的供需极端不平衡,从而加剧了通货膨胀和物价高涨"。另外,海洋博览会的"相关工程必然会诱发土地的投机和大资本的垄断收购,使得地价异常上涨"。

海洋博览会被"宣传成是对冲绳回归的纪念,也是冲绳开发的助推剂",但结果却只是"以'新全综'和'日本列岛改造计划'为象征的日本垄断资本为了追求新利润而实施的反国民政策"。其体现的是"试图通过举办博览会来掩盖回归后的各种矛盾和压迫县民生活的各种状况,让县民的不满消失于无形之中"的政治谋略("海洋博览会是反国民行为",载《冲绳春秋》第 7 号,1973 年)。这是县工协对海洋博览会所下的判断。

县工协断定海洋博览会只不过是为了掩盖矛盾的"政治谋略",这种判断本身是出于明确的政治立场。不过,1973 年左右对海洋博览会批判的高涨除了这种明显表现出左翼性的判断之外,还包括了来自各种立场、视角和集团领袖的声音。例如,在批判急速扩大的 1973 年 7 月,由丰平良显①、真荣田义见②、新屋敷幸繁③等当地记者、教育家和历史学家等组成的"保护冲绳文化和自然十人委员会"成立,并对有关海洋博览会的乱开发进行了检举。

在 1973 年 7 月,该委员会发表了"保护冲绳文化和自然建议书",将海洋博览会带来的对冲绳自然和文化的破坏定位为"冲绳丧失"。他们认为,在冲绳"回归仅仅一两年的时间里,本土的大企业主动或是被邀请进入冲绳,土地的抢购,为了工业招商引资而填

---

① 丰平良显(1904~1990),冲绳人,新闻记者,曾任《冲绳新报》主编,《冲绳Times》的创始人、会长。

② 真荣田义见(1902~1992),冲绳人,教育家、历史学家,曾任琉球政府文教局长、冲绳大学校长等。

③ 新屋敷幸繁(1899~1985),冲绳人,日本文学研究者、诗人,曾任冲绳大学校长。

海造地,休闲娱乐产业乱开发各种设施、别墅区和高尔夫场等,再加上与海洋博览会有关的公共事业的乱开发,所有这些如怒涛般涌来,在一瞬间……招致了冲绳崩溃的危机"。尤其是现在,"甚至可以被称作冲绳丧失危机的自然破坏"非常严重,大部分是"由海洋博览会引起的"(《冲绳丧失的危机》,冲绳 Times 社,1976 年)。

由于海洋博览会来到了冲绳,所以农民失去了土地,渔民不得不离开大海,地域生活和文化的基础逐渐丧失。冲绳在长期被严酷剥削和压迫的历史中都没有失去的风景和传统的根基,在"回归"后仅仅几年间眼看着就要被以海洋博览会为代表的来自本土的势力所铲除。十人委员会的这种态度并非仅此一家,同样是在1973 年,文物保护审议会也批判了海洋博览会的相关工程对文物和自然的破坏,另外,从保护自然的立场出发反对海洋博览会的情况也有好几起。

如上所述,随着海洋博览会的准备工作全面展开,立场各异的人和各类组织产生了一种危机感,觉得再这样下去生活基础会被根绝,因此他们提出了"海洋博览会是为了谁而举办的"这样一个问题。另一方面,此前一直热衷于申办海洋博览会的冲绳经济振兴恳谈会,这时也开始意识到了海洋博览会的坏处,在冲绳县议会上,议长甚至在发言中认为海洋博览会如果保持现状不变的话,很可能会破坏县民生活。数年前曾经大力推动申办的冲绳经济界开始对举办海洋博览会产生疑问是有其背景的,一是回归后的经济混乱,二是很多主要工程都由本土的大企业接了订单,导致海洋博览会对冲绳县经济的波及效果远不如当初期待的那么大。

正好在 1973 年秋,石油危机直击日本经济,从 60 年代开始的经济增长路线不得不进行决定性的变更。因此,日本政府对举办海洋博览会的态度也发生了变化,政府自身也开始探寻延期或是缩小规模的方法。结果,同年末,日本政府放弃了当初的计划,也就是将原定在 1975 年 3 月开幕的海洋博览会延期到 7 月。日本政府方面的这种消极态度对冲绳方面也产生了影响,出现了一个奇妙的结局,那就是出于对取消举办的畏惧,围绕海洋博览会是非的议论逐渐偃旗息鼓了。

冲绳社会逐渐被卷入

围绕海洋博览会的冲绳舆论以 1973 年为界出现了反转,对举办博览会的疑问和非难、重新制订计划等议论层出不穷。然而,在 1973 年的年中,离当初预定的开幕日只有一年半时间了。会场规划已经确定,相关工程也已经开工,如果在这个阶段进行根本性的变更的话,会有很大风险。对于政策制定者来说,也许比较现实的想法只能是对会期、会场和环境标准进行修正。与此形成鲜明对照的是,数年前,当确定要举办海洋博览会时,不仅是经济界,连冲绳的知识分子和市民中间也几乎看不到反对举办的人。

身为海洋博览会的事业计划委员会委员的作家大城立裕,1974 年认为"海洋博览会的坏处现在已经很明显了",但同时他又反驳批判者说:"早就应该预料到这个结果。"在有关博览会的各种最重要的决定生效的 1970 年前后,不仅是"要把海洋博览会办成赚钱的大会"的经济界,而且工会、市民和知识分子也没有对博览会计划提出批判或是发起反对运动。于是日本政府就以"这是冲绳县当地的要求"为借口,"小心翼翼地,却又相当顺利地推动了博览会的举办"("私观·海洋博览会",载《冲绳思潮》第 1 卷第 3 号,1974 年)。

被这种舆论的突然转向摆布得最厉害的也许就是作为琉球政府主席并负责民政的屋良朝苗了。1968 年,他在首次主席公选中作为革新统一①候选人当选,此后一直领导着冲绳政界,从"回归"到海洋博览会的这段期间,他起到了决定性的作用,但他绝不是从一开始就对举办海洋博览会持积极态度的。

确实,从大阪世博会前后开始,琉球经济界就出现了一股要将国际海洋博览会引入冲绳的风潮,琉球政府当时虽然被经济界的风潮所带动,不过在举办海洋博览会这件事上还是决定要慎重。其理由是他们认识到:"海洋博览会上世界上也是首次举办,因此不要说县了,就连国家也没有经历过这种项目。而且伴随着回归,冲绳正在竭尽全力整顿县里的体制,所以作为举办地是极其不稳

---

① 1960 年代到 1970 年代前半期,以日本共产党和日本社会党为主的革新势力的候选人统一起来进行选举的运动及体制。

定的。"

尤其是屋良,他回忆说:"不管策划当局对我怎么说明,我都无法在脑中清晰地描绘出整体构想。当我听到人造海上都市、城市集合体等没听说过的事物时,觉得这是异想天开,心里非常不安,不知道会弄成什么样子。"(《屋良朝苗回顾录》,朝日新闻社,1977年)

尽管如此,在对"回归后"的盛大活动无比期待的当地"高涨的舆论"的推动下,屋良在没有充分的时间考虑是否应该承办的情况下,"只能果断决定申办"。不久,日本政府开列了冲绳海洋博览会预备调查费,海洋博览会成为本土政府和冲绳县一起推动的"回归后"的经济振兴政策的中枢。

既然海洋博览会的定位变得如此重要,作为一县之长,屋良就只有一条路可走了,那就是为推进该项事业而摇旗呐喊。他设立了一个直属于知事的组织——海洋博览会协力局,完善了冲绳县方面的博览会推进体制。该组织的业务范围"非常广泛,比如从回归前交接过来的会场用地的取得和相关事业的规划,还有财源对策、县里出展的方案制定和具体化、与相关机构的联络调整,等等"。到了1973年左右,乱开发、物价高涨、建材不足等海洋博览会的负面影响越发显著,冲绳舆论也一反两年前的支持态度,开始批判海洋博览会,这时,屋良顶着逐渐高涨的反对的声音,推动海洋博览会向着开幕前进。

当地觉得能获得经济效果而掀起了申办热潮,本土政府为了举办海洋博览会也推出了一系列政策,在这两股势力的夹击下,没有时间仔细思考"异想天开"的计划就同意申办的应该不止屋良一个人。对于面临"回归"的众多冲绳人来说,本土的政府和企业推出的政策与美国统治时代不同,似乎很难马上找出应对方法。当1971年本土政府在内阁会议上决定海洋博览会在冲绳召开时,当地的报纸强调,不能"什么都由本土政府来构想,而我们只是接受",必须让冲绳自身成为海洋博览会筹划的实质性主体,并于闭幕后在冲绳"留下有效的设施,借此使冲绳受益"。

但事实是,1970年通产省提出了构想,本土的大企业集团不断提出海洋博览会的会场规划和关于冲绳度假地开发的方案,对此,冲绳方面的应对一直陷于被动。本土企业将回归后的冲绳看作新的开发资源而对其虎视眈眈,我们很难要求处于"回归"混乱中的冲绳能巧妙地反过来利用本土企业。

冲绳知识分子及其对海洋博览会的参与

70 年代初期,对海洋博览会最抱有矛盾态度的是居住在冲绳的知识分子们。实际上,与美军基地或本土资本的统治等问题相比,他们在海洋博览会一事上的立场要暧昧得多。

确实,随着海洋博览会的事业内容逐渐明朗,推进派的知识分子也开始与这个项目保持一定距离了。例如 1972 年 1 月,由琉球大学校长高良铁夫[1]等人组成的"冲绳海洋博览会研究会"对屋良知事提出警告说,如果不把博览会办成冲绳居民能够自己参与策划的活动,就无法带来自主性的开发活力。

然而,该研究会的中心成员久场政彦[2]在与宫本宪一[3]的对谈中提到,海洋博览会"作为创造雇用机会和阻止人口流失的'弥补性'政策是有效的"。由此可见,他们中大部分人的立场是:虽然有较高的要求,但还是想最大限度地利用海洋博览会,使其成为振兴回归后的冲绳经济和地域开发的一大契机。久场说,要通过海洋博览会等项目"对尚未着手的北部进行开发,这在某种意义上也是对乱糟糟的南部的再开发,要将住宅和由各种信息文化机构组成的市民中心从那霸逐步往北部建设"("对冲绳经济开发的建议",载《世界》1972 年 7 月号)。

久场之所以如此重视开发,是因为他非常关心"回归"后的冲绳如何才能获得经济上的自主权。早在 1970 年久场就强调,冲绳振兴计划的主体必须是冲绳县自身,并提议"以县为主体,成立一个类似于开发事业公社的组织。因为所谓的基础设施的建设,在冲绳特别是和平产业的基础设施尤为落后,所以要推进港湾、国际机场的建设,以及公有水面的填埋和造地等事业"。

作为冲绳开发的骨干产业,久场尤其关注旅游业,他论述道,

---

① 高良铁夫(1913~),冲绳人,农学家、生物学家。

② 久场政彦(1920~2010),冲绳人,经济学家,曾任琉球大学教授、冲绳经济学会顾问。

③ 宫本宪一(1930~),经济学家,曾任滋贺大学校长。

冲绳应该以夏威夷而不是日本国内为模板来进行旅游开发的构想。1959 年成为美国第五十个州的夏威夷一开始由于可以自由往来于本土,导致人口减少,要想进行工业开发也无法与对岸的加利福利亚抗衡,困难重重。于是"他们改变视角,试图将重心放在旅游观光上,并将联邦政府的援助重点投入到与旅游有关的设施上,开发了公路、机场和海岸线",结果一举成功,不久旅游就成了夏威夷最大的收入来源。久场认为,回归后的冲绳也应该有效利用其地理上的特性,以夏威夷为模板推进旅游开发,探寻经济独立的途径("冲绳经济开发的原则",载《世界》1970 年 7 月号)。

可以说,久场的构想在对海洋博览会持肯定态度的冲绳知识分子中很有代表性。回归后的冲绳要想拥有独立的经济能力以便不依赖美军基地,将冲绳的自然作为旅游资源是一种有效手段,这么想也是很自然的。

大城立裕的文化主义

冲绳知识分子中对海洋博览会持肯定态度的另一派是以作家大城立裕为代表的更偏向文化主义的人们。大城作为代表 70 年代的冲绳的知识分子,和久场一起作为海洋博览会协会组织的事业计划委员会委员参与了海洋博览会基本计划的制订,并在冲绳县出展的冲绳馆的构想中起到了核心作用。大城之所以深度参与海洋博览会的计划制定,是因为他不想将这次世博会仅仅当成振兴经济的机会,还想利用它来重新发现冲绳的文化主体性。

大城参加的"冲绳的海洋博览会"研究会这一知识分子团体于1972 年 1 月提议,将冲绳海洋博览会作为使"一直将海洋尊为文化之母的冲绳"复苏的机会。"让冲绳成为新的海洋文明的发祥地"、"让大海作为和平之路而复苏"、"让我们宣告为了'大海母亲'的复苏而战"等建议就表明了这种想法,大城在海洋博览会协会的委员会上应该也提出了同样的主张。

大城的这种文化主义的本质及其在海洋博览会的整个事业计划中所占的位置,在他自己提出的基本构想方案的下列项目方案中体现得很清楚:

冲绳在古代是西太平洋文化交流的交叉点,但 17 世纪以降，它走上了战争之路，二战后其存在意义仅仅是一个军事基地。以海洋博览会为契机，让我们将冲绳海洋的意义恢复到原点吧。（"私观·海洋博览会"，载《冲绳思潮》第1卷第3号，1974年）

将上述提议放入冲绳海洋博览会的基本构想方案中应该是一步很重要的棋，有助于向国内外展示这次博览会的历史意义。据说在委员会上，大城的这一提议"差点就全会一致通过了"。然而，事务局却认为这一方案"对现实的批判太露骨，不稳妥"，从而将其从基本构想中拿掉了。

大城后来后悔对事务局的拉拢进行了妥协，不过，即使大城当时执意要放入上述提议，可能最终也会在事务局发动的各种"修正"中被抹掉吧。大城在回顾他参加协会的委员会时的经历时说："全国范围内的顶级学者在这里进行的发言是非常具有良心的，很认真的，这点我不怀疑"，但他的结论是："这次会议的盲点在于始终只是进行头脑风暴而没有表决，因此事务局只是采用了一些参考资料，其基本态度并没有动摇。"（出处同上）

正如在论述大阪世博会时也已经提到的那样，同样的情况在从大阪世博会到爱知世博会的多次世博会计划制定过程中反复出现。知识分子参与世博会，提出一些并非仅仅是肯定现实的建议并将其具体化，这样的事情究竟可能吗？

不管怎样，大城的构想在整个海洋博览会中只是位于边缘。海洋博览会的基调是彻底的海洋"开发"博览会，既不可能是海洋"文化"博览会，也不可能是海洋"环境"博览会。尽管如此，大城的想法并非完全没有体现在海洋博览会的会场中。特别是冲绳馆，大城在计划制定中起到了核心作用，他对展示的设想几乎完全实现了。反过来说，对整个世博会的经济主义进行批判的大城的文化主义的局限性也表现在这里。

大城将冲绳馆的基本构成分为三块。第一块以"喜庆的大海"为主题，描绘了民俗信仰、大海的恩惠，以及海洋和文化交流的关系。第二块描绘了17世纪以降的"战争之路"，是冲绳被侵略和控制，被卷入战争的历史。第三块则在穿插战后历程的同时展示了

"民族的生命力"。

大城对这一展示充满自信，认为它在整个海洋博览会中"虽然规模不大，但在思想上是最好的"。在当时"对海洋博览会近乎否定的不关心和反对运动"中，他们之所以专心致志于海洋博览会的展示，完全是因为他们想"利用海洋博览会这个一时性的活动来形成恒久性的文化运动的一环"。大城说，就算海洋博览会的其他设施仅仅是为了开发和娱乐休闲，他还是想"为了冲绳文化而祈祷"，尽管这种祈祷很微薄。

大城对冲绳馆的这种构想从他作为作家的一贯立场上来看，是理所当然的。正如波平恒男[①]指出的那样，大城作为一名作家，一直以"描写真正的冲绳，描写冲绳的真实面貌"为目标。这种真实性不是指冲绳应该具有的面貌，即并非一种规范性的存在，而是指"冲绳的现实（包括其历史在内的实际面貌），有关冲绳人的感性和思考的内在真实"。"大城有一个夙愿，即诚实地描写出这样的冲绳，当然，主要是用小说和戏曲等文学手法，另外还有评论和散文的形式"（"从大城立裕的文学看冲绳人的战后"，载《现代思想》临时增刊号 第 29 卷第 9 号，2001 年）。他在海洋博览会上对冲绳馆的实验是将海洋博览会作为一种媒介加以利用的尝试，通过该媒介，他将上述意义上的"真正的冲绳"展示给了来到博览会场的众多冲绳人以及来自本土的游客，而不仅仅是他的小说的读者。

但是，多田治对冲绳馆的这种展示进行了探讨，并批判说这里面包含了"通过将冲绳独特的'文化'主题化，再次埋葬'冲绳'"的契机。大城在冲绳馆展示的是他自己认为的"冲绳人"的自我形象，如"苦中寻乐的机智与坚强"、"灵活，不是与自然和外部人斗争，而是适当地接受他们，同时充实自己的内心"、"欢迎'异民族'和'外人'，具有国际性"、"源自大海的文化和海洋性乐观主义"，等等。然而，多田认为，冲绳馆将这种自我形象作为一套固定的视觉形象加以展示，包含了"面对游客和媒体构建'冲绳'的固定模式"的契机（多田治，《冲绳形象的诞生》，东洋经济新报社，2004 年）。

多田认为，这种固定模式化后来显著地体现在了曾在大城手

---

① 波平恒男(1954～)，社会学家，琉球大学教授。

下参与冲绳馆建设的高良仓吉①身上。高良作为冲绳史料编辑所职员参与了冲绳馆的项目，后来，在 90 年代 NHK 历史剧《琉球之风》和重建首里城所引发的琉球王朝热中，他成了中心人物。多田从这一过程中发现了直到"冲绳提议"②为止的连续性，在这一意义上，大城的冲绳构想也可以定位为持续至今的"冲绳形象"构建的原点。

冲绳知识分子与反对海洋博览会

久场和大城的做法是冲绳知识分子基本接受海洋博览会，从其内部摸索可能性的代表性例子。不过与此同时，正如前面提到的那样，在实现了"回归"，并正式开始筹备海洋博览会的冲绳，博览会的坏处越发明显，因此冲绳知识分子从整体上来说也加强了对海洋博览会的批判。事实上，冲绳知识分子中毫无保留地欢迎举办海洋博览会的人似乎很少，在大部分情况下，他们都是置身于变动中，并试图找出有效的批判角度。

不过，要想广泛地表明并深化这种批判性意见实际上并非易事。尤其是随着海洋博览会开幕的临近，据说形成了一种"对直截了当地说出自己对于海洋博览会的意见有所顾忌的氛围"。其背景是这样一种舆论的存在，即"政府为了振兴冲绳经济已经投入了巨额资金，多亏了海洋博览会，公路等基础设施才得以扩充完善"，因此不应该唱反调（中里友豪"对海洋博览会的思考"，载《冲绳Times》，1975 年 7 月 9 日）。这种舆论"化为无言的压力压在人们身上"，即使对海洋博览会有反感或是反对意见，很多人也不得不采取暧昧的态度。也就是说，这是一种典型的沉默的螺旋。

还有一件事也影响了批判的难度，那就是在 1970 年前后的欢迎申办的氛围中，革新县政及其支持者站到了推进海洋博览会举办的一边。与反基地斗争和批判天皇制不同，反对海洋博览会的

① 高良仓吉（1947～ ），冲绳人，历史学家，琉球大学名誉教授，研究领域为琉球史。

② 2000 年，琉球大学教授高良仓吉、大城常夫和真荣城守定公开发表提议，认为对于美军基地，不应该只从历史、和平理念等方面去谈论，承认在日美安全保障方面，基地有其存在意义，问题在于负担过重，这触犯了冲绳的禁忌，被冲绳舆论界批判为"为当权者服务"。

比较大的政治势力大体上仅限于前面提到的县工协。因此,照屋唯夫对革新县政自身成为海洋博览会的推进母体一事进行了批判,他说:"对于由日本政府策划的、表面上装作有恩于冲绳的海洋博览会的举办,冲绳的革新首脑和一部分被称为知识分子的人(在感谢的同时)采取了积极的允许态度。"

照屋还说:"无视当地的小规模反对运动,结果导致了容许海洋博览会这一被当权者虚构出来的情况。将冲绳的革新首脑和一部分被称为知识分子的大和憧憬主义者推到前台以实现国家课题是一种国策,而这种虚构也是国策的一部分。"实际上,海洋博览会预算的绝大部分都用于在冲绳建设大规模的产业基础设施,如完善机场、建设公路、完善港湾、通信设备建设等,这么做的另一个目的是为了将尖阁列岛(钓鱼岛)的石油资源纳入开发范围。海洋博览会这一"盛典"将本土资本和国家共同推进的上述工业化路线正当化,"隐瞒和力图保存军事基地的存在,同时巧妙地规定和诱导冲绳走上以基地本身为媒介的战略寄生型工业化道路"("思考海洋博览会",载《冲绳 Times》,1975 年 6 月 27 日)。

但是,赞成或反对冲绳海洋博览会的议论大都有一个弱点,那就是只关心博览会的经济效果和政治意图,对博览会内容这一关键要素却毫不关心。就连当地的最高负责人屋良朝苗都说:"不管策划当局对我怎么说明,我都无法在脑中清晰地描绘出整体构想"。甚至在参与海洋博览会的人们当中,对展示内容非常关心的也只有像大城那样的一部分知识分子。

同样的局限性也存在于批判海洋博览会的一方。尽管对于日本本土资本如何利用海洋博览会作为冲绳开发的排头兵,又是如何成为保存基地的掩饰物等问题有很多人进行批判,但是更具体地对海洋博览会的会场规划、展馆展示以及博览会的主题中体现出的意识形态进行细查,然后缜密地加以批判的例子在当时几乎没有。按道理来说,对日本政府馆、企业展馆和会场规划中是如何缺乏"来自冲绳的视点"进行严厉批判应该是可能的。然而,对海洋博览会的批判几乎都是针对其政治意图或经济混乱,严密地分析博览会内容的事例极少。

在这种情况下,尽管不是对展示内容的明确批判,但确实也有人指出了当时海洋博览会的观念在同时代的理性框架中所带有的问题性,他就是出生于首里的海洋学家新崎盛敏①。

新崎冷静地观察了直到海洋博览会开幕为止的整个过程,他说,可以看到,"在冲绳当地推进博览会举办的过程中,有一个因素起到了重要作用,那就是人们被媒体以及想在媒体上有所作为的所谓有识之士、学者们虚构出的假象所煽动,并随声附和"。新崎在海洋博览会的构想刚刚出现的时候就看了推进派公布的计划书,觉得那是"亲身体验了大阪世博会的关西人的想法。但是,作为十分清楚冲绳周边的惊涛骇浪、台风袭来时的大海、看似华丽实际上却很脆弱的活珊瑚礁区域以及死珊瑚礁地带作为大型建筑物地基的缺陷等问题的人",他对该计划书抱有很大的忧虑("围绕海洋博览会的诸问题",载《新冲绳文学》28 号,1975 年)。

这种忧虑来自于一个疑问,即海洋博览会将"大海"作为主题这种做法是否位于轻率的海洋开发主义的延长线上?新崎深切地知道,当公害问题在日本闹得沸沸扬扬的同时,海洋的油浊和污染问题开始在国际上成为一大议题,此前的海洋开发主义迎来了很大的转变。从 60 年代到 70 年代,海洋学的国际潮流是海洋开发的构想日落西山,而防止海洋污染的构想日渐高涨。然而,冲绳海洋博览会的构想怎么看都是"没有注意到(或者是注意到了却视而不见?)这种国际形势变化的先生们制定的"计划。

对海洋博览会来说,"大海"的定位与其说是人和自然共同生活的场所,不如说是利用未来的技术进行"开发"的对象。而且,这种开发思想是参与了大阪世博会的知识分子们用华丽的辞藻在意识形态上加以支持的。因此按理来说,对于海洋博览会,原本应该彻底清算位于其深层的"开发"思想。

3 "大海的理想未来"

被污染的冲绳的海

冲绳海洋博览会的主题是"大海的理想未来"。但是,在海洋

---

① 新崎盛敏(1912~1989),冲绳人,海洋生物学家,曾任东京大学教授。

博览会的准备过程中所发生的,却是"大海"与和谐的"理想未来"被破坏的过程。

从"回归"前不久开始,本土资本就如激流般涌入到冲绳经济中。从1971年到1972年,由于大旱和台风的影响,冲绳的砂糖和菠萝产业损失惨重,尤其是宫古群岛和八重山群岛,其损失是毁灭性的。

没想到本土的不动产资本来到了这些偏僻之地,即开始着手进行度假地开发。结果,一方面是农业的凋敝和贫困化、农民改行和离岛,另一方面是靠卖地暂时获得了现金收入,并因此引发泡沫性的消费热潮,这两方面的情况同时并存。根据福木诠的报告,"偏僻乡村的土地被本土资本买去,售出土地的人们期待去本土工作或是在本土资本设立的观光企业工作,城镇的制造业逐渐被并入本土资本的旗下,流通部门的大部分正在被本土资本所掌握"("被破坏的冲绳",载《世界》1972年12月号)。结果,从1971年1月到次年10月,被收购的土地多达约八千三百公顷,其中大部分通过当地经纪人转到了本土企业名下。冲绳的土地因为本土资本的介入而急速地再次被殖民地化。

从"回归"前后开始变得严重的海岸线破坏的典型例子,是在金武湾进行的巨型石油贮藏基地(CTS)的建设。金武湾一带在美军统治时期原本被指定为海上公园,是可以大量捕捞到鱼和海蕴的内海地区。然而,日本政府在冲绳振兴开发计划中将这一带指定为临海工业基地,为此,琉球政府于1972年4月取消了金武湾的公园指定,并批准了三菱石油、阿拉伯石油等企业提出的填海造地申请。不久,这里就建起了海中公路,填埋了广大的沿岸地区,建成了容量高达数千万立方米的石油贮藏基地。

在这股风潮中,冲绳的海岸线被急剧污染。例如,"在东海岸有废油球、原油流出、填海造地和美军演习,在西海岸,数百万只长棘海星大肆吞食珊瑚,海岸线被本土企业全部买下,修路和开采石灰引发砂土流入大海,而市町村由于财政困难,将屎尿大量排入近海,导致了黄色海流的产生。以上种种,可以说是渐露死相。'1975年国际海洋博览会'将主题定为'大海的理想未来',是以正在走向死亡的冲绳的大海为舞台,并正式开始进行筹备的"(福木,前述论文）。

海洋博览会的举办进一步加速了本土资本对土地的全面收购和环境破坏。另一方面，海洋博览会成为冲绳经济助推剂的期待也落空了，其结果只招致了一时景气过热的现象，相对于投资额来说，给当地产业带来的增效不大。反倒是短期内向社会基础不是十分完备的地区投入巨额资本的这种行为使社会的弊端增多了。

开幕那天的《冲绳 Times》社论报道说，为了海洋博览会，政府在短期内集中投放了多达两千五百亿日元的公共投资，然后遗憾地说，如果这些钱以整个冲绳为对象，并以与居民生活密切相关的方式、用适当的速度投放的话，即使规模不大，也会带来有益得多的结果（《冲绳 Times》，1975 年 7 月 19 日）。民间投资也看好博览会，导致宾馆建设急剧增加，不过，本土的大型资本建设的豪华宾馆暂且不论，当地资本投资的宾馆入住率很低，期待落空，出现了经营恶化。再加上海洋博览会结束后游客减少，巨额公共投资也没有了，因此陷入了萧条，企业不断破产，还引发了被称为"海洋博览会后遗症"的众多困难。

另外，到海洋博览会开幕时为止，会场附近的景色也完全变了样，"海岸线的浓绿色丘陵缓坡上曾经茂密地覆盖着大面积的苏铁和露兜树林，如今则裸露出了赤褐色的土。放眼望去，看到的只是用尽搬迁费和补偿金建起的高级住宅，以及押宝海洋博览会，为了营利而建造的现代化大楼，还有因为会场建设而忙得团团转的工人们"（照屋，前述文章，6 月 26 日）。

这种环境破坏在海洋博览会会场周边地区尤为严重，甚至超过了会场自身的环境破坏。在会场内部，为了使环境灾害不扩散到周边，还是非常当心的，但是会场外部的相关工程在很短的工期内就完工了，对环境灾害几乎毫不在意。例如，在北部纵贯公路的建设施工中，由于防止砂土流失的方案不完备，导致附近区域大范围的水田被砂土覆盖。而且，由于所有工程中这种外围工程占了压倒性的多数，导致大海的污染扩散到了无可挽回的程度。据说在大雨之后，本部半岛的整个海面被削掉的山上流下来的红土染得通红。与海洋博览会主题完全相反的景象出现了。

而且，在会场内部花费了巨额预算而建成的是现代化的公园、人工海滩和人造海上都市。这些现代化设施所展示的"大海的未来"与冲绳原有的丰饶海洋是互相隔绝的。

实际上,本部町海岸原本是双带乌尾鲛的宝库,有众多优良的渔场,如果没有海中污染和填海造地的话,一年四季都可以进行捕鱼作业。结果,由于海洋博览会带来的环境污染,在沿岸连捕鱼作业都无法进行了。当初,渔民们似乎一心以为高举"大海的未来"旗帜的博览会会给渔业带来好处,然而结果却正好相反,近海的渔场由于海洋博览会而被迫陷入濒死的状态(国吉真永,"来自大海彼岸乐土的桃太郎",载《新冲绳文学》28号,1975年)。

尤其是在这些渔场中名列前茅的山川海岸成了人造海上都市的建设地。投资一百二十三亿日元建设的这座"海上都市"既没能弥补渔业上的损失,也没能成为地区经济的新基础。以它为招牌而在海洋博览会原址建成的海洋博览会公园虽然一开始吸引了不少观光大巴,但此后不久就很难吸引游客光顾,赤字膨胀到了无法维持设施运行的地步。公园的管理方在用完了所有的资金后,最终关闭了人造海上都市,长期以来,它就如废墟一般凄惨地矗立在那里。

海洋博览会的会场对本土资本的意义

究竟是谁出于何种考虑而一直支持海洋世博会的呢?我想从冲绳的地域社会与本土资本的关系这一层面出发,重新审视这一问题。

对冲绳人来说,海洋博览会的话题热起来的时候,大家最关心的是会场会选在哪里。当初,会场候选地中希望最大的是靠近那霸的中部西海岸的读谷村一带以及庆良间群岛一带。很多本土企业提出的计划方案是:设立本岛中部西海岸和近海岛屿这两个会场,在本岛会场建设以"大海"为主题的展馆,而在岛屿会场则配置度假体验设施。

例如,伊藤忠商事、川崎重工、鹿岛建设等第一集团提出的试行方案是:"将约三十三万平方米的残波岬分配给本岛会场,在此进行'用眼镜观看'的展示,内容是大海的故事和知识,以便充分达成博览会的目的。而庆良间会场则以'体验'为主要目标,在加入观光和娱乐要素的同时,将重点放在青少年的教育活动上。"(《冲绳 Times》,1971 年 3 月 4 日)。芙蓉集团提出的方案也是以残波岬以南的读谷村、北谷村的海岸线为第一会场,庆良间群岛为第二会场。另外,该集团还设想在庆良间群岛部署 3R 的据点功能,即娱乐(recreation)、度假(resort)和调查(research),将这些岛屿作为海洋据点加以完善(《冲绳 Times》,1971 年 3 月 18 日)。三井集团也早在 1970 年 6 月就提交的预备调查报告中提出了双会场方案,那就是以那霸为中心的方圆三十公里以内的本岛会场以及与本岛邻接的岛屿会场,他们设想的本岛会场的候选地是恩纳海岸以南,岛屿的候选地则是庆良间群岛中的座间味岛(《冲绳 Times》,1971 年 3 月 11 日)。

如上所述,在初期,几乎所有的本土企业设想的会场候选地都是本岛中部西海岸从北谷村到恩纳村一带以及庆良间群岛。

值得关注的是,在本土企业的试行方案中被列为候选地的本岛西海岸的众多地区与 80 年代以降,以日航(JAL)和全日空(ANA)为首的本土大型资本进行大规模度假地开发的地区完全相同。对于这些地区的海岸线是何时被本土资本全部买下的,需要进行查证,但早在 70 年代初期,本土资本就已经很清楚冲绳本岛的哪段海岸线作为度假开发资源最具投资效果了。

另一方面,在候选地中被认为最有希望的读谷村和北谷村的海岸线紧邻以亚洲最大的美军基地而闻名的嘉手纳基地,这一点大家应该知道。如果要在这一地区建设大规模的博览会会场,并完善周边的旅游环境的话,与眼前的嘉手纳基地的关系肯定会成为一个问题。于是在最终,上述地区被排除出了候选地,其主要原因就是担心和嘉手纳基地的关系会引发问题,换句话说,避免将"基地"因素牵扯到海洋博览会的政治氛围中来这一意识在起作用,这点不难想象。

在海洋博览会的会场选定过程中,有问题的不仅是与美军基地的关系,可能还有与冲绳战役的记忆之间的关系。实际上,在制订计划的早期阶段,除了残波岬、读谷村等地以外,本岛南部的丝满也曾被推举为候选地。本土政府中也有这一方案的支持者,主席屋良也说："本部的方案一开始不怎么受好评。⋯⋯大滨（信泉①。海洋博览会会长）先生担心地说，可能本岛中部或者恩纳村一带比较好吧。山中长官②则倾向于南部，特别是丝满。"（《屋良朝苗回顾录》，朝日新闻社，1977 年）

但是最终，因为本岛南部与冲绳战役的悲痛记忆联系在一起，战争遗迹和死者纪念碑也很多，所以渐渐被认为不适合作为海洋博览会的会场。可能他们认为本岛南部的主题是"和平"，很难与海洋博览会的主题"海洋"联系起来吧。在海洋博览会的会场选定过程中，有一个看不见的因素在起作用，那就是人们非常关心如何切断冲绳"大海的未来"与"基地"、"战场"的联系，以及如何表现"大海的未来"。

不久，当主会场被定在本部半岛时，如果按照当初的双会场方案，位于近海岸洋面的伊江岛应该是最适合作为度假体验型会场的。但是，伊江岛作为冲绳战役中的激战地，后来又有美军强迫居民搬走、射击和轰炸场破坏了自然环境、围绕被接收农地的反基地斗争等事件发生，也即该岛是与战争记忆和基地的现实紧密联系在一起的。因此，如果伊江岛成了海洋博览会的第二会场，有可能会再次引发与"战场"、"基地"的关系问题。最终，伊江岛位于一进海洋博览会会场大门就能迎面看见的位置上，正好变成了"观众进入会场后最先直视的艺术作品"（多田治，《冲绳形象的诞生》，东洋经济新报社，2004 年）。

最后，在 1972 年 2 月，冲绳县用地选定委员会提出了本部半岛作为会场的方案，琉球政府要求本土政府同意这一方案，至此，会场问题才尘埃落定。根据这一方案，会场用地大幅度北移了，从大约一年前被认为最有希望的读谷村等地移到了本部半岛。多田治认为，这一决定的前提是三井集团在预备调查一年后的 1971 年公布的会场方案。当各大企业集团提出的众多会场方案都将残波岬、读谷村、丝满等作为候选地时，只有三井物产在 1971 年提交的《举办冲绳国际海洋博览会的计划方案》中，首次提出将本部半岛

---

① 大滨信泉（1891~1976），冲绳人，法学家、教育家，曾任早稻田大学校长。

② 山中贞则（1921~2004），政治家，曾任冲绳开发厅首任长官、防卫厅长官、通商产业大臣等。

作为会场候选地。

三井在预备调查阶段推举的候选地就不是其他企业集团看好的残波岬、读谷村等距离那霸比较近的西海岸，而是离那霸稍远、即使在本岛西海岸也以珊瑚群生的海岸线而闻名的恩纳海岸。读谷和北谷离基地太近，丝满则与战争记忆有着过于紧密的联系，而另一处原会场候选地——本岛东海岸的中城湾和金武湾又正在建设工业联合企业，因此都不适合作为会场。于是三井就把目光转向了从恩纳村到名护一带的海岸线。不过，在 1971 年的最终报告中，明确了恩纳村缺乏水资源，又有沿岸平地狭窄等地形上的困难，于是会场候选地就进一步往北移了。

为北部开发打基础

就这样，海洋博览会的会场定在了诸多方案中最北边的地点。且不论这一决定最终是由谁做出的，但决定背后的意图是很明显的。如果做出这个决定的人关心的焦点是海洋博览会的观众人数的话，那么将会场定在距离那霸两个小时车程的本部半岛恐怕是最坏的选择。具有讽刺意味的是，正如后来的度假地开发所显示的那样，本岛中部有多处"美丽的海岸线"，可以让本土游客不用去本部就大饱眼福。要将本部半岛作为会场的话，确保交通手段是一个非常大的问题，而且会场离那霸这么远，从观众动员的角度来说其负面效果也是可以想见的。

但是，交通方面显而易见必须要解决的问题本身在计划制定者看来也是本部半岛的一大优势。三井集团的最终报告书中也对他们保留到最后的两个会场候选地——恩纳海岸和本部半岛进行了比较，并论述道："前者从观众动员、交通便利程度的角度来说极为有利，但换个角度来说，如果要以海洋博览会为契机完善冲绳开发的基础的话，预计以六到十年为开发周期，其实更应该聚焦于本部地区。"也就是说，通过特意把会场设在交通困难重重的本岛北部这一做法，将本土政府为海洋博览会投入的巨额公共投资用来修建从那霸到本岛北部的道路，这就是其企图。

因此也可以说，自从选择会场的时候开始，冲绳海洋博览会的焦点就不是博览会本身，而是借博览会之机进行道路和产业基础设施建设，以及为北部开发打好基础。当时任本部町町长的并里安博后来也说:"为了海洋博览会能在我们这里举行,我们对用地选定委员进行了各个击破,还在请愿上花了不少钱,总之用尽了各种手段。有人说我们这里没有城市基础设施,离那霸又远,我们就据理力争说,正因为如此,才需要开发北部啊。"北部开发和纵贯道路的建设才是冲绳海洋博览会隐蔽的最大主题。顺便提一下,并里还说,当本部成为会场的"决定传到我耳朵里的时候,我正在开北部町村长会议,当场就举杯祝贺,町政府也挤满了人,就跟开庆祝会差不多。当博览会终于开幕的时候,我们非常感动,觉得它太棒了,没想到结束后会是这副惨样"(《屋良朝苗回顾录》,朝日新闻社,1977年)。

至少在确定计划的时候,本土资本也好,冲绳县也好,本岛北部的地域社会也好,想的东西都是一样的。虽然"无法在脑中清晰地描绘出"海洋博览会是什么,但至少有一点很明确,那就是将会以海洋博览会的名义进行大规模的公共事业建设。该事业将被用于本岛北部开发的基础建设。正如日本本土的公共事业被用于缩小中央和地方的差距,本土政府的公共事业预算将被用于缩小冲绳南部和北部的差距,道理是一样的。海洋博览会的举办是引出这种公共投资的有效借口。

不过,为了北部开发而进行的基础设施建设最终并没有能够带来当地产业的振兴。在本部町及其周边的地域社会看来,承办海洋博览会几乎没有带来任何当地曾经期待的成果,以"惨样"而告终。在博览会开幕前,本部町商工会为了努力营造出海洋博览会的气氛,甚至让商店街的人穿上了淡蓝色和白色相间的制服。从博览会开幕前一年开始,当地的商工会除了举办传统的赛龙舟和民谣大会外,还进行大甩卖,并在商店街挂起了灯笼,举办"海洋节",进行了各种努力。但与当地人当初的期待相反,承办博览会给当地带来的好处似乎微乎其微。

事实上,当海洋博览会的准备正式开始之后,从基础设施建设到展馆的展示、店铺的经营,所有项目都被本土厂商垄断,当地厂商根本没有插足余地。开幕前不久的报纸上报道说,会场内的餐厅和店铺"没有本部町的商家开办的。据说几乎都是由大型资本经营,由于'准入费'很高,所以当地的小型商家无法承受。会场内是这种状况,那会场周边又如何呢? 还是大型资本的天下,当地商家被排除在外。……这一带是银合欢树繁茂的原野,还有石山。要把这一带用推土机推平并建起房屋需要相当的财力。因此,对于大资本把土地全部买下或是在一两年租赁期内平整建设用地的行为,当地厂商只能袖手旁观"(《冲绳 Times》,1975 年 6 月 13 日)。

作为开发前沿的"海洋"

从总体上统一海洋博览会的展馆和展示的是"大海的理想未来"这一主题,不过,这里的"大海"是作为何种领域而被加以设定的呢? 实际上,当通产省开始构想海洋博览会的时候,其正式名称并非"国际海洋博览会",而是"国际海洋开发博览会"。

该省在构想中认为,"50 年代原子能的开发不断发展,60 年代又将人送上了月球,对于人类来说,70 年代是'海洋的时代'这一点已经得到了世界上的公认。尤其是对于日本来说,为了摆脱单方面进口资源和能源的国家这一不稳定状况,也绝对有必要开发海底资源",从城市过密和公害对策的角度来说,也可以向尚未开发的海洋空间寻求可能性(《冲绳 Times》,1970 年 4 月 16 日)。

在日本政府看来,"海洋正是留给日本的最大前沿地带"。正如美苏等国家馆所象征的那样,大阪世博会是以"宇宙开发"为隐蔽主题的,与此相对应,冲绳世博会提出的中心主题则是"海洋开发"。

当琉球政府接受通产省的上述建议,对申办海洋博览会表现出积极态度时,他们提出的理由是:通过举办海洋世博会,① 可以获得巨大的经济效益,从而振兴回归后的冲绳经济;② 除了可以建设海洋开发所需的永久设施之外,还可以将博览会作为开发的中心加以利用;③ 冲绳存在尖阁列岛(钓鱼岛)的海底油田开发这种符合海洋博览会目的的主题。根据预想,海洋开发将成为此后产业的中心主题,必须将冲绳建设成新型开发经济在日本的据点。举办海洋博览会,就是要大举推进以此为目的的基础设施建设。

事实上,尖阁列岛(钓鱼岛)的油田开发问题是确定要举办海洋博览会时官民双方都非常关心的问题。在日美韩台四方于 1968 年共同实施的海底资源调查中,发现尖阁列岛(钓鱼岛)有可能存在大规模的油田,在此后总理府和东海大学实施的调查中,也有同样的发现。各方围绕开发权利展开了激烈的交锋。当时,美国的石油资本试图与台湾方面的中国石油公司共同开发从台湾到九州洋面这一广阔大陆架的石油资源,而日本政府和本土资本为了对抗美台的这种动向,想在日本的主导下推进近海的海底油田开发。在这一背景下,冲绳海洋博览会是为了达到上述目的的一种布局手段。由此看来,作为海洋博览会标志性建筑的人造海上都市外表很像海底油田开采的基地设施绝非偶然。

如上所述,冲绳海洋博览会从根本上来说是冲绳海洋"开发"博览会,它既不可能是冲绳海洋"环境"博览会,也不可能是冲绳"文化"博览会。这一点在主要的展馆和展示中也得到了反映。实际上只要翻阅一下官方手册就可以清楚地看到,在海洋博览会的会场中占据统治地位的是日本政府作为出展人的设施,例如模仿海底油田开采设施的人造海上都市、海洋牧场、以巨大水箱为招牌的海洋生物园以及继承了大阪世博会上的民族学展览的海洋文化馆,等等。

其中,人造海上都市建造在离海岸线约两百米远的海面上,是一个一百米见方的巨大的钢铁建筑物,从海水淡水化装置到电脑控制的环境管理系统一应俱全,被盛赞为"具备了未来海上都市的所有功能"。观众们坐着封闭式自动扶梯去到深海,在海底世界进行探险。然后还可以参观用海草进行污水处理的系统,接着又升到海面上方,从桥上眺望汪洋大海,有一种自己成了海鸟一般的感觉。从人造海上都市可以远眺海洋牧场,牧场里养殖着大量的鰤鱼及其幼鱼,还有鲷鱼等鱼类,并通过自动控制装置进行饲养管理。

另一方面,海洋文化馆中展示着有关波利尼西亚、美拉尼西亚、新西兰等亚太地区海洋文化的民族学方面的展品,不过这基本上是大阪世博会上的民族学展览的延伸。虽然在重视文化方面的展示这点上与冲绳馆有共同之处,但其展示的视角是本土对南方的关注,不像冲绳馆那样从冲绳自身的立场出发。而且,为了海洋文化馆的展示而收集的太平洋各地的民族学展品在海洋博览会结束后,都被大阪的国立民族学博物馆收存了。

相对于上述政府设施而言,五年前在大阪世博会上曾经百花齐放、林立于会场的企业展馆则大为逊色，虽然住友、三菱、三井、日立等博览会常客还是建起了自己的展馆，但由于石油危机的影响，总体数量少了很多。至于外国政府的参展，虽然主办者夸耀说"有专业博览会历史上最大规模的三十个国家和四个国际机构参加"，但大部分只是在展位上陈列一些展品，真正建起展馆的只有伊朗、加拿大、澳大利亚、意大利等少数几个国家。大阪世博会是真正展示"万国"的集会，与此相比，冲绳海洋博览会在展馆和展示等方面带有强烈的日本政府自导自演的色彩。而且，其中企业展馆的主流展示内容是使用影像技术宣扬"海洋"的开发技术和自然之美。

例如在住友馆，五块屏幕组成了一个大画面，放映着太平洋中正在上演的"大自然的故事"。在三菱海洋未来馆，观众可以坐上移动座椅，跟随立体影像系统放映的画面，体验从大海的形成一直到未来海底实验都市之旅。而在 WOS① 鲸鱼馆，观众们还可以乘坐能容纳四人的密封舱前往有沉没船只的海底探险，去探访海中的未来都市。另外，日立集团馆采取了影像资料库的形式，可以将"大海和地球"、"大海和生命"、"大海和人类"等影像群提取出来观看。芙蓉集团展馆是一个例外，它将重点放在实物展示而不是影像上，展馆中陈列了大量以海洋生物的构造为样板而试制的机器人，它们被当做未来海洋开发的解决线索。总而言之，这些企业展馆的主题全部都是"大海的自然"，是开发这种自然的技术的未来以及海底都市的梦想。

填海造地能开创冲绳的未来？

从上述概况就可以明确地看出，海洋博览会的会场向观众们展示的是与"海洋"有关的未来的开发技术、大自然的不可思议以及人类的故事，绝不是冲绳人与大海的关系，也不是海洋环境的保全。在这点上，正如大城立裕自豪地讲述的那样，只有冲绳馆别具一格，不过，统治整个会场的风格是显而易见的。总而言之，从大阪世博会到冲绳海洋博览会，再到筑波科技博览会，这些博览会的架构都源自共同的文化编码。

---

① World Ocean System Group.

那就是对于我们社会的未来的展望，它以"开发"为关键概念，以"未来都市"为空间模型。在大阪世博会上，这种未来都市的形象充溢着整个世博会场。冲绳海洋博览会的场景则从陆地移到了海洋，不过在如何具体表现海洋未来都市的形象上，花费了很大的精力。在不久之后的筑波科技博览会上，焦点将转向"未来"的科技和城市生活本身。在世博会这一空间中，究竟是否可能提出一种对将来的新型展望，可以摆脱通过开发进行"未来都市"的创造这一编码？

不过，这种对开发的关注不仅被本土的大企业，而且还被冲绳的地域社会和媒体广泛共有。事实上，当举办海洋博览会的构想出现的时候，对这一构想所描绘的开发主义式的未来憧憬不已的不仅是政府、本土企业和当地的商工会。《冲绳 Times》和《琉球新报》等当地报纸也不断登出"海中牧场和海中公园——被用于新的观光休闲"之类的标题，称赞"海洋开发"的未来。报纸上说，"海洋开发是继原子能和宇宙之后的第三大科学。因为可以带来石油、鱼蛋白、淡水化等直接可见的利益，因此海洋比宇宙离我们更近"。报纸还讴歌道，从观光的角度来说，"真正的娱乐休闲时代的海洋观光是立体式的，有建在外海的海水宾馆、海中自然公园，还可以乘坐小型潜水艇到海底游览"。

我们有必要确认一下，在上述议论中，自然保护、与环境共生等 80 年代以降深入人心的观点是何等欠缺。例如，《冲绳 Times》在 1970 年刊登的题为"建设富裕的冲绳县"的专题文章中，开头是这样写的：

> 据说通过填海造地，冲绳的总面积可以增加三分之一。面临回归，在各种对于将来的展望中，关于用地问题大家都很乐观，说"只要把那里填平就行"。有人严厉批评冲绳说，除了易受台风侵袭外，淡水不足，电力不足，资源不足，市场不足，简直一无是处。不过这里礁石很多，也有适合进行填海造地的浅水区，这些公有水面加起来有约四十万平方公里之多。礁石的存在类似于最后的王牌，冲绳的土地利用以军事用地为中心，已然扭曲，再加上城市集中所带来的"城市祸害"的发

展,还有工业开发依赖于基地经济,为了摆脱上述状况,有人提出要"兜售礁石地带"。填海造地的必要性似乎源自多方面(《冲绳 Times》,1970 年 5 月 14 日)。

这时,在本土,已经有很多人开始关心以水俣病为首的、日趋严重的公害问题。而在冲绳,从"回归"前开始海洋的污染就已经变得严重了,其表现有红黏土流入大海、长棘海星导致珊瑚礁的死亡以及奇形怪状的鱼。然而,即使在这种情况下,70 年代大家关心的重点仍在于"开发"而不是"保护",人们认为前者比后者重要得多。

第三章 学园城市与科技世博会——筑波科技博览会与幻想的破绽

1985 年,以建于茨城县筑波山麓的研究型学园城市为舞台,举办了"国际科学技术博览会(筑波科技博览会)"。这是日本举办的第三次世博会,距 1970 年的大阪世博会十五年,距 1975 年的冲绳海洋博览会十年,离 2005 年的爱知世博会则还有二十年。从国际的范围来看,这次科技博览会位于 1982 年美国诺克斯维尔能源博览会、1984 年新奥尔良河川博览会、1986 年温哥华交通博览会、1988 年布里斯班休闲博览会等一系列中等规模的国际博览会之中。

举办筑波科技博览会的 80 年代是日本经济从 70 年代的不景气中摆脱出来,一举进入泡沫经济的时期,在新自由主义的浪潮中,"民间活力"被大肆宣扬,90 年代以降正式实施的规制缓和[①]以及公共领域的解体已经开始。在这样一个时期举办的筑波科技博览会除了入场观众人数远低于期望值之外,看上去似乎没有引发什么大问题和争论。这次博览会没有出现大阪世博会的"狂热"和冲绳海洋博览会的"争论",也没有出现爱知世博会的"失控"。

不过,正如本章试图说明的那样,如果将筑波科技博览会在时代和社会的背景下精确地加以重新审视的话,应该可以发现,在这里也同样潜伏着好几层大阪世博会和冲绳海洋博览会提出的、爱知世博会也出现过的问题。80 年代消费社会的现实掩盖了潜伏在筑波科技博览会中的问题的这种多面连续性,使这次活动成为了

---

① 指放松对经济产业的行政管制,以促进市场竞争,使经济更有活力。

以儿童为对象的科技表演,同时也是一场空洞的"节日喧闹"。

1 在研究型学园城市举办世博会

在筑波山麓建设新的政府机关城市

1985 年举办的筑波科技博览会构想的起源很早,其发端可以追溯到四分之一个世纪之前,也就是 1960 年前后。我这样写,可能会有人立刻反驳说,怎么可能有这种事,难道在大阪世博会之前就已经开始构想科技博览会了吗? 哪有世博会要花二十五年时间准备的?

但是,正如我前面提到的那样,大阪世博会构想的发端需要追溯到筹划 1940 年化为泡影的东京世博会的 30 年代。同样,筑波科技博览会的构想也可以追溯到 1960 年前后,那时,作为博览会舞台的研究型学园城市便开始规划,其自身就是如同世博会场那样的人工城市。而且实际上,筑波科技博览会的局限性与该研究型学园城市构想本身的局限性和问题性是密不可分的。要讲到筑波科技博览会,无论如何都必须从其舞台的诞生,也就是经济高速增长时期研究型学园城市计划的诞生开始讲起。

筑波研究型学园城市原本是在 60 年代初期,作为分散东京极其密集的人口的对策,为了转移首都功能而被构想出来的,在当时的构想中,它是一座"新的政府机关城市"。1961 年 9 月,池田内阁打算分散每年有三十多万人涌入的东京的功能,并公布了一个计划,其内容是将中央机关中"从功能上来说并不一定需要设置在东京都现有区划内的机构"转移到距离东京市中心一百公里以内的、环境良好的地方。

说起 1961 年,那是东京奥运会前不久,以首都高速公路建设为首的东京改造计划正在稳步推进。也就是说,政府不仅要为了迎接奥运会而改造东京,还试图将首都的行政功能转移到外部,以便能够重新部署整个首都圈的功能。为了进行新的首都圈建设,政府早在 1956 年就设立了首都圈整备委员会。但是到 60 年代初为止,实际上推进的只是卫星城市的建设和近郊的道路建设,对于人口向首都集中的浪潮则无力阻止。为了在阻止这股浪潮方面表现出"带头模范"作用,政府制定了上述"新的政府机关城市"计划,试图对首都功能进行重新部署。

最初,这一计划中的转移对象是总理府统计局、恩给局①、厚生省人口问题研究所、农林省东京肥料检查所、自治大学、警察大学等七十多家国家机构,职员总数两万四千人左右。根据计划,新城市人口以上述公务员家庭为核心,包括相关从业人员在内一共十八万人左右。不久,有人认为十八万人对东京的人口分散起不到作用,于是对该计划进行了修正,新的计划中又加入了研究所和大学,人口则增加到了三十万。

根据该计划,新城市的"政府机关一条街是高效率的一站式建筑。其周边高层公寓林立。高尔夫球场、运动场、文化中心、娱乐设施、医院等现代生活中不可或缺的设施一应俱全。小学、初中和高中自不待言,根据情况还可以设立大学。如果要去东京的话,在高速公路上以接近最高限速的速度驾车只需要一个半小时左右",未来城市在这里得到了实现(《朝日新闻》,1961 年 10 月 16 日晚报)。

于是,在 1962 年,首都圈整备委员会将"新的政府机关城市"的建设与奥运会之前的首都改造一起看成是最重要的事业计划项目,并提议将该委员会升格为"首都圈整备厅",还提议设立"首都圈卫星城市建设公团"。同年末,内阁同意将"新的政府机关城市建设基本法"提交国会,新城市构想一下子变得现实起来了。

另一方面,在政府关于"新的政府机关城市"的构想渐趋现实的情况下,几处候选地也正式开始进行招揽活动。最初作为候选地被大家议论的是富士山麓、筑波山麓、那须高原和赤城山麓这四个地方。尤其是富士山麓,是其中最有希望的候选地,再加上规划中的中央高速公路也将经过这里,因此在富士山脚下出现大型人工城市的可能性也很大。

但结果却是到 1963 年夏天为止,筑波山麓逐步被选为最适合"新的政府机关城市"的候选地。这一决定的背景不明,不过官方

---

① 恩给是指曾经担任过公务员的人离职或去世后,为了确保他本人或其遗族能过上安定生活而由国家支付的钱,恩给局是处理与恩给有关事务的政府部门。

给出的理由是这一地区私有的山林、农地等比较便宜，可以大规模获取，而且地下水丰富。不过，据推测，也可能是身兼池田内阁建设相和首都圈整备委员会委员长两职的河野一郎①的影响力左右了这一决定。而且，当时茨城县为了摘掉后进县的帽子，提出了三大事业：筑波的新的政府机关城市、霞浦的新东京国际机场以及鹿岛的大规模工业联合企业的建设，至此，其中至少有一项实现了。

反对运动和研究型学园城市的困难

然而，在60年代的筑波山麓一带，对于该县招揽来的国家项目，住在相关区域的当地农民进行了勇敢的反对斗争。1963年10月，首都圈整备委员会的基本规划内容泄露，筑波郡谷田部町和稻敷郡茎崎村（都属于现在的筑波市）的约一千八百户居民将被迫迁移的消息传出，于是，以该地区的居民为中心组织起了反对运动。11月，茎崎村议会和谷田部町议会都对全面停止新城市规划的议案作出了议决。12月，谷田部和茎崎的一百七十多名农民举着三十面旗帜来到县政府，要求茨城县知事退还这一国家项目。县里考虑到当地人的感情，对国家的原方案作出了若干修改，并想通过县里的独自方案积极地拉拢反对派居民，但茎崎的反对促成同盟对县里的方案也明确表示绝对反对。

另一方面，谷田部町则由町议会制定了町里的独自方案，态度有所软化，不久，由于町议会的这一举动，谷田部町的反对促成同盟被改组为新城市对策协议会。反对建设的村落虽然失去了以町为单位的上一级组织，但反对运动仍然以村落为单位展开，并一直持续到了60年代末。就在当地为了购买用地而进行的现状调查于1965年开始之后，各种事件层出不穷，例如测量桩不知什么时候就被拆除了，村民们还动用武力阻止调查员进入，另外，调查员结束调查后回住处途中，也会被居民们用摩托车和自行车追着到处跑（久保田治夫《筑波研究型学园城市》，筑波书林，1981年）。围绕新东京国际机场建设的成田斗争也是在这时开始的，经济高速增长期的国土开发在各地将农民与土地、渔民与海洋的关系完全

① 河野一郎（1898～1965），政治家，曾任自民党总务会长、农林大臣、建设大臣、经济企划厅长官等职。

割断了,这些斗争也是对这一现象的最后抵抗的一个侧影。

最终,与成田不同的是,反对运动在 60 年代末陷入了沉寂,用地收购也于 70 年代初完成。另一方面,在这期间,国家的"新的政府机关城市"计划改头换面为"研究型学园城市"计划。据认为,从"政府机关"城市向"学园"城市转变的主要原因是中央机关内部有一股浓厚的不愿意离开东京的气氛,因此处于弱势地位的研究所、试验所和大学等机构成了倒霉蛋。反过来说,我们有理由怀疑,虽然新城市计划强行排除了当地农民们的抵抗,并投入了巨额的预算,但中央机关的官僚们并没有真的打算在东京的功能分散上做出表率。

之所以这么怀疑,是因为"新的政府机关城市"的构想实际上几乎没有经过行政圈内的仔细讨论,而是以河野一郎等人为首的自民党实力派一声令下就决定了的。对于将"新的政府机关城市"作为人口分散的典型榜样这样一种想法,即使在建设省官僚内部,从很早的时候开始就有人持批判态度,理由是"十年后东京的人口会比现在多几百万。花费四五千亿日元建设一个人口仅为十六万的城市无异于杯水车薪。是应该将首都人口分散到地方上,还是应该在首都内部进行重新安排,连这个城市对策的基本问题都没有搞清楚,却仅凭一时的心血来潮就推进计划,这很奇怪"(《朝日新闻》,1967 年 8 月 27 日)。而且,还有人作出了理所当然的预测,那就是假设在离东京市中心一个小时车程的地方建起了新城市,那里的政府机关和研究所的职员大多数还是会住在东京,然后花一个小时上下班,仅此而已。

尽管如此,该新城市构想一旦作为实力派政治家们的表演被提出并开始付诸实施后,就无法回头了。不久,在作为国家一大项目的"新的政府机关城市"这一构想前景不透明的情况下,科学技术厅的科学技术振兴方案浮出水面,新城市逐渐带上了"研究"而不是"政府机关"的色彩。

不过,这样一来,当初新城市构想的最大目的——东京的人口分散政策与新城市的关系就变得相当暧昧起来。结果,人们在谈论和思考筑波研究型学园城市的目的时,更多提到的是为了建设世界上最先进的研究据点,而不是为了分散东京的人口。然而,科技厅和文部省都不是负责经济高速增长期的国土开发的核心部委。在筑波研究型学园城市的建设方面，研究所和大学的迁移是在科技厅和文部省主导下进行的，而城市的基础设施建设则由建设省和住宅公团负责，在这过程中，政府的综合政策推进力一直处于缺失状态。

科技厅也许真的想把这个城市建设成世界性的科技研究据点，但建设省等部委和政府也许只是想让已经启动的这个大项目软着陆。在研究型学园城市的计划中，缺乏国家在城市建设上原本应该具有的前后一贯的理念。

逆境中的科技世博会构想

在上述背景下，科学技术厅于 70 年代末提出了一个构想，即在筑波研究型学园城市举办以"科学技术"为主题的世博会。从科技厅的立场来说，学园城市基础设施的建设进展迟缓，这种现状让他们很焦急，为了让这个新城市的建设再次成为国家主要的政策课题，他们试图打"世博会"这张牌，经过大阪世博会之后，"世博会"已经带上了神话色彩。

结果，与其他在日本举行的世博会都由通产省主导相比，筑波科技博览会开始布阵时就与众不同。1978 年 5 月，科技厅构思出了在筑波研究型学园城市举办以科学技术为主题的世博会的方案，并于 7 月请求茨城县也给予协助。9 月，茨城县知事竹内藤男[①]根据科技厅的请求，对相关部委提出了筑波申办"国际科学技术博览会"的要求，科技厅也公布了以学园城市为舞台的科技世博会的概念计划。竹内知事原来是负责筑波的新城市建设的建设省城市局长，又是首都圈整备委员会的事务局长，科技厅和县知事想通过申办"世博会"来达到的目的是显而易见的。

到了 1978 年 11 月，由国会议员组成的"国际科学技术博览会举办促进议员联盟"这一组织也诞生了，形成了国家、自治体和政治家三位一体的推进体制，在研究型学园城市举办科技世博会的想法朝着实现迈进了一大步。事实上，该计划于次年 11 月 27 日就在内阁会议上得到批准，次日，日本将举办世博会的愿望通告

---

① 竹内藤男(1917~2004)，政治家，1971~1993 任茨城县知事。

了 BIE。

然而，这时出现了一个意想不到的障碍。那就是政府内部竟然有人反对这一构想。持反对论调的主力是大藏省，因为他们的目标是在不景气的情况下重建财政，所以认为举办世博会"将过度消耗公共事业费"，从而持否定态度。大藏省从一开始就对世博会构想很消极，在给该构想拨调查费的时候，还特地在"国际科学博览会"的"国际"一词后面加了一个"性"字，以否认这是世博会的预算。

而且在同一时期，政府内部还有人认为 80 年代的能源将越发吃紧，因此"不是开博览会的时候。如果有余力开博览会的话，不如把钱用于替代性能源的研究开发"，由此来看，持反对意见的不止大藏省一家（《朝日新闻》，1979 年 6 月 28 日）。事实上，正如大藏省所担心的那样，茨城县和国土厅企图通过申办世博会一举实现搁置已久的第二常磐线以及成田机场—筑波之间的高速公路的建设等公共事业。考虑到最初预计高达一兆日元的公共投资，大藏省的担心并非杞人忧天。

最终，筑波科技博览会的计划在缩小规模的前提下达成了协议，最初设想的一兆日元的相关公共事业费被缩减为五千亿日元，会场面积也从一百五十多公顷缩小到了一百公顷，预计入场人数减少为两千万人，只有最初的一半。这样一来，举办博览会的计划与茨城县和国土厅当初图谋的第二常磐线及高速公路的建设就分离开来，以最低限度的预算加以推进。

这一计划在 1981 年 4 月的 BIE 全体大会上获得通过，正式决定举办世博会。不过，围绕科技世博会的形势绝不容乐观。计划的"内容不包括新建铁路等新的规划，几乎都是将既定的规划事业与科技世博会搭上关系"，因此，当地的期待落空了。因为财政方面的原因，用新交通系统连接常磐线的土浦站和博览会场的计划也被取消了，如何运送大量观众成为一个难题。另外，由于经济不景气，再加上牵头部门不是通产省而是科技厅，所以从经济界募集资金一事也进展得不顺利。而且，就任协会会长的是以行政改革而闻名的土光敏夫①,因此,筑波科技博览会的计划没有大阪世博会那种辉煌形象。

当地的狂热与世博幻想的阴影

不过,即使如此,当地对于在研究型学园城市举办世博会还是寄予了热烈的期待和想法。例如,围绕在这一地区的何处建设会场的问题,六个町村之间展开了激烈的争夺战。一方面,县里为了缩小学园城市的中心地区和周边地区的差距,企图将会场建设在北部的筑波町,并在会期结束后将这里建成工业区。另一方面,国家则认为将会场设在学园城市的中心或离常磐线车站相对较近的谷田部町可以节约基础设施建设的预算,比较理想。而且,由于计划中的会场面积缩小了,因此有些原本不符合条件的町村也开始打起了主意,加入到会场争夺战中,情况愈加复杂。

最终,国家的想法获得了通过,会场定在了谷田部町,但对于茨城县来说,期待又一次落空了。到了1981年左右,茨城县开始对国家表现出戒心,认为再这样净是给自己增加负担会受不了的。既然国家不积极,那科技世博会很有可能不是礼物,而是负担。尽管当地抱有这样一种不安,但仍有一种侥幸心理,希望"世博会"能给他们带来一些什么。

当地的这种矛盾感情在会场地谷田部町与其他町村的反目一事上也表现得很明显。筑波研究型学园城市共包括六个町村,除了谷田部町之外,还有筑波町、茎崎町、大穗町、丰里町等町村。有希望通过举办科技世博会而大获其利的只是谷田部町等极少数地区,其他的五个町村则被排除在外。这些町村不断表示出不满,有的说,"说什么科技世博会,我们最不合算了。丝毫没有享受到高速公路等周边基础设施的恩惠。要是有住宿设施的话,多少能指望赚到点钱,但这也没有"。还有的说,我们町"只不过是通往会场的途经地点。……(客人们)几乎不会走商店街所在的旧马路,所以钱不会落到町里,落下来的只是一些空罐头"(《周刊产经》,1985年1月24日号)。

① 土光敏夫(1896~1988),工程师、实业家,曾任东芝公司总经理和会长、日本经济团体联合会会长等职。

从行政上来说，原本应该在世博会开幕以前实现六个町村的合并，并在整个地区均衡地配置设施，但从能够独占举办地好处的町的角度看来，它不希望合并。谷田部町曾经是反对"新的政府机关城市"建设计划的急先锋。这个反对派的据点后来成了学园城市的中心地区，受到了科技世博会带来的最大好处，这真是历史的讽刺。最终，自开发计划诞生后过了四分之一个世纪仍然没有统一的行政主体，举办世博会的"好处"在这一地区内部的分配是不均等的。

对科技世博会构想态度冷淡的不仅是担心"浪费预算"的大藏省和没得到好处的町村。80 年代初，有人指出，"'在国家财政就快破产的时候，怎么能花费巨额费用举办活动'这样的声音在国民中间根深蒂固地存在着"（《朝日新闻》，1982 年 10 月 10 日社论）。与大阪世博会时日本列岛上有无数欲望被吞没相比，情况已经完全不同了。

大阪世博会时，到了临近开幕的时候，人们的关心程度出现了惊人的增长，但这种"奇迹"在筑波科技博览会上没有发生。相反，随着开幕的临近，以女性和年轻人为中心的人群的关心程度降低了，这是与大阪世博会相反的倾向。总理府于 1981 年 12 月到 1984 年 9 月每年都实施的舆论调查显示，关于科技世博会的认知度每年都在上升，但在知道该博览会的人当中，回答"一定要去看"、"可能的话想去看"的人的比例从 1981 年的 55％减少到了 1984 年的 51％，相反，回答"不想去看"的人数则从 34％增加到了 42％。而且，不想去看博览会的人在男性中所占比例为 36％，而在女性中所占比例为 46％，可见"科学技术"的博览会在女性中非常不受欢迎（《朝日新闻》，1984 年 12 月 10 日）。

随着认知度上升，受欢迎程度反而下降，这对于以大众为目标人群的活动来说，明显是一种危机。科技世博会想在票房上取得成功绝非易事，这一点在开幕前就已经完全可以预见到了。

外国的参展也有同样的倾向，因为与冷战体制笼罩全世界的 60 年代不同，参加世博会以发扬国威，争取各国支持的时代已经过去了。1981 年秋，日本政府向海外的一百六十一个国家和五十四个国际机构发出了参加筑波科技博览会的邀请，但是过了将近两年,正式表示参展的只有九个国家和四个国际机构。其中还包括了像美国和加拿大这样的国家,他们是为了让日本积极参加将在他们国家举办的世博会,才答应参加筑波世博会的,算是一种交易。虽然后来参展的国家有所增加,但最多也就二十几个国家,无奈之下,协会只得"将重点目标放在发展中国家身上,提出了一些优惠政策,例如两百平方米以下的小型展馆免收租金,等等",到处去游说各国参加(《朝日新闻》,1983 年 11 月 2 日晚报)。这表明他们不顾一切,想至少先把参展国家数凑齐。

民间的参展又如何呢?从数量上来看,离开幕还有两年时有二十九个团体决愿参展,算是达到了平均水平,不过也有像夏普和三洋那样的企业拒绝了国家的邀请,在千叶县或茨城县建起了自己的技术研究所。即使是答应参展的企业,也有不少抱着"奉命作陪"的心理(《朝日新闻》,1983 年 3 月 17 日)。

2 科学技术的形象战略

人类·居住·环境与科学技术

在筑波科技博览会计划中,以科学技术厅为中心构想出来的主题原本是"创造 21 世纪生活的科学技术"。然而,当日本向 BIE 提出主办申请后,各加盟国相继提出批判说:"明明是专业博览会,主题却很笼统,不知道应该拿什么去参展。"受到国外的批判之后,政府在无奈之下于科技博览会推进协议会中设立了基本构想委员会,以寻找新的统一主题。

大阪世博会和冲绳海洋博览会至少在构想时就对统一主题进行了认真的讨论,而筑波科技博览会是否有过这种讨论呢?从上述经过来看,可能要打个问号。在向 BIE 提出主办申请时,筑波科技博览会的目标是"加深对科技的正确理解,培养日常生活中的科学思考和科学态度"。作为科学技术厅来说,由于一连串的公害官司、接二连三的核电站事故、核动力船陆奥①引发的混乱等,民众对

---

① 日本第一艘核动力船,1974 年 9 月在青森县附近海面进行首次核动力试航时发生核泄漏。

于科技的不信任感正在扩大,因此该厅想设法展示出科学的更为积极形象,从而提出了世博会的构想。那么,要让什么样的科学技术为了什么样的社会而发展呢?另外,迄今为止的科技开发要向什么样的方向进行修正呢?关于这些问题政府都没有一个明确的想法,因此,博览会的主题自然就变得抽象和笼统起来了。

在构想阶段的主题的笼统如实显示了这一世博会构想只不过是一种对于科技政策的形象提升战略,没有更高的追求。

不久,以牛尾电机会长牛尾治朗①为委员长,NIRA②(综合研究开发机构)的下河边淳、信息科学专家石井威望③、科学史家村上阳一郎④等人为成员的基本构想委员会进行了讨论,最终选定"人类·居住·环境与科学技术"作为筑波科技博览会的统一主题。对应的英文是"Dwellings and Surroundings: Science and Technology for Man at Home",直译过来就是"居住和环境——以人类的舒适为目标的科学技术"。

在国际上,筑波科技博览会公开提出了"人类·居住·环境与科学技术"这一主题,在博览会分类上也作为"居住环境"类的专业博览会而获得了批准。因此,按道理来说,原本应该在以"人类及其环境"为主题的蒙特利尔世博会的基础上进一步缩小范围,确定展示的具体方向。但基本理念和基本构想中的观点仍不明确,而是模糊了统一主题的焦点。也就是说,基本理念和基本构想提出要"寻求整个科学技术的新形象",反复强调博览会的目标是消除近年人们对于科技的不信任感,"确立面向21世纪的科技新形象"。此外,还提出了四大方针,分别是"东方的科学·思想的重新评价"、"科技与艺术的融合"、"人类与技术"和"对极限环境进行技术挑战"。

总之,对于科技的振兴及其正面形象提及得很多,但对于环境、居住、城市与自然的环境形成几乎没有提到。最终,"人类·居

---

① 牛尾治朗(1931~),实业家,牛尾电机的创始人。

② 全称为 National Institute for Reasearch Advancement,日本的公益财团法人,是进行政策提议的政策研究机构。

③ 石井威望(1930~),系统工程专家,东京大学名誉教授。

④ 村上阳一郎(1936~),科学史家、科学哲学家,东京大学名誉教授。

住·环境"这一主题只不过是一纸空文,世博会的具体展示成了一种形象战略,其目的是让人们认可日本的科技政策。

当然,一口咬定筑波科技博览会的目标只不过是为了宣传日本的科技政策有点太过于片面了。例如,在计划的初期阶段,基于"人类·居住·环境与科学技术"这一主题与研究型学园城市的环境不可分割这一认识,曾经有过将研究型学园城市的各类设施定位为世博会的辅助会场,建设"研究人员村"作为新型居住空间样板的构想。

然而,也许是因为身为事业主体的博览会协会对这种将世博会与举办地相结合的做法不太感兴趣,所以建设"研究人员村"的构想后来不了了之,另外,以主会场为起点绕学园城市内的研究教育机构一周的巡回大巴的计划也没有实现。会场周边的研究所和大学虽然做好了对前来参观世博会的观众开放研究设施的准备,但协会方面并没有采取有效措施将辅助会场的研究设施与世博会结合起来加以利用。比如,在协会发行的宣传册和导游图上,没有登载任何有关准备开放的研究机构的信息,研究机构认为协会"只是要求大家协助,完全没有考虑到周边机构"。而非常不满(《朝日新闻》,1985年3月17日)。

结果,筑波科技博览会对于在学园城市内实际进行的研究和生活,以及附近的霞浦对水污染的防治措施等当地的具体科技情况采取了无视的态度,自始至终都是一个披着"高科技"外衣的各类技术表演的活动。

"信息"的盛典——影像·电脑·机器人

就这样,筑波科技博览会的会场中没有展示当地环境及住在那里的人们的活动,取而代之的是新的影像系统、无数的电脑终端和新型机器人。比起"居住与环境"博览会来,它更像是一个"信息"博览会。

事实上,虽然规模远不如大阪世博会,但筑波科技博览会会场中信息终端的密度大大超过了大阪世博会。会场中随处可见电脑终端,很多展馆竞相展示着最先进的影像技术。其主力当然是企业展馆,与大阪世博会时相比,它们制造出了更浓厚的统治性氛围,将海外各国的展示甩在身后,扮演着主角。从参展费用来看,国内的二十八家企业和团体花费的总额将近七百亿日元,而四十七个国家和三十七个国际机构花费的总额甚至不到一百亿日元,两者的差距一目了然。例如,就连以前最受欢迎的美国馆的展示也很寒碜,连外行人都能一眼看出来。

不过,虽然投入了巨资,也很有人气,但筑波科技博览会上的企业展馆的展示内容具有明显的同质性。从硬件方面来看,几乎所有的展馆在重点展示中使用的都是高科技的影像装置,如大型屏幕、高清影像、立体影像、将影像投射到空中、利用球形屋顶放映360度全方位影像、多屏组合影像、用电脑制作的虚构影像,等等。

而且,企业展馆中用上述装置放映的内容也有显著的同质性,都是一些电子技术无处不在的未来生活、宇宙冒险、预测宇宙·地球与科技将和谐发展的历史模拟、从高空俯瞰地球的动态自然、生物的微观世界等等。针生一郎在其筑波科技博览会参观记中写道:"民间参展的二十八个馆中,有二十六个馆采用了影像秀的形式,而且规模巨大,内容基本上大同小异,都是追寻从原始到未来的科技进化的历史,片中没有人类出现。因此,虽然我只看了一小部分,但已经腻烦得想打饱嗝了。"("科学技术与世博会的症候群",载《筑波 EXPO 读本》,社会评论社,1985 年)

这种"腻烦"的感觉是有根据的,不能认为它是知识分子带有讽刺的挖苦。正如卡罗琳·马文(Carolyn Marvin)所说的那样,这种技术梦想的绝大部分在 19 世纪末之前就已经出现了(《当老技术还是新的时》,新曜社,2003 年),因此,筑波科技博览会上的企业展馆所展示的不仅不是"新的",而且是极其陈旧的未来形象。

筑波科技博览会是大阪世博会的"重温"?

筑波科技博览会上的企业展馆的另一个特征是它们与大阪世博会的连续性。很多展馆的参展主体要不和大阪世博会时一样,要不就是展示的整体风格类似。

例如,第一章中曾经提及的三菱未来馆在筑波科技博览会上根本就和十五年前一样,让观众沿自动人行道体验"公元 2030 年的未来旅行",馆名也未变。在大阪让观众坐上旋转升降椅体验影像与颜色、光线、声音三者相结合的多媒体环境的三井集团馆,在筑波则利用高七米、宽四十米的瀑布同时展示了多个画面,另外还展示了在空中将虚像联结起来的影像。而大阪世博会上在半球形屋顶中展示了"360度全方位电影的 Astrorama"的三和集团绿馆，在筑波也在两个球形屋顶下设置了"全能体剧场（holon theatre）"和"生物工程展厅"等。同样，大阪的住友童话馆变成了筑波的"住友馆 3D 梦幻展厅"，而在大阪让观众体验未来电脑社会的日立集团馆在筑波则变身为双向的"人机界面剧场（interface theatre）"。如上所述，从大阪到筑波的连续性是显而易见的。

就连堺屋太一也阴沉着脸说，筑波科技博览会上"展出的东西给人一种强烈的感觉，即都是已有的东西的重温。不管是技术还是会场的组成，几乎都是在大阪世博会时已经以初期形态出现过的东西"。即使在堺屋看来，筑波博览会的"参与人员几乎都经历过大阪世博会。虽然过了十五年，但人却没变。……说得难听点，给人一种'安全牌主义'的印象"（"筑波科技博览会将如何改变日本"，载《中央公论》，1985年4月号）。

筑波科技博览会上企业展馆的这种显著的同质性及其与大阪世博会的连续性和下面这个因素有关，即企业展示的大部分都是以电通为首的广告代理商负责制作的。科技世博会的别名叫"电通博览会"，二十八个民间展馆中，日立集团馆、东芝馆、三井馆、燃气馆、钢铁馆、富士通馆、松下馆、绿馆等十八个主要的人气场馆的展示都是由电通制作的。另外，汽车馆、电力馆、日本 IBM 馆等四个馆由博报堂负责制作，参展企业中自己策划展示内容的只有三菱未来馆、芙蓉机器人剧场、灿鸟馆（三得利馆）等五个场馆。

制作主体向电通集中的程度远远超过了大阪世博会的时候。甚至有一种说法认为，"提议在筑波研究型学园城市举办这个世博会，并预计到'影像'将成为主角的原本就是电通"（《朝日新闻》，1985年3月10日）。至少电通从民间企业开始报名参展时起，就将博览会定位为"企业形象（corporate identity）战略的场所"，并对大企业展开了的参展宣传。企业展馆的参展数早早就已达标的背后，就是这类广告代理商在积极推动大企业参展。不过，这也意味着各家企业并非是具有自己固有的方向性才决定参展的，也就导致了在代理商的劝诱下，影像展示大同小异。

另一方面，在会场规划和建筑方面，筑波科技博览会甚至没能成为大阪世博会的翻版。布野修司①断言道："筑波科技博览会上没有城市，也没有建筑。有的只是临时的马戏团帐篷、工棚和板房"。"大阪世博会的会场构成以庆典广场和太阳塔为中心，各部分具有层次感，整体上构成了一个城市。与之相比，筑波博览会的会场明显没有形成一个城市。"筑波博览会上的建筑"从一开始就被某个集团垄断了，并没有作为整个建筑界的问题进行充分讨论，实际上规划的实施也是由极少数大型设计事务所负责的，完全强调'实用'"。

这里所说的"某个集团"是指黑川纪章②、菊竹清训③等新陈代谢派建筑家，布野认为，会场中的建筑物大部分是可以分解和再利用的临时建筑，这应该也是符合他们的风格的（"工业板房的娱乐公园"，载《筑波 EXPO 读本》）。不过，虽说如此，但筑波博览会的整个会场并没有被新陈代谢派的风格所统一，而是在没有整体规划的情况下，空间被分割成了几大区域，每一个区域都由著名建筑家分别设计。因此，各个区域分别呈现出了"广场型"、"街道型"、"走廊型"等模式，但并没有整体的统一理念。

世博会场在空间上如此不统一，但在技术上和内容上却大同小异，到处都是描绘玫瑰色未来的影像展示、联网的电脑终端和各种类型的机器人。来会场参观的人们是如何认识"科技世博会"的现实的呢？作为推测的线索，让我们来看几封 1985 年世博会期间朝日新闻的"声音"栏目的读者来信吧。

> 我原本对科学有点兴趣，但却很失望。我有一个很正常的愿望，那就是好好思考一下科学和未来，这也没能实现。我只能认为世博会仅仅是打着科技旗号的休闲乐园。（14 岁，女性，5 月 18 日）

> 几乎都是在放映影片，感觉就像在不停地看短篇电影。而且其内容和科学不沾边，期待落空的感觉越来越强烈。（36

---

① 布野修司（1946～　），建筑研究者、建筑批评家，日本建筑学会副会长。

② 黑川纪章（1934～2007），建筑家、思想家，曾任日本景观学会会长。

③ 菊竹清训（1928～2011），建筑家。

岁,女性,5 月 18 日)

仅仅用影像和巨型屏幕让大家观赏科学就算引进新的科学技术了吗？我们的社会和生活将会变得怎样这一问题意识如果缺失的话,就不能达到真正的目的。另外,即使科学走在了前面,进行操作的人如果没有自己的世界观的话,就算开发再好的技术也无法充分利用,还有可能导致混乱。(23 岁,男性,5 月 19 日)

在十五年前的大阪世博会上,每个场馆都不断给人惊喜。然而在科技世博会上则完全没有感动。有一种"既然是科学,能做到这样是理所当然的"感觉。连我也深切感受到了自己对科学的感觉迟钝。(47 岁,女性,9 月 14 日晚报"大家的科学"栏目)

上面这些可以说是消极的认识,与之相对,能够对技术主义型未来的影像和电脑、机器人感到着迷的是孩子们。孩子们正是筑波科技博览会所瞄准的最大观众群。此前博览会入场券的儿童票价格通常是成人票的一半,而这次博览会的儿童票价格只有成人票的四分之一,为七百日元,对儿童观众相当优惠。而且会场中有很多深受孩子们欢迎的机器人、电脑和使用了新影像技术的玩具。结果,与大阪世博会和冲绳海洋博览会相比,筑波科技博览会更像是一个以为孩子们准备的冒险故事为中心的博览会。

事实上,有很多人指出,来到筑波科技博览会会场的观众们所看到的影像和展示的"内容也许含有一种'孩子们的世博会'的意识,因此很多都是'儿童套餐'式的东西"(《朝日新闻》,1985 年 3 月 10 日)。而且,据认为多达五百万的儿童入场人数也在表面上提升了苦恼于观众少的科技世博会的观众人数。

3 世博幻想的破绽

接二连三的破产和声誉不佳

筑波科技博览会不仅在主题的实现上未能如意,而且单纯从票房来说也很惨淡。如前所述,这种结果从开幕前进行的各种舆论调查应该就可以预想到,但当地人不愿意正视这种预想,协会方面也不想强调这一点。因此,在协会和当地的攻守同盟下,尽管开幕前没有任何统计方面的证据,大家对"世博会"的期待仍在持续膨胀。

毋庸赘言,报纸、杂志等媒体也对这种幻想的增殖起到了推波助澜的作用。当然,观众人数远超预期的大阪世博会给大家的印象也起到了一定的作用。在 1985 年春天临近开幕的时候,媒体上出现了一些煞有介事的报道,例如,靠近会场的宾馆"从三年前开始就有人预约了,所以博览会期间当然是客满。即使如此,还是不断有人提出预约申请……我们已经收到了二三十倍于可容纳人数的预约",即使是离会场稍远的土浦的宾馆也已经客满了,等等。

但是,现实却完全相反。筑波科技博览会开幕之后,当地的期望值就不用说了,连协会保守预计的入场人数都没有达到,一直在为观众人数少而苦恼。实际上,开幕后的第一个月,每日平均入场人数大约为九万四千人,突破十万人的天数只有十二天,约为三分之一。因为会期是一百八十天,因此从第一个月的数字来推算的话,是无法达到两千万人这一目标的。

此后,入场人数也是增长迟缓,到了五月,事态越发严重,不断出现"期望落空而导致的破产"。经营者破产的首次出现是在四月末,有经营者预计会有大量客人需要住宿而建设了胶囊旅馆,向这些旅馆销售床铺的厂家由于"出人意料"的客源不足而无法从旅馆回收资金,于是一下子就破产了。当然,胶囊旅馆的经营者也很快陷入了困境,旅馆周边"简直就像被废弃的城市"。在位于会场北部的筑波町,以当地的商工会为中心,建立了由点心店、土特产店、饮食店等十八家店铺构成的"商店街",这些店铺都是用预制板组装起来的,由于没多少客人,所以在五月上旬他们就决定全面撤退。

国铁也利用空闲的特快列车卧铺车厢推出了蓝色列车宾馆，但顾客很少，结果只好缩减车厢数量。五月下旬，认准世博会将有大量观众而建设的最大规模的宾馆，也就是位于会场北大门前方的"筑波City"由于欠下巨债而破产。几乎在同一时间，从当地招募家庭旅馆加盟并居中统筹的茨城县南部家庭旅馆协会也由于资金周转出现问题而宣布"破产"。另外，虽然没有到破产的地步，但其他的当地宾馆也全都期待落空，不得不下调住宿费。

陷入困境的不仅是周边的宾馆。会场中的快餐店、土特产店等鳞次栉比，但都由于观众少而出现了大幅赤字。店主们纷纷表示，"今后没希望了。真是地狱般的博览会。希望把我出的钱还给我"，"有五天的销售额为零。怎么办呀"，"我认为只能早日关门。投资的回收令人绝望，现在在拼命想办法减少每天的赤字"，"赤字不断增加。我的投资额是两千五百万日元，但不会有利润。我想辞退十八位打工者，然后早点关门"。

协会方面坚持说，"到了暑假就会有很多家庭全家一起涌入会场的"，但实际上即使到了暑假，观众人数还是没有增多。八月中旬，入场人数好不容易达到了一千五百万人。经营状况如此糟糕，使得梦想着能一攫千金而投入仅有的一点财产的人们竭尽全力试图多回收一点资金。开店的人们在明知违法的情况下，一齐开始在人行道上推着流动车进行销售，这当然会引发纠纷，在不少地方，店员们与试图撤除违法流动车的保安进行对抗，甚至还互相殴打。

在整个会期中，世博会场的周边和场内都有众多经营者在互相争夺人数远低于期待值的观众，曾经到访过现场的针生一郎为我们描绘的下面这幅景象在当时是普遍现象：

> 刚过了黄金周，我在位于我孙子①北部的女儿家里住了一晚上，第二天早上女儿开车带我去了科技世博会的会场。……当我们快到会场的时候，一名手拿旗子、讲关西话的男子

---

① 我孙子，日本千叶县西北部的一个市。

叫住了我们,他的手指向一个私设的停车场,并说停车费和公营停车场一样,每辆车一千五百日元,但是可以用中巴把我们送到会场大门口。我们过去一看,停车场的一角是临时搭建的饮食店兼礼品店,每人送一听罐装咖啡,不过停在那里的车不到十辆。从那里坐上中巴,被带到了会场附近的另一家饮食店兼礼品店,说是傍晚中巴还是在这里接人。从这家店一直到会场的东大门是一条自动人行道,在其两边排列着的仍然是临时搭建的饮食店和礼品店,还能看到临时住宿处的广告牌,不过所有的店都是门可罗雀。……会场周边的地主们抱着今后建设住宅用地的打算将名下的土地租赁了出去,这吸引了一批江湖骗子、庙会商人以及奔着不义之财而来的嬉皮士们,他们卖的东西中有能变成会动的虫子的电动地球玩具,还有火柴盒大小的 AM 收音机,但格外醒目的是筑波名产蟾酥、水户纳豆、法兰克福香肠和章鱼小丸子,感觉实在是不搭调,很有意思。("科学技术与世博会的症候群",载《筑波EXPO 读本》,社会评论社,1985 年)

正如上面所描述的那样,让筑波科技博览会显得逊色的不仅是观众少这一事实。世博会开幕后没多久就到访过会场的一位观众在读者来信中写道:"(连接停车场和会场的'自动人行道'中)运行的只有一开始的两条,剩下的都围上了禁止入内的绳子,成了'不动人行道',我侧视着这些人行道,不停地走路。穿过田间、跨过河流通往山坡上的东大门的那条路,挤满了有如蚂蚁队列一般的人群,虽说你可以认为那是在雨后的晴天去郊游的人们,但期待在入场前就已经破灭了。"(《朝日新闻》,1985 年 5 月 18 日)会场中的企业展馆所展示的高科技的未来只不过是梦话,它不断被会场内外的店家们的拉客声和叫卖声打得粉碎。

经营状况不佳的原因很明确,除了"出乎意料"的观众人数少之外,还有与博览会规模相比,开店的数目太多;观众中自带盒饭的一家人和团体游客占大多数;与之前的博览会相比,中小学生的比例很高,因此平均每人所带的钱不多;大部分店铺位于展馆的背后,那里没什么人经过,等等。有一篇杂志报道指出:"这些原因经营者们事前都没有注意到吗？国内也不是第一次举办博览会。以过去的经验为基准，对现在的经济环境进行仔细调查之后再去开店，这是常识吧。作为被动员一方的观众的消费结构早就变了，他们追求价值观，有'生活的智慧'。经营者们可能都有一种傲慢情绪，认为只要开了店，即使不说话，客人们也会自动涌过来。"（五野井博明"打算在'筑波科技博览会'上赚一笔的经营者们的重大失误"，载《传闻的真相》，1985年8月号）

要说"利欲熏心"，那也确实如此，不过，相信世博会效应而进行了巨额投资的经营者们难道没有一种根深蒂固的幻想吗？那就是因为是"世博会"，所以一定会有人来。这种世博会幻想是将大阪世博会时的例外情况看做普遍情况的结果。然而，除了1970年的大阪世博会之外，过去没有一次世博会能在吸引观众方面"大获成功"。即使包括国内的博览会在内，也只有1981年的神户港岛博览会获得了毫无疑问的成功。从比率上来说，世博会在吸引观众方面不太成功的几率比成功要高得多。

然而，尽管如此，在80年代以降的日本，仍然反复在策划和举办世博会或者是国内的地方博览会。虽然知道在吸引观众方面绝对不可能取得1970年的大阪世博会和1981年的神户港岛博览会那样的"巨大成功"，但地方自治体和通产省（有时则是科技厅）还是一直坚持要举办世博会，其理由何在？

这个问题的答案其实很明确。世博会除了是动员数量庞大的观众前往会场观看展览的媒体之外，更是地方上的行政系统将中央官僚系统、补助金以及众多大企业牵扯进来，以便完善基础设施建设，巩固开发基础的重要手段。其中，进行动员的是地方和一部分中央行政系统的复合体，被动员的则是国家预算和企业的广告费。对于后面这个手段来说，世博会的入场观众人数并不是衡量其成功与否的决定性标准。

事实上，即使筑波科技博览会在入场人数方面问题多多，但对茨城县来说它绝不是令人后悔的失败之举。与这次世博会相关联，茨城县"获得的国家投资总额为四千二百六十亿日元。这些投资化为公路、下水道、霞浦的水质改善、医院和公园的建设、交通安全系统等成果"留存了下来。负责筑波博览会的茨城县国际博览会协力局长说,茨城县"因为世博会获得了很大的发展。如果有其他县的人问我'世博会对茨城有何意义'的话,我会老老实实地回答说:'软件和硬件方面都有很大的提升。赚到了。'"(《朝日新闻》,1985 年 9 月 15 日)。

破坏里山①的"尊重自然"

筑波科技博览会的主题是"人类·居住·环境"。但是,从开幕前开始就多次有人批判说,虽然提出了上述主题,但会场规划完全没有重视与环境、自然的关系。事实上,随着会场建设工程的推进,出现了下面这幅景象:"开垦原野而形成的一百公顷的主会场用地露出了红褐色的黏土,每当有大型车辆通过时都会尘土漫天飞"(《朝日新闻》,1983 年 11 月 2 日晚报)。世博会场"在工程开工前是一片杂树林,鸟类等动物资源很丰富。后来则变成了沥青和水泥板,加上有强光和声响,鸟类也无法靠近,成了与主题相去甚远的世界"(《朝日新闻》,1985 年 9 月 17 日)。

不过,上面这样的指摘只占了报道的一小部分,热衷于报道科技博览会的"未来"的媒体对于会场周边自然环境所发生的事态表现极为迟钝。例如,报道会场方案的 1982 年 3 月 10 日的《朝日新闻》上写道,世博会场"将会在西侧的公园区建造人工湖,等等,以保留自然景观"。"建造人工湖"怎么成了"保留自然景观"? 就算协会是这么说明的,那记者为什么没有对该说明抱有疑问呢? 这篇报道并没有看透现实中发生在会场建设中的问题与主办方标榜的"尊重自然"之间的巨大差距。总的来说,对于在即将举办世博会的这片土地上正在发生的破坏自然的行为,几乎没有媒体投以警惕的目光。

不过,这种问题在过去建设研究型学园城市的过程中也曾大规模地发生过。筑波山麓一带原本是被关东垆坶质土壤覆盖的缓坡地带,土地贫瘠,不适合作为水田,人们千辛万苦将这里开垦为了旱田,周围则围绕着山林。这片贫瘠的土地是在江户时代开始开垦的,尤其是山麓南部一带的山村,与沿水户街道发展起来的牛久关系密切。

---

① 指与村庄或城镇相邻,生态系统受到人类影响的山,并非特指某一座山。

战后,由于农业政策面临粮食不足和归国者人数众多的问题,因此很多新的拓荒农民定居在了这里,形成了旧农民和拓荒农民的双重构造。当然,两者之间的摩擦也是可以想见的。例如在1947年曾经报道过这样一起事件:在茨城县筑波郡十和村举行的由县里主办的拓荒事业开工仪式上,早就担心拓荒农地的扩大会导致没地方砍柴的一百五十名旧农民将县里的"建筑事务所破坏得一塌糊涂,还对耕地科技师秋山及其手下的工作人员以及十和村村长进行了围殴,致使他们负了重伤"(《朝日新闻》,1947年10月3日)。另外,虽然没有到这种程度,但应该发生过各种小规模的冲突和对立。

在昭和30年代,"新的政府机关城市"计划被带到了这样一个地区。那时,据说一直到最后都在抵抗县里的购地活动的反倒是战后的拓荒农民们,而不是旧农民。一位居住在学园城市的中心、被称为"花室山区的大婶"的人讲述的下面这段生活史汇集了这其中的情况。

我家老头子原来是东京西原的海军工厂的工人,最讨厌歪门邪道,非常能干。我那时是个接生婆,我们和独生女几久子生活在一起。战争结束后,东京烧成了一片荒野,上面让我们"有老家的人回老家",老头子老家在花室,又是长子,当然认为有家可回,于是回到了花室。但是,他家里已经有了继承人,没有我们住的房子了。没办法,只好投靠我的阿姨,到出岛住了一段时间,然后又到老头子老家的花室山区凿开了一块山……开始住了下来。当然,不通电和水,所以我们用的是石油灯和井。不过,那里虽然是远离城镇的山区,但却是小鸟的乐园,早上,我们被鸟鸣声叫醒,春天和秋天可以采摘樗树芽和蘑菇,我们在花室的生活很美好。我们还稍微开垦了点旱田,种了各种各样的作物,还放养了鸡,除了大酱和酱油之外,几乎都能自给自足。……当我们在花室山区的生活好不容易安定下来的时候,学园的计划开始了。老头子坚决反对。他总是说:"我为了国家去参加了战争,也一直在纳税。现在却说东京要来人,让我们走,我才不走呢。为什么我一定要走?"……就这样,到了昭和46年,花室山区来了推土机,开始平整土地。推土机一直开到了我们家院子前面。公团的人、村长、村公所的职员多次过来交涉,让我们搬家。最后老头子终于屈服了。花室过去有一个农用的大池塘。我们让他们把池塘填平,并在我现在住的这里盖起了房子。……我是学园的原住民,不过现在根本搞不清以前住过的地方在哪里(筑波研究型学园城市生活记录会编《长靴与星空》,筑波书林,1981年)。

战后的拓荒农民开垦的是山麓的贫瘠土地,但也是"早上被鸟鸣声叫醒,春天和秋天可以采摘椈树芽和蘑菇"的土地。学园城市的建设干净彻底地抹去了这样的自然环境,在平整出的台地上建成了整齐划一的现代城市。而且,当这种城市出现后,导致"原住民"们"现在根本搞不清以前住过的地方在哪里"。当时,对这一过程进行了近距离详细观察的县立高中教师五木田悦郎严厉批判了"建设工地上的树木几乎全部被砍倒一事"。

五木田说,在原本就营养匮乏的关东垆埵质土壤台地,花了很长时间才形成赤松、柞栎等杂树林,另外,榉树、青栲等大树作为住宅周围的树林也被维持了下来。这些树木在保护人和作物不受来自西北的寒冷的筑波山风及其褐土灰尘的侵袭方面起到了重要作用。然而,学园城市的建设工程将这些树全部砍掉,并铲掉表土,重新铺上了草坪,种下了黑松的幼苗,还种植了龙柏、日本石柯等作为树篱。这样一来,"靠仅有的一点枯叶和落叶来吸取养分并增强吸水能力的表土被铲掉之后,新种的植物也无法充分生长"。但是,"这一带曾经有树龄超过三十年、树高十几米的红松林。如果以三十米左右的树间距将这些树林保留下来的话,不仅是隔音和防尘,对于提升城市的绿色形象也会非常有效"(《朝日新闻》,1974年9月20日)。

五木田还进一步指出了学园城市的人造"自然"的问题所在。为了将"自然"引入城市,学园城市确实计划要新建绿地和公园。但是,正是为了建设这种"自然",体现了该地区宝贵的生物多样性的"松野木池湿地被填平了。这里生长着毛毡苔、捕蝇草等食虫植物,覆盖着日本薄荷。另外,岸边密布着野荸荠、水面漂浮着莼菜的洞峰沼的岸边也被规定要铺设水泥路以护岸,并且不允许更改"。

五木田具体地展示了上述违反常理的情况并问道:"有关学园城市建设的计划书和报告书中所说的'自然'到底是指什么呢?"为了可以计算的"自然",具有固有褶皱和细微变化的自然被逐渐抹去。曾经的有关自然的记忆不久就消失了,人们在不知不觉中变得无法区分人造的"自然"和此前存在的自然。筑波科技博览会会场中的人工池塘其实也是学园城市建设时代以来,为了人造"自然"而否定、抹去和忘却自然的过程的归结。

住井末和筑波科技博览会

作为一名文学家,同时也作为一位生活在牛久沼畔多年的居民,住井末见证了从学园城市建设到筑波博览会这段时期内自然环境的变化。在筑波博览会即将开幕时,住井申诉道,世博会的喧闹是伴随着"山"的丧失的。

住井所说的"山"当然不是指筑波山。这里的"山"指的是可以拾取干草、肥料、柴火和木炭的农用林野,"在关东平原,将平地林称为'山',这一用语明确表示了其作为里山的功能"。当然,里山的形态是多种多样的,在爱知世博会上成为关注焦点的"海上森林"具有相当陡峭的地形,与此相对应,关东地区的里山大部分是在江户时代的开垦中留存下来的平地林。正如过去的武藏野那样,这些里山形成了地区的景观,担负着防风、防沙、水源涵养等重要的环境功能。

住井说,学园城市过去"加害"于里山自然的种种行为"正是人类的傲慢,在某一瞬间甚至会产生一种仿佛中了奸计的错觉"。如今,"假借科学世博会之名的活动又要将所剩无几的常总台地的平地林——也就是山铲平,作为居住在常总台地一隅的人,我怎么也无法忍受"。无奈之下,住井只好祈祷"要是因为某些原因这个计划能流产就好了",但"世博会场工地的山一天天地被铲平了"("筑波科技博览会所思",载《生活手册》,1985 年 7·8 月号)。住井无法在这种令人绝望的状况中找到抵抗的契机,有一次,她对一位熟识的出租车司机说了下面这番话:

"你看好了。现在有些地方还残留着山，但再过半年就会变成一片荒野，然后再过半年，像毒蘑菇一样的房子就会不断地建起来。为了仅仅为期半年的世博会，又是砍山，又是盖房子，这太可惜了吧。"

我们在前面已经概观了大阪世博会时的千里丘陵和冲绳海洋博览会时的本部半岛是如何丧失当地的自然的。在举办筑波科技博览会时发生的事情，从某种意义上说也是与之同样的过程。

但是我们可以发现，在筑波博览会上，十年前、十五年前的世博会上没能浮出水面的新的认识开始萌芽了，而且不仅限于住井这样的文学家，尽管这种认识只是登载在媒体上不起眼的角落里。作为让人预感到这种新认识萌芽的一个有趣的例子，我想介绍一下在会场中做过接待员的二十五岁的女性于 1985 年 5 月 19 日给《朝日新闻》寄去的读者来信。

因为施工，把沥青稍微掀开了一点，结果发现了幼虫和青蛙的尸体等。如果是和以往一样的春天，它们本应是迎着太阳出现的生命……"紧急降落"在筑波的森林中的"世博会"完全抹消了与自然之间的不和谐，连日狂欢。然而，这真的是科学的盛会吗？成为众人热议话题的立体影像也好，鸟瞰剧场也好，内容都是如何运用科技来逼真地表现"自然"的竞赛。不过，如果是这样的话，难道不应该先考虑筑波原有的大地吗？在绿色和金属的不协调的风景中，我虽然抱着小小的疑问，但每天都在笑脸迎客。

从某种意义上说，1985 年筑波科技博览会的"新颖"就在于连会场的接待员都抱有上述"疑问"，并且明确地将其表达了出来。从中我们确实可以窥见与 1970 年大阪世博会时不同的某种变化，我们不妨称之为市民层面上的"成熟"。她们在笑脸迎人的同时，也在增大疑问，不久之后，她们大概会在满面笑意中发现幻想的破绽吧。

来自世博会场周边——环境博览会的萌芽

本书最关心的正是上述"破绽"。这种破绽化为巨大的漩涡开始吞没世博会本体还需要等到下一章中所讲述的爱知世博会的"混乱"。但实际上，围绕爱知世博会的"混乱"发生，在十多年前的筑波科技博览会上，就已经可以看到让人预感到今后变化的若干萌芽了。

例如，首都圈的志愿者团体、废物利用的研究小组等联合起来组成的"筑波'85 交流天地·废物利用馆组织委员会"，就从世博中心（EXPO CENTER）入口向里延伸大约两百米的"交流天地"租借了土地，搭建了组装式的圆顶房屋，通过"水循环"、"生物量循环"、"废弃物循环"、"太阳能·森林循环"等主题展示，介绍了他们所作的关于循环型社会的尝试。

其中，"在废弃物循环的展位，以静冈县沼津市的空罐空瓶回收系统、利用废油制造肥皂、东京都町田市的干电池回收系统等为样板，围绕生活中的废物利用这一主题"进行了展示。展示的费用除了来自废物利用机器的专业厂家的出展费以外，都是靠志愿者和捐款来支付的（《朝日新闻》，1985 年 3 月 2 日晚报）。这个展馆虽然规模很小，但与正式会场中的企业展馆所炫耀的高科技不同，进行的是用"贴近生活的技术"展望未来的尝试，因此博得了自治体有关人员、研究人员和市民的好评。

在正式会场之外还进行了其他的此类尝试，不过规模很小。例如，在世博会期间，七月下旬，在位于会场以南的利根川岸边的开阔地上举办的"AXPO'85 世博会·另一个科学技术博览会"就是以致力于霞浦的水污染问题的市民团体为中心，联合东京的市民团体而实现的。该博览会在利根川的河滩上既展示了水车、风车、上总掘①的井等传统技术，也展示了太阳能系统房屋、太阳能温室生态系统等新技术，甚至还关注了计划于筑波世博会后进入会场所在地的高科技工厂的环境污染问题，这是一次提出问题的尝试。

这次"另一个科技世博会"的会场被设想成"作为非国家的 Ec-

---

① 人工挖掘自流井的代表性施工方法，自古以来在以上总国为中心的地区使用，目前在日本已经不再使用，该技术被指定为重要非物质民俗文化遗产。

otopia（环保村）”，并设置了帐篷式的“Ecotopia 政府馆”、“风力发电公社”、“由民众组成的科学技术厅”、“东洋医学治疗院”、“上总掘自来水公司”等“公共设施”。从这些名称也可以明显地看出，在有机农业、环保运动、第三世界和粮食问题等 70 年代以降的社会运动新潮流中开始进行活动的各种团体和个人，为了对抗筑波科技博览会的国家主义和高科技至上主义而团结到了一起。

身为工业技术院的研究人员，同时也是推动 AXPO'85 举办的中心人物之一的原田泰认为这次尝试具有三个原理：“另一种可能性”、“网络性”和“为了所有生物”。首先，AXPO'85“对于认为‘只能这样！’，从而咬定一种活法不放松的人，淡淡地提出了‘还有很多别的活法哦’这样一种建议，并不是说‘现在的活法会导致毁灭，必须采用另一种活法’”。不是要坚定不移地否定科技世博会，而是悄悄地提供了另一种可能性，认为“也可以有不太一样的世博会”。

第二，这次博览会的目标不是集中最先进的技术，而是形成各个不同领域、对不同问题的关心和实践的松散网络。原田批判了从大阪世博会到筑波科技博览会为止的集中于一点的思维，对 AXPO 的想法做了如下的解说。

> AXPO 具有网络性——分散的、扩散的、具有各自意志的主体如何关联起来？……在各自的地域生活的、具有各自历史的人们如何交流？我们将把今后的社会建设成一个什么样的社会？这些是 AXPO 的主题。我认为，AXPO 可以非常直接地、明确地探讨“人类·居住·环境与科学技术”以及如何让信息流通等问题。（“座谈会 EXPO 将预言人类的未来?!”，载《筑波 EXPO 读本》）

第三，AXPO 的主办者认为，这种横向网络必须是为了所有生命而展开的。不是操纵和屠杀生命的技术，而是让所有生命活下去的技术。EXPO'85 的官方主题中含有“为了人类的舒畅”这样的话，而 AXPO'85 则将“为了人类”扩展为“为了所有生物”。

从人类是地球生态系统中的一部分这样一种观点来说，AXPO

的目标是构建一种关于社会、技术和自然的新范式，它"不是将人类排除在外的自然保护，也不是将人类以外的生物排除在外的开发"。通过上面这番话，原田认为，如果能够正面接受筑波科技博览会的官方主题，就应该可以展望新的技术观，而这种新技术观如今被概括成"共生"一词，反而不容易看清。就这样，在正式会场中只不过是一种空洞口号的世博会主题，反倒是在会场外被与协会、县和国家保持距离的市民们所关注和探讨。

回首往事，在1970年举办大阪世博会时，相对于以各国政府和大企业为中心的正式会场的展馆群，以越南和平联合会为中心的"反博会"所尝试的是正面提出"反战"口号，并且标榜了市民群众的团结。在1975年冲绳海洋博览会上，发起了以县工协为中心的反对运动，还有"保护冲绳文化和自然十人委员会"发出的危机警告。但是，这并不意味着将海洋博览会本身相对化并提出另一种可能性的市民层面的活动普及开来了。然而，在1985年的筑波科技博览会上，焦点从"反战"变成了"环境"，而且市民层面的活动也逐渐普及开来。在接下来围绕爱知世博会的一系列过程中，这种市民层面的变化将成为汹涌的浪潮再度登场。

第四章　超越开发——爱知世博会的转变与选择

　　1970 年的大阪世博会是一个具有历史纪念意义的瞬间，因为它首次建成了一个系统，在该系统中，本书中所说的世博幻想——也就是作为与巨额公共事业投资相结合的国家项目的世博会——大大地激发了这个列岛上的人们的欲望。与此相对，2005 年的爱知世博会可以说是世博幻想的最后残影，它告诉我们，这种幻想的系统已经显露出破绽，正在走向终点。与此同时，在该系统逐渐腐烂的土壤中，开始掀起一股新的主体稳步形成的浪潮。

　　实际上，这两次世博会在所有方面都形成了鲜明的对照：前者的千里新城开发与后者的会场用地后续开发计划的挫折；前者对"开发"的热烈欲望与后者对"开发"的怀疑；前者的市民完全缺席与后者的市民，尤其是环保运动的决定性作用。横亘在大阪世博会和爱知世博会之间的三十五年的岁月不仅是时间上的间隔，更是后经济高速增长期的日本社会所经历的历史经验在性质上和结构上的变化。因此，作为本书中最后的事例，我们想细致地验证爱知世博会开幕前的十几年中历尽周折的过程，借此阐明在这三十五年间，战后政治与世博幻想的关系发生了何种变化。

1　来自经济增长的意识形态

爱知也要举办奥运会・世博会

　　爱知世博会的构想原本是远远落后于时代的偏重开发型政策的产物。其发端始于 1981 年名古屋在奥运会申办中输给了汉城。因为此前县里竭尽全力在推进申办活动，所以这次失败对他们的打击非常大。后来,当1997年日本在BIE全体大会上击败加拿大获得世博会的举办权时,爱知县知事铃木首先发言说:"申办奥运会失败,等等,好像有一种干什么都不行的趋势,通过举办这个,可以扭转这种趋势,变得能行。"而市民中也有不少人说:"这样一来,申奥失败以来心里的疙瘩一下子全没了。"由此看来,我们可以认为,申奥失败犹如精神创伤一般在爱知县有关人员和一部分市民脑中挥之不去,成为了申办世博会的伏笔。

不久之后,推进申奥的仲谷义明①知事于1983年卸任,铃木礼治②副知事作为其后任当选知事。从那时开始,整个日本开始进入泡沫经济时代,1987年制定了第四次全国综合开发计划。在该计划中,中部地区被指定为"世界性的产业技术中枢区域",名古屋东部丘陵则被定位为"爱知学术研究开发区"。那是筑波科技博览会的时代,新交通系统、第二东名高速公路、磁悬浮列车等构想被大肆谈论。同时,在信息化、全球化的进程中,第二产业比重很高的中部地区面临着结构性地面沉降的危机。町村敬志③的下面这番话准确地把握了爱知县想要举办世博会的背景。

> 经济复兴期的特定地域综合开发计划中的佐久间大坝和爱知水渠,国民收入倍增计划(太平洋带状地带构想)中东海制铁的选址,还有全国综合开发计划中东三河被指定为工业扩充特别地区,县里制定的地方性计划每次都体现了国家的开发政策。然后,在修建好的高速交通体系的基础上,建设巨型工业生产基地。其中,以丰田汽车为代表的汽车产业集聚到一起,在汽车普及浪潮的推动下提升了自己的地位,逐渐成为骨干产业。……然而,在全球化经济的时代,这种向汽车产业这一个点集中的依赖性结构包含着很大的危机,这无需赘言。事实上,以丰田汽车为例,1990年,其在美国的正规生产体制已经完备,而且国内景气开始低迷,这时,国内的汽车生产量大大低于其顶峰时期。(《围绕博览会的'当地'的社会

① 仲谷义明(1925~1988),政治家,1975~1983任爱知县知事。
② 铃木礼治(1928~),政治家,1983~1999任爱知县知事。
③ 町村敬志(1956~),社会学家,一桥大学教授。

学》,一桥大学社会学部町村研讨班,1999 年)

在这种情况下,1987 年,通产省向福冈县、爱知县和兵库县试探他们举办世博会的意向。对于通产省的这一试探,爱知县非常积极,次年,也就是 1988 年 10 月,作为振兴当地的推动力,铃木知事公布了在 21 世纪初举办以"科学·产业的振兴"为中心的世界博览会的构想。

为了顺应知事的上述意向,中日新闻写道:"在名古屋举办国际性活动一直是当地的强烈愿望。在昭和 40 年代,当时爱知县的桑原(干根)①知事就有过'亚洲开发博览会'的构想,到了昭和 50 年代,该县的仲谷知事又提出申办'名古屋奥运会'。但是,由于经济形势恶化或是输给竞争对手,都没能实现。……(最近)爱知县也以议会为中心,不断有人提出'现在是时候考虑在作为中部地区核心的大爱知举办符合其地位的国际性活动了'"(《中日新闻》,1988 年 10 月 12 日)。这一时期,在 80 年代后半期的地方博览会热潮中,爱知县、经济界和媒体团结一致,宣称要举办凌驾于一连串地方博览会之上的,"符合大爱知地位的"国际博览会。

技术·文化·交流——新的地球创造

爱知世博会最初的构想原封不动地沿袭了 1970 年的大阪世博会,这一点从县知事的发言以及基本主题的变迁可以清楚地看出来。公布构想后不到一周,铃木知事就和名古屋市市长、当地经济界首脑等人进行了畅谈,他们的意向是将世博会的基本主题定为"21 世纪的和平与文明"。不久后,也就是 1989 年春天,爱知县设立了"申办 21 世纪世博会推进本部"和"申办 21 世纪世博会准备委员会",开始完善申办的基本体制。

1990 年春,成立了以木村尚三郎②为委员长,石井威望、月尾嘉男③、福川伸次④等人为委员的"21 世纪世博会基本问题恳谈会",开始在专家层面上制定基本构想。与此同时,被指定为会场

---

① 桑原干根(1895~1991),官僚、政治家,1951~1975 任爱知县知事。
② 木村尚三郎(1930~2006),西洋史学者,东京大学名誉教授。
③ 月尾嘉男(1942~　),工学专家,东京大学名誉教授。
④ 福川伸次(1932~　),官僚,曾任通商产业事务次官。

的濑户市的行业团体也成立了"申办21世纪世博会濑户地区协议会","官民一体"的申办运动开始启动。基本问题恳谈会最初所讨论的是"人类的发展与和平"这一主题。不久,产生了"艺术的世纪"、"心灵的世纪"、"人类与自然的共生"、"宇宙时代的人类社会"这四个主题方案,最终,确定将"技术·文化·交流——新的地球创造"作为基本主题。

对于这一最终方案,当时就有人提出不满,因为其中的"技术"这样的字眼。思考爱知世博会会的加藤国弘说道:"说实话,我很失望。因为是21世纪初的世博会,本来期待主题的内容能与之相符。如今,人们都在关心全球规模的环境破坏,希望能把自然、绿色一类的内容加入到主题里。"(《中日新闻》,1991年10月17日)不久之后,通产省自身也开始策划由产业博览会向环境博览会转变,也许从这时开始,这种转变已经被认为世博会有问题且立场各异的市民们意识到了。

1992年6月,爱知县又成立了21世纪世博会基本构想制定委员会,作为恳谈会的后续组织。委员以木村尚三郎等恳谈会成员为中心,从堺屋太一、丰田章一郎[①]、盛田昭夫[②]等人到伊藤滋[③]、安藤忠雄[④]、中村桂子[⑤]、山崎正和[⑥]等人,著名的经济界人士和知识分子齐聚一堂。该委员会于1994年6月对最终方案进行了论证,最后确定:总事业费一兆五千亿日元,预计观众人数四千万人,主题沿用了恳谈会提出的"技术·文化·交流——新的地球创造",另外设有三个副主题,分别为"共生"、"共鸣"和"飨宴"。会场将濑户东南部丘陵地带的二百五十公顷森林分为三块加以建设,分别是小规模展馆所在的"山村"区、集中了国际会议馆和合建馆的"田园"区以及企业馆云集的"都市"区。另外,还准备通过入场观众和

---

① 丰田章一郎(1925~　　),实业家,曾任丰田汽车公司总经理、董事长、会长,还担任过日本经济团体联合会会长。

② 盛田昭夫(1921~1999),技术人员、实业家,与井深大一起创办了索尼公司,曾任索尼总经理、会长。

③ 伊藤滋(1931~　　),城市规划专家,东京大学名誉教授。

④ 安藤忠雄(1941~　　),建筑家,东京大学名誉教授。

⑤ 中村桂子(1936~　　),生命志研究者,JT生命志研究馆馆长。

⑥ 山崎正和(1934~　　),剧作家、评论家、戏剧研究者,大阪大学名誉教授。

市民的植树创建一条贯穿整个会场的"绿色标志轴",象征着"复原生态系统"。

然而,对已经存在的茂密森林加以开发,然后再人为地将其设定为"山村"、"田园"和"都市",这本身具有欺骗性;另外,虽说是"绿色标志轴",但毁掉森林后,单凭一条线是不可能保全生态系统的。因此,这次最终论证当时就遭到了严厉的批判。在规划中,还要建设绕会场内一周的单轨铁路以及到物见山山顶附近的索道,很难说这个方案真正意识到了与自然的共生。

尤其要注意的是,至少到这个时候为止,举办世博会和会期结束后在会场原址进行住宅开发这两件事是一起被规划的。在上述制定委员会的最终论证中,二百五十公顷的会场用地在会期结束后将通过新住宅街区开发事业被建设成有三千户人家、一万人居住的"爱知学术研究开发区"的核心城市。另外,其周边的两千公顷土地也将被建设成居住人口和从业人口各约三万三千人的"担负起新的地球创造的交流未来都市"。按照该路线,爱知县在同一时期提出了将"交流未来都市"分为八个区块加以建设的构想。次年,也就是 1995 年,县里公布了一个方针,即将会场原址开发成有两千五百户、七千五百人居住的卫星城。按照这个方案,杂树林将消失一半,生态系统的保护对策也不明确。

一个叫"海上森林"的地方

不过,在以爱知县为中心稳步推进计划的同时,从自然保护的立场出发的反对运动也开始渐渐蔓延开来。当地的反对运动最初始于 1990 年 2 月,也就是县里指定濑户市南部"以海上町为中心的周边山林地带"为会场候选地的时候。这一决定对当地居民来说无异于晴天霹雳。因为从 1988 年秋天县知事表示要举办世博会时开始,加上研究型学园城市的构想这一背景,预想中的会场候选地一直是名古屋东部的丘陵地带。例如,在 1989 年 1 月,有报道称爱知县决定将丰田市和濑户市交界处附近的八草地区作为会场候选地。

当时的副知事甲斐一政①后来说过一番话,正好印证了上述报

---

① 甲斐一政(1929～),1986～1990 任爱知县副知事。

道,他说:"当提出申办世博会的时候,关于会场有一个构想,即以青少年公园为中心,包括如今已成为爱知县立大学的绿色大道两边的县有土地和一部分民有土地在内的四百公顷土地。因为无论是从地形来看还是从交通来看,这一方案都比较容易被人们理解,也更现实。"(《中日新闻》,1999 年 9 月 19 日)最终,会场候选地不是八草地区而是海上地区,这似乎是因为据判断,后者有大面积的县有树林,收购会场用地要容易得多。

从地图上可以清楚地看出,八草地区和海上地区相距不到十公里。出于减少收购用地麻烦的目的,牺牲了地形和交通方面的便利,结果只是将会场候选地向北移动了数公里。但是,这仅仅数公里的移动为后来的进程埋下了火种,而这个火种与爱知世博会的根本性质有关。

因为与虽然还不完善,但正在推进城市基础设施建设的八草地区不同,海上地区还留有几乎没有被开发过的陡峭山坡上的森林,这在到处都在进行开发的名古屋近郊是很罕见的。人们很容易发现,这样的自然环境得以保留的条件是这里有大面积的县有树林。另外,位于该地区中心的是"相传平家的败逃者在山中建起的与世隔绝的村庄",周边还有平安时代和镰仓时代的古窑址群,是沉淀了深厚的历史记忆的地方。而且,将这一地区设为世博会场在交通方面有困难,只有建成了当时正在构想的磁悬浮列车(HSST)和东海环状公路,这一困难才能得以解决。可以说,爱知县出人意料地把与一直以来的开发主义"世博会"完全相反的土地指定为了会场候选地。

不过,要说爱知县是不是明明知道这些问题,却硬是将海上森林指定为世博会场,答案是否定的。爱知县一直到很晚都认为,可以将海上地区一带作为承担"爱知学术研究开发区"核心作用的"交流未来都市"加以开发,然而,其初衷只不过是想把另一次大阪世博会和经济高速增长期以来的开发政策应用于"落后的"海上地区。当时的县当局并没有认识到,在今后推行上述想法时,海上森林将会给他们带来多么巨大的阻力。

事实上,在1991 年 7 月县里召开第一次地权人说明会时,就因为没有让地主以外的居民参加而遭到了当地居民的反对。到了

1995 年 5 月，知事甚至在县议会上发言说："世博会是公共事业不落后的保证。"1996 年 2 月，《每日新闻》上写道，此前县里出台的政策"完全看不到居民参加的身影。反对申办的环境团体和县里的直接交涉是非公开的，在内阁会议同意申办之前，对一般民众公开的县民座谈会只举行了两次。县里虽然进行了会场候选地一带的环境调查，但并没有公布珍稀植物等的分布图。在环境厅指出之前，县民甚至不知道通往会场的公路被规划在了珍稀物种簇生地的正上方"（《每日新闻》，1996 年 2 月 8 日）。当时，也许县当局认为可以轻而易举地冲破居民们的反对。

增多的反对运动

在这种情况下，当地的反对运动渐渐高涨起来。1990 年春，对被指定为会场候选地感到惊讶的当地居民成立了"保护海上的自然与历史会"，开始举行反对运动。几乎同时，以濑户市区的主妇们为中心的"物见山①自然观察会"开始在海上森林进行自然观察活动。另外，同属濑户市的市民团体成立了"思考爱知世博会会"。

1992 年 5 月，以物见山自然观察会、思考濑户环境会、日本野鸟会爱知县支部等团体为中心，举办了思考自然保护和世博会的研讨会。市民团体的反对运动在 1993 年以后活跃起来，除了这种研讨会之外，同年 10 月，基本构想制定委员会公布了中期报告，对此，物见山自然观察会的成员以鼯鼠的身影为由向爱知县知事提交了公开质问信，另外，该会还在 1994 年 2 月举办了名为"海上森林之诗"的摄影展。同年 5 月，这些市民团体向县知事提交了公开质问信，要求公开基本构想制定委员会的议事录，明示世博会不会导致县经济崩溃的论据，以及实施国际标准的环境评估。

在此我关注的是下面这点：海上森林自然环境的宝贵以及叠加在这处风景上的人与自然的多样化关系，绝不是以前开始就显而易见的。应该说，它们是在这块土地被指定为世博会场的候选地，获得社会关注的情况下，各种市民团体和专家都来到这里转悠并反复进行调查之后才被不断发现的。当初，对爱知县来说，这块土地只不过是"以海上町为中心的周边山林地带"。再看一遍当时

① 位于海上森林一角的一座山，海拔 327 米。

的报纸，也没发现有报道将这块土地称为"海上森林"。不久之后，在市民和森林的关联互动中，"海上森林"这一被固有名词化的表达方式才变得通用起来，在人们的谈论中，生息于此的各种生物，以及场所和历史的痕迹都有了具体的表情。

例如在1992年12月，日本野鸟会爱知县支部确认了海上森林有七十种以上的野鸟的宝贵营巢地；1994年5月，物见山自然观察会确认了在会场规划地块有五处星花木兰的群落；1994年6月，连县里也确认了在海上森林生息着包含十三种可能会灭绝的物种在内的珍贵动植物。就这样，市民团体、自然保护团体和行政部门从各自的立场出发，调查了海上森林的自然状况，并找出了这种行为的意义。

实际上，在90年代中期，各种市民团体、自然保护团体等都进行了有关海上森林生态系统的调查，并出版了报告书。例如，1995年由物见山自然观察会编印的《濑户市海上森林调查报告书》、1997年由海上森林联盟编印的《96年度版濑户市海上森林调查报告书》以及同年由日本自然保护协会编印的《2005年爱知世博会构想验证》，等等，每一本都是一部水准很高的调查报告，对星花木兰等各种树木和花草、八丁蜻蜓等昆虫和野鸟、鼯鼠等小动物都进行了详细的分布调查，此外还进行了地质调查。正如日本自然保护协会的吉田正人强调的那样，由市民自己进行的有关里山的自然状况的如此详细的调查，在别的地方几乎没出现过。

在上述调查进行的同时，对于尚带有浓厚的开发主义色彩的县里的基本构想，有人从自然保护的立场出发，试着提出了代替方案。在1993年6月，物见山自然观察会就提出了场地利用型的"作为自然史博物馆的森林"这一构想。在上面提到的该会的报告书中，也提出了将海上森林的自然和文化遗产与周边的森林一起运营的"自然博物馆·爱知"这一方案。

这些方案后来逐渐成熟，最后发展成了1995年10月的生态博物馆·海上森林和村庄网络的"自然博物馆"构想。该构想将整个海上森林分为：① 珍稀动植物保护区；② 对二次林加以养护和维持的天然二次林·里山区；③ 见证二次林变迁的天然变迁区；④ 将人工林改变为枹栎等树林的天然林化区；⑤ 人工林示范区；⑥

居民生活区等六个区域,并配备专人收集有关爱知县内自然状况的情报,试图将其建设成环境教育的核心设施。这些由非常了解海上森林自然状况的市民团体构思出的代替方案后来发展成了国营海上森林里山公园构想和世界遗产构想等。

2　向环境世博会转变

世博会的危机与国家的介入

在整个 90 年代,保护海上森林自然生态的运动逐渐扩大化,并积累了有关当地自然状况的知识。另一方面,爱知世博会的构想在别的方面也遭遇了瓶颈,其中之一就是景气的低迷。爱知县最初提出世博会构想是在泡沫经济的全盛期,而 90 年代则长期处于不景气中,县里的财政不再宽裕。当地经济界当初的繁荣也逐渐消退了。

对爱知世博会来说,另一个障碍是规划中的世博会接二连三地中止了,仿佛象征着世博会本身将退出历史舞台。例如 1991 年 6 月,原计划在 1995 年举办的维也纳世博会根据居民投票的结果而决定中止。原定与它同时举办的布达佩斯世博会也于 1994 年放弃了举办。即使是汉诺威世博会,居民投票的结果也是 51.5% 赞成,48.5% 反对,可以说是如履薄冰般地决定举办的。在国内,1995 年 5 月,东京都知事青岛幸男①决定中止举办世界城市博览会,这等于给爱知县推进世博会的热情泼了一盆冷水。

即使不谈财政问题,在 21 世纪还举办"世博会"到底有没有意义?另外,即使找到了它的意义,世博会与海上森林这一固有场所能否互相让步?这些问题在爱知县的初期构想中几乎没有人意识到,但在世博会计划面临各种困难的情况下,连试图推进这次世博会的人们也不得不意识到了这些问题。很明显,爱知县的基本构想不管是在哪个意义上,都是不完善的。

在这种情况下,以通产省的中坚官僚为中心的国家层面上的

---

①　青岛幸男(1932～2006),作家、演员、电影导演、政治家,1995～1999 任东京都知事。

规划者们开始介入爱知县的构想,试图通过改革世博会的理念来闯过难关。事实上,自从 1995 年 8 月通产省成立了以关本忠弘[1]为委员长的国际博览会预备调查讨论委员会之后,世博会构想的制定工作就从爱知县转移到了国家。同年 10 月,该委员会就讨论情况进行了中期报告,其中就提出“关于环境问题,达成共识很重要”,以及“有必要在充分考虑自然环境的保全的基础上进行区域设定”等事项,开始对县里的基本构想的路线进行部分修正。

对于讨论委员会的这次中期报告,铃木礼治知事评论说:“本地基本构想的观点随处可见,我感到非常高兴。”但是,听说此事的某位通产省官僚却说:“如果他真是这么认为的话,只能说他的理解有误。”(《每日新闻》名古屋版,1995 年 10 月 25 日)从这时开始,爱知县和通产省之间逐渐产生出严重的分歧。

而且,与此同时,环境厅也对爱知县的基本构想提出了严格的要求。1995 年 11 月,对于规划中的名古屋-濑户公路将南北向纵贯海上森林一事,环境厅认为其“从珍贵植物丛生地区的中央通过,无法认可”,要求爱知县大幅度地变更路线。另外,对于爱知县构想中大力宣扬的“绿色标志轴”,该厅也严厉地指出了其问题所在,认为“把杂树林砍掉改种常绿阔叶树是不对的”。这些都是关系到爱知县构想根源的重要批判。在这一背景下,11 月末,根据以通产省和环境厅为首的有关部委的协商,爱知县原计划中一百二十公顷的开发面积缩减到了约八十公顷,名古屋-濑户公路当初的规划路线也向东侧进行了变更。另外,二百五十公顷的主会场则被分成三个区域:主要场馆设施所在的 A 区、保护生态系统的 B 区和森林地带 C 区。

向环境转变的爱知世博会构想

现在回过头去看,发生在海上森林的自然保护运动确实对环境厅的介入和通产省的讨论委员会的议论逐渐产生了影响。据报道,在讨论委员会开会时,与环境厅关系密切的森岛昭夫[2]发言说,21 世纪是环境的时代,应该将主题定为“可持续发展的社会”,这一

---

① 关本忠弘(1926～2007),实业家,曾任 NEC 总经理、会长。
② 森岛昭夫(1934～),法学家,名古屋大学名誉教授。

发言受到了其他委员的支持，"环境"成为了议论的中心。而且，"每次开会，爱知县的构想和会场的构想图都会遭到批判"。主张"环境这个主题太生硬了，还是喜庆点好"的委员受到了反驳（《朝日新闻》名古屋版，1995 年 11 月 30 日）。

森岛当时正在筹办一个保护派和推进派将首次在公开场合进行讨论的县民研讨会，在这一时期的世博会构想向重视"环境"转变的过程中扮演了重要角色。同时，影响这一转变的还有一件事，那就是加拿大的卡尔加里在当初争办 2005 年世博会时是以"自然"为主题的。从与加拿大对抗这个意义上来说，与爱知县的构想相比，国家不得不将爱知世博会的重心明确地向"环境"转换。

这样，在 1995 年 12 月，通产省讨论委员会在最终报告中直接提出"Beyond Development（超越开发）"作为中心主题，另外还将观众人数从爱知县构想中的四千万人减少为两千五百万人，并将世博会重新规定为寻求全球性课题的解决方案的场所，以及将保全丰富的自然环境纳入考虑范围的环境和谐型城市建设的实验。出于政治上的考虑，中心主题的日语译文保留了爱知县构想中的"新的地球创造"这句话，但这一主题的变更不是单纯的词句上的变化，而是意味着世博会基本观点的重大转换。

事情到了这一步，铃木知事还面带不快地说，通产省的方案是"对爱知县的基本构想的归纳总结"，濑户市长也说，"我不认为县里的基本构想被修正了"。但如果冷静地来判断的话，很明显是爱知县的计划被从根本上修正了，事态进入了新的阶段。在次年春天，《中日新闻》在社论中追认了国家提出的新方向，原文如下：

> 迄今为止的过程中可以确定的是，通产省的最终报告对以爱知县为中心制定出的基本构想进行了大幅修正。主会场的开发面积和预计观众人数的缩减就不用说了，还将英文主题定为"超越开发"，对开发一边倒进行了反省，并且加入了与自然环境共生的地域建设、与当地居民进行持续对话等内容，可以说是与新世纪相称的世博会形象。……通产省、环境厅等国家部门积极提出了环境问题等新的视点，但爱知县等部分当地政府却总是无法摆脱试图建设相关公共设施和给一部

分地区带来经济效果的想法，这让人很遗憾。……希望 21 世纪的地球 EXPO 能够在观念、内容、手法等所有方面名副其实地办成向世界传达打破 20 世纪因袭的地域建设理想状态的大会。(《中日新闻》,1996 年 4 月 15 日)

1995 年 12 月,申办爱知世博会一事获得了内阁会议的批准,然后,一直到次年 11 月在 BIE 获得举办权为止,世博会的整体构想在上述讨论委员会的结论的基础上渐趋稳固。

英文的中心主题是"Beyond Development：Rediscovering Nature's Wisdom",比讨论委员会的结论更注重环境问题,另外,还提出以下三点作为博览会事业的支柱：① 问题提起型的知性的 EXPO(关于环境、资源、能源、人口、粮食等人类共同的课题,为全世界每一个人提供思考的机会);② 作为理想的未来时代的试验场所的 EXPO(不让世博会成为一时的活动,而是与长期的地域建设融为一体,持续进行试验);③ 站在亚洲立场上的 EXPO(以亚洲为舞台的传统、历史、文化、艺术的多方面交流)。

副主题也采取了与上述三点联动的形式,是"Eco-Communities(充满对自然和生命的智慧的环保社区试验)"与"Art of Life(让自然和生命焕发光彩的'生活技能')",至少在理念的层面上,这次博览会从正面明确了"环境世博会"这一点。

在扩大化的矛盾中

然而,以"Beyond Development"为基本理念的国家层面的强力介入有几个极为重大的疏漏。第一个问题是,到底由谁来承担这个新型世博会。如果国家和爱知县否定与以往的地域开发政策结为一体的博览会,真的想要让"超越开发"的世博会得以实现的话,那么其承担者就不能是习惯于把以往的世博会办成"有趣、愉快的"公演并从中获取巨大利益的广告公司、活动策划公司和明星制作人,必须要有和他们完全不同的承担者出现。

但是,后来成立的博览会协会的体制在这一点上显得不彻底。一方面,通产省在成立协会时,将木村尚三郎、堺屋太一、黑川纪章、浅利庆太①、泉真也②等"重量级"知识分子和建筑家指定为"高级顾问",却把他们排除出了策划的中枢,这些人中有一部分曾经在爱知县的基本构想制定委员会中扮演过核心角色。然后,将包括中泽新一、隈研吾、伊藤俊治③、武内和彦④、野田秀树⑤、甚至笔者自己在内的大部分是四十多岁的东京知识分子安放到了实质性的世博会策划的中枢。通产省试图通过这种做法来大幅度地更换爱知世博会的中心人物。

但是,这方面的转换是以东京为中心的,与名古屋一带的大量人才的合作机制建立得不充分。另外,协会组织在运营时,不同委员会之间没有横向交流,也不公开信息。这些都是问题。

不过,与之相比,一个重大得多的问题是,对于环境世博会和市民参与之间的不可分割的关系,通产省也好,博览会协会也好,至少作为整个组织来说,一直到该问题成为社会问题为止,都没有认真地加以对待。如果真的想把爱知世博会办成"环境世博会"的话,应该在早期阶段就让包括国际性环境团体和地方上的自然保护、城镇建设方面的市民团体在内的多样化的市民组织参与进来,市民和政府还有企业通力合作,从民众的层面上建立起新型世博会的架构,这是无法回避的。无论在主题中提出了多么优秀的理念,项目的策划运营系统本身如果没有从以企业·广告公司·制作人为中心的系统转换为以市民参与·市民运营为基础的系统的话,从某种意义上来说,很可能只不过是外表发生了变化,实质内容则旧态依然。

另一个重大的遗留问题是"超越开发"这一主题,与爱知县的会场用地后续开发计划中所体现出的开发主义明显矛盾。如前所述,爱知世博会当初的计划与此前的博览会差不多,都属于开发主义。因此,整个世博会与海上森林的自然保护产生了对立。然而,

①　浅利庆太(1933～　),舞台监督、实业家,日本最大的剧团——剧团四季的创始人之一、艺术总监。
②　泉真也(1930～　),综合制作人,曾负责爱知世博会的环境设计和制作。
③　伊藤俊治(1953～　),美术评论家、摄影评论家、美术史家。
④　武内和彦(1951～　),环境学家,东京大学教授,研究领域为绿地环境学、地域生态学、地球持续学。
⑤　野田秀树(1955～　),演员、剧作家、舞台监督。

由于国家的介入,爱知世博会计划如果仅从理念的层面来看,与自然保护派的构想已经非常接近了。因此,相应地,这种理念和现实中的土地修整计划和会场后续利用计划的矛盾就越发明显了。按道理来说,必须有人在某个场合寻求根本性地解决这一矛盾。

3 通往对话的摸索与对话的不畅

作为圆形剧场的"环境世博会"

到 90 年代前半期为止,围绕着爱知世博会计划,推进派和反对派的对立是显而易见的。县里提出的世博会构想是自然保护派无论如何都无法接受的。因此,县里的计划和反对派的主张之间看上去几乎找不到任何共同点。

然而,到了 90 年代后半期,至少在博览会的主题和目的等层面上,两者之间的界线不断变得模糊起来。例如,我这里有在获得举办权前后,通产省博览会推进室和博览会协会编印的一系列小册子。在其开头,关于爱知世博会的主题所企图达到的目的,它就是像下面的这段宣言:

> 自然一直毫不吝啬地将其财富给予人类。拥有出产能力的自然给予了人类智慧,允许他们使用技术力量从自己身上取走能源和资源。但是,人类并没有充分报答这份恩德。因此,自然开始失去对人类的爱。所以,在 21 世纪,我们人类必须恢复睿智的行为,这种行为应该充满对自然和生命的共鸣。技术这种被赋予人类的能力不是用来一味压制自然,并将其改造得无法补救的。它的目的是将隐藏在自然中的自然自身的本质揭示出来,并让其散发光彩。它不是要压抑或管理生命,而是要挖掘出蕴藏在生命中的无限信息,建成一条给这个世界带来丰富意义的通道。(《THE 2005 WORLD EXPOSITION' JAPAN - 2005 年日本国际博览会》,1998 年)

在这篇宣言的后半段,还提到了爱知世博会的终极目标在于"给技术引领的文明再一次注入曾经失去的智慧,为我们的心灵找回谨慎与谦虚,恢复人类和自然、人和人之间面临崩溃的关系,使它们丰富起来",用通俗易懂的语言提议要令现代技术思想进行根本转变。

而且,在这本小册子中,还展示了一种可能性,即在大量生产和消费社会的问题已经显而易见的今天,通过重新审视自身的存在价值,令此前一直引领产业文明的世博会可以去对整个产业文明提出问题。因此,小册子中强调了"传承里山的智慧"、"不浪费资源",等等,在建设环境的基本态度上,提出要废除盒状场馆,还提出了循环型社会的模式,并提议建立环境监测系统,等等。尤其是在博览会协会的环境项目小组的构想方案中,对利用海上森林这片土地实施生态修复、珍稀物种保护和管理、从荒废中重生等试验项目进行了摸索。

对对话和参与进行各种摸索

尽管有上述相似点,但博览会协会、爱知县与自然保护派的对立在 90 年代后半期不仅没有缓解,反而愈演愈烈。表面上的主张已经几乎看不出区别了,那两者为何非得一直对立下去呢?为了思考这一问题,我想把历史的时针拨回去,回顾一下市民和爱知县是如何尝试进行对话的。

1993 年 10 月,当物见山自然观察会向县知事提交公开质问信时,县里的世博会对策课的态度非常强硬,表示无法以书面形式进行答复,另外,只答应进行有其他团体参加的非公开讨论。1995 年 5 月,当保护派的各团体要求举办与县里进行讨论的"圆桌会议"时,铃木知事拒绝道:"我完全没有召开会议的想法。"

然而此后,当反对派的各组织逐步展开积极活动时,1995 年 10 月,县副知事、商工部长等人与保护派的人们一起徒步了海上森林,并交换了意见。次年 9 月,铃木知事首次与保护派进行了直接对话。本来五年前就应该提供这样的机会,不过我们还是可以看出,在向环境世博会路线转换的同时,情况开始发生了微妙的变化。

另外,县里还于 1995 年秋天开始举办与保护派、推进派在公开场合进行讨论的县民研讨会。这种研讨会举办了多次,次年 1 月,担任研讨会主持的森岛昭夫提议举办圆桌会议,以便让居民的意见反映到国家的构想中,但铃木知事持否定态度,他说:"如果固定下来的话,意见被采纳和没被采纳的人之间可能会产生纠纷,这样就太沉重了。而且,参加的人都认为这是决定机构而争得不可开交的话,也不行。"在当初的构想中,这些研讨会理应含有与后来的讨论会议有关的萌芽,但它却让人产生了一种疑问,即"这是不是仅仅给了县里和国家一个借口,让他们可以声称已经与反对派讨论过了",结果,在 1996 年 8 月举办了第六次之后,就办不下去了。诚然,在这一系列研讨会上,意见的对立并没有得到缓解,但对在严重对立的情况下如何开展对话进行了摸索。如果从中可以找到一条通往具有一定权限的"圆桌会议"的道路的话,那么这种尝试也许不仅仅是一种"让民众发泄不满的手段"。

在 90 年代中期,保护派的运动出现了提出代替方案和寻求与政府调解可能性的趋势,另一方面,通过居民投票来判断世博会是非的动向也渐趋活跃。1996 年 2 月,大松泽光敏在县议会上提议实施居民投票,而县商工部长则否决了该提议,他说:"已经得到了大部分县民的赞同。"其论据是爱知县和自治体的申办决议、来自各种团体的请求和县民意向问卷调查。但是,关于这一点,外部也提出了批判,认为"目前为止问卷调查虽然进行过七次,但只是询问知名度、期待度和要求,等等,并没有问是否同意"(《每日新闻》名古屋版,1996 年 2 月 29 日)。事实上,虽然多次有人提议进行居民投票,但关于举办世博会一事是否正确,一直到最后都没有进行过直接投票。

不久之后,在 1997 年 3 月,要求进行县民投票来询问是否赞成海上森林的"爱知世博会"的组织成立,该组织从 10 月开始了签名活动。到 1998 年 3 月为止,一共征集到了将近十三万人的签名,这个数字超过了县内选民数的五十分之一,因此直接申请了居民投票条例。该申请在县议会上被否决了,不过,始于反对名古屋奥运会运动的运动团体和出于保护海上森林的想法而形成的各种自然保护团体在此基础上联合了起来。随后,这些团体中的一部分人开始拥立影山健参加爱知县知事选举,影山曾经是呼吁停止在海上森林举办世博会的县民会议的领导人。

另一方面,这一时期在推进派中也出现了新的动向,有人否定以往那种世博会,想要办市民参与型的新型世博会。例如在 1995 年,诞生了试图从市民角度考虑世博会构想的"开拓 21 世纪梦想研究俱乐部"这样的团体,1996 年 5 月,该俱乐部认为如果爱知世博会还是以展馆展示、影像表现、土木型公共工程、观众的大量动员等要素为中心的旧式世博会的话,举办就毫无意义,并提议举办以志愿者、NGO、跨越国界的市民为主体的环境世博会。作为这种趋势的延伸,1998 年 3 月,"EXPO 万有圆形剧场"等论坛也开始举办了。而且,在这一时期,群众性市民团体的活动也非常活跃。

这种动向不能仅仅用"反对派/推进派"这样一种二元对立的图式来理解。世博会自身已经是一种落后于时代的制度,其包含的内容模糊不清,正因为如此,它刺激了人们的想象力,引发人们探寻超越"世博会"这一框架的参与方法,我们有必要将上述动向理解为这样一种新的契机。

与此同时,在 1998 年,渐趋活跃的另一种市民参与的动向是有关对世博会进行环境评估的活动。同年 3 月,通产省评估手法讨论委员会总结汇报了世博会环境评估的新手法,强调要"从早期阶段开始就向居民们提供信息,通过举办说明会、让居民提交意见书、利用互联网等方式广泛听取意见"。

该汇报中市民参与的方式融入了若干新要素,但也有问题,那就是没有包括代替地点的环境评估,并且与新住宅街区开发事业(以下简称新住事业)、道路事业的环境评估割裂开了。宇佐见大司①、金森正臣②等人批判了上述问题,并成立了"对爱知世博会的环境评估提意见的市民之会"。另外,对于 4 月公布的环境影响评估实施计划书,日本自然保护协会与日本野鸟会、世界自然基金会日本委员会(WWFJ)联合起来(以下简称环境三团体),提交了意见书,内容是要求对被视为代替候选地的陶土开采地、爱知青少年公园等地也进行环境评估,另外还要求实施包括新住·道路事业在内的综合环境评估。

---

① 宇佐见大司(1944~),法学家。
② 金森正臣(1940~),教育学家。

不畅的对话、郁积的矛盾

问题是,在 90 年代中期以降市民运动出现新动向的情况下,新成立的博览会协会在多大程度上准确认识到了困难并进行了处理。1997 年 6 月,在摩纳哥举办的 BIE 全体大会上,日本以 52 票对 27 票的巨大优势战胜了加拿大,获得了世博会的举办权。同年 10 月,通产省、建设省、环境厅、爱知县、当地企业等混合组成了 2005 年日本国际博览会协会(以下简称协会)。1998 年 2 月,又成立了策划调整评议会和会场规划、环境、观众运输等项目小组(以下简称 PT),作为负责审议和筹划的协商主体。

在此我想确认的是,这时,协会面临两个严重的裂痕。第一是意识到了世博会要走国际化路线的通产省与重视地域振兴及会场的后续利用的爱知县之间的裂痕。第二是国家和爱知县在行政方面的推进体制与当地市民之间的裂痕。

如前所述,关于第一个裂痕,县里和国家的构想之间当初就存在着想法上的明显差异。而且在理念的层面上,爱知世博会的构想已经明确地从爱知县以地域振兴、产业技术为重点的构想转换成了国家的去开发型的构想。但是,这种转换在会场规划、会场的后续利用等具体执行方面并没有得到彻底实现。

县里和国家围绕会场规划进行的攻防战早在 1996 年就已经表面化了。那时,通产省讨论委员会的构想在内阁会议上获得批准,正式的规划制定即将开始。而另一方面,县里的构想是通过新住事业来开发会场,在会场原址上建设一个人口超过六千人的卫星城市,将其作为"爱知学术研究开发区"的核心地区,因此,他们在制定会场规划时一心想要实现这个构想。出于这种意图,县里特意抢在国家前面,于 1996 年 8 月公布了自己的会场方案。该方案将世博会定位为"提出环境和谐型未来都市范式的场所",在南北向纵贯会场的道路西侧集中建设高层建筑,而在其东侧则分散建设低层建筑。另外,在地形起伏比较厉害的南部地区,用数十米的支柱支撑起高床式的建筑物,打算建设永久性设施。通产省制订的方案在框架上与县里的设想类似,不过将建筑物进一步集中到了道路西侧,对东侧的建设则加以抑制(《中日新闻》,1996 年 8 月 20 日)。

据《中日新闻》报道，国家方面的规划者批判说，在爱知县的方案中，"宣称低密度分散型的环保园区（Eco Park）的密度太高了。……尽管强调要考虑环境，但其实仍旧没有脱离旧式开发的窠臼"（《中日新闻》，1996 年 11 月 13 日）。这是外人很难发现的微妙差别，但从根本上来说，其中潜藏着立场上的重大对立，即到底是以新住事业的土地修整为前提来制定会场规划，还是以否定该事业为前提制定规划。最终，"国家和爱知县的'攻防战'连电话在内持续进行了将近十次。最后以互相让步的形式完成了整体方案"（出处同上）。

但是，在博览会协会成立后，这个问题仍未得到解决。不仅如此，协会的基本路线是同意按照爱知县的意向通过新住事业进行土地修整，并将自己的领域限定在法律规定的事业框架内，其实是倒退了。后来协会提出的会场规划从与县里的新住事业明显有矛盾的 1996 年的政府构想，变成了囊括新住事业在内的、更为分散的规划方案。前者的构想从自然保护的角度来看问题也很多，不过通过这种变化，实质性地取消新住事业的可能性渐行渐远了。即使如此，身为协会委员的建筑、环境等方面的专家们还是不断要求参与爱知县的会场后续利用计划的内容制定。但是，县里守得很严，协会的权限被严格限定在博览会事业上。这样一来，根据环境世博会的理念，与非一次性活动的地区建设融为一体的试验就不可能进行了。

如果这个时候，协会的首脑们动用政治力量让爱知县以"超越开发"为目标重新拟定地域规划的话，也许变革并非不可能。但是，首脑们着手进行的是相反的事情，他们不顾一部分委员的反对，以遭到发展中国家的强烈反对为由，取消了"Beyond Development"这个中心主题。

关于第二个裂痕，也就是行政与市民之间的裂痕，也没有得到任何解决。不仅如此，甚至在协会内部，例如策划调整评议会以"时间有限"为由没有进行充分的讨论，信息交换也非常有限。不管在会议上出现多少异议，最终都是主席总结出一个符合事务局设想的见解，并在记者招待会上公布。

不久，很多委员都批判"评议会只是一个进行报告的场所"。

曾任会场规划 PT 委员的团纪彦[1]后来批判协会的评议会运作时说："在会场规划 PT 成立后的一年半时间里,陆续公布了几个方案,但可以说这些方案没有一个是在会场规划 PT 的实际操作和负责下制定出来的。事实上,它们是博览会协会内部负责新住宅街区开发事业和道路事业的建设系统官僚的借调人员和极少数小组领导人制定的官僚主导的方案,会场规划 PT 的作用只不过是事后认可这些方案。"(《朝日新闻》名古屋版,1999 年 9 月 26 日)

即使如此,某些小组还是展开了侃侃谔谔的讨论。以武内和彦为中心的环境 PT 提出了个别新颖的方案。在策划调整评议会上,一部分委员也开始努力地从基础开始重新搭建市民参与的平台。另外,身为会场规划和运输 PT 委员的佐佐木叶[2]、森川高行[3]等人从很早开始就提议将毗邻名古屋站的笹岛地区和金城码头也加入到会场中去,将会场规划转换为分散网络型,并提议中止会场后续利用计划中的卫星城市开发。

问题是,有关这些讨论和提议的信息几乎都没有流传到协会之外,一直到 1999 年夏天诸多问题一下子爆发出来为止,各自都在孤立地积蓄着疑问和不满。就连协会委员之间的电子邮件地址的公开也是在群众性网络形成之后才开始着手的。在协会的策划运营体制启动之后的大约一年时间里,很多委员对体制毫无变化感到很焦急。

就连内部交流都是这种状态,所以面向市民的信息公开仍然有着很大的问题。例如,各个会议的内容由主席总结后公布给记者招待会,但这样一来,会议上的各种异议就很难得到传达。另外,除了这种记者招待会之外,还缺乏面向当地推进派、保护派的市民团体直接传达协会动向的机制。即使协会内外进行了有意义的讨论,这些讨论也不能很顺利地互相融为一体。

而且,信息的管理也不严格。连协会委员都毫不知情的最高

---

① 团纪彦(1956～　),建筑家。

② 佐佐木叶(1961～　),早稻田大学教授,研究领域为景观论、土木建筑设计等。

③ 森川高行(1958～　),名古屋大学教授,研究领域为交通规划、人类行为分析等。

机密却轻易地泄露给了报社,从这点也可以看出,实际上信息管理非常不严密。在 1999 年 1 月的特讯以前,协会内部的信息对媒体就一直不是秘密,甚至有过这样的事:还没有在会议上讨论的事情已经见诸报端,说得就跟这事情已经定下来了一样。因为协会是由利害关系不同的组织的借调人员构成的混合部队,因此当然无法进行严密的信息管理。这样的话,彻底的信息公开也许会让协会的立场更为有利,然而,一直到后来的讨论会议诞生为止,连策划调整评议会的会议记录的公开都是不允许的,尽管有委员要求过若干次。

尽管如此,如果爱知世博会是沿袭大阪世博会那种节日庆典型的开发主义的话,上面这些可能都不会成为问题。国家和爱知县的对立原本始于国家想介入县里的构想,并将其转换为了明确提出重视环境这一主题的构想。协会委员的各种批判和不满也是因为世博会的这种运营体制试图进行大换血,吸纳了大量对开发政策持批判态度的人才,这在以前是不可能的。从此前的政府审议会的常识来看,协会的体制并非特别落后。

尽管如此,以环境世博会和海上森林为舞台,围绕着世博会而涌现出的市民的广泛讨论和参加让我们看到,协会的态度显然是不彻底的。要想沿着将主题转换到重视环境这个方向上来的想法实现这次世博会,有两个条件是不可或缺的,那就是更大胆地对县里的地域规划进行政治性介入以及构建彻底的市民参与的系统。

4　从混乱到圆桌会议

苍鹰起飞的森林迸发出的矛盾

就这样,在 90 年代中期以降,爱知世博会在理念、概念形象、个别观念的层面上越发明确地向环境靠拢,但在会场规划和后续利用的关系、达成共识时横向的信息流动、信息公开、市民参与计划制定的系统构建等方面的问题完全没有得到解决,矛盾越潜越深。让这种郁积的矛盾一举迸发出来的契机是 1999 年 4 月发生的一件事:在会场候选地内发现了苍鹰筑的巢。

实际上,世博会会场候选地内存在珍稀野生动物苍鹰筑巢的可能性很早就有人指出了。早在 1995 年 6 月，日本野鸟会爱知县支部就宣称，几乎可以肯定海上森林是苍鹰的繁殖地，并开始进行调查。对此，1996 年 8 月县里公布了"关于生物多样性的调查"的结果，称"无法确认"会场候选地有苍鹰筑的巢。但是，1997 年 5 月，日本自然保护协会世博会问题小委员会提交了一份意见书，认为县里的环境调查做法太粗糙，需要对海上森林的自然环境进行更为细致的探讨。1998 年 1 月至 4 月，野鸟会进行了调查，结果在海上森林中发现了苍鹰在繁殖期特有的求爱式飞行，苍鹰筑巢的可能性越来越大了。

经过上述前哨战，1999 年 1 月，日本野鸟会爱知县支部再次指出了苍鹰筑巢的可能性。此后，随着繁殖期的临近，县里和野鸟会之间展开了明里暗里的攻防战，4 月 30 日，该支部发现了苍鹰的巢，约两周后，县里和协会对此进行了追认，事情到此告一段落。

苍鹰筑巢得到确认在很大程度上是预料之中的事，尽管如此，对于世博会主办方来说，不啻引发了一场强烈地震。既然已经得到了正式确认，那这件事对世博会的事业计划必将产生重大影响。发现苍鹰巢的野鸟会为了保护苍鹰，要求将会场候选地由海上森林移到别的地方，而县里面虽然承认有影响，但却坚持要在海上森林举办世博会。

不管怎样，公开提出"自然的睿智"的爱知世博会作为环境世博会的真正价值将受到考验，这就要看其如何展示与将在这片森林起飞的苍鹰们共存的可能性。如果从结果来看，以苍鹰被赶出森林这样一种方式来推进工程的话，就等于爱知世博会自己否定了自己的理念。但是，在与苍鹰们共存的前提下，在这片森林里举办吸引 2500 万名观众入场的世博会是可能的吗？新住事业带来的土地修整是不是会使森林变得让苍鹰无法居住呢？苍鹰所带来的问题实际上关系到爱知世博会本质的。

最终，春天刚刚就任的爱知县知事神田真秋[①]在县里和协会确认了存在苍鹰巢的一周之后，暗示要变更会场规划。到 5 月下旬为止，缩小海上森林的会场面积，将爱知青少年公园等已有设施作

---

① 神田真秋(1951～)，政治家、律师，1999～2011 任爱知县知事。

为分散会场加以利用的方针得到了巩固。此前，无论内部和外部提出多少批判和建议，县里和协会都无动于衷，而这次新方针的决策速度可以说是史无前例的。

为了保护苍鹰栖息的森林，就不得不大幅度缩小海上森林的会场规模，而要继续维持两千五百万的观众人数，只能启用分散会场。与海上森林的直线距离很近的青少年公园作为分散会场进入大家的视线也是很自然的事。这样，在5月末，原本应该南北向纵贯会场的出入公路的施工部分停工的方针也逐渐明朗了。因为营巢地位于出入公路附近，所以这是县里不得已而采取的措施。爱知世博会的方向发生了很大的变化：虽然以海上森林为主会场，但同时部署了青少年公园等分散性设施。

会场的"分散"还是"扩张"？

但是，上述会场规划的变更真的是在认识到了苍鹰对爱知世博会提出的问题的重要性的基础上做出的吗？的确，会场的分散化是解决复杂问题所必需的第一步。实际上，不仅是野鸟会和保护派，就连县里和协会对于苍鹰巢被发现一事也是衷心欢迎的。

其实，在苍鹰巢被发现之前，协会中的大部分人就认为仅靠海上森林来容纳两千五百万名入场观众是有困难的。因此也可以说，"在会场部分变更的幕后，是精明的中央官僚的战略，他们在高唱环境保护的同时，试图扩大会场。通过保护苍鹰，换来了扩大会场这个多年来的心愿的实现。"（《每日新闻》名古屋版，1999年6月28日晚报）当地的县议会也认识到，仅包括海上森林的"会场太小了，也没钱，按现在这个规划开不了世博会。所以苍鹰提供了一个重新考虑的绝佳机会"（《中日新闻》，6月29日）。苍鹰巢被发现后青少年公园迅速被增列为会场，是这一变更对主办方也有好处的旁证。在规划变更后召开的策划调整评议会上，协会事务总长黑田真[1]不断强调，这一变更不是"分散"，而是"扩张"。

上述想法的差异在不久后围绕加入了青少年公园的新会场规划无情地暴露了出来。根据预想，在发现苍鹰巢之后，海上森林的土地修整面积将大幅度缩小。在规划变更后的策划调整评议会

---

[1] 黑田真（1932～　），原通产省官员，1997～2000任爱知世博会事务总长。

上，也同意了把大部分设施转移到青少年公园，将海上森林的展示设施控制在最低限度这一方针。

然而，在1999年9月制定的新的会场规划中，海上地区的设施只是从二层楼房改成了平房，土地的修整面积仅仅减少了一成左右。即使预计入场人数和总面积减少了，如果土地修整面积不减少的话，环境负担就得不到减轻。而且，由于在会场规划PT中受到委员的反对而难产，这个新的会场规划是由协会事务局独自制定的。对于协会的这种强硬态度，怒气爆发的不仅是保护派的市民团体。不仅野鸟会等团体提交了要求全面撤销新的规划方案的请愿书，在1999年9月的策划调整评议会上，很多委员也都批判了事务局的方案，并拒绝批准该方案。

协会不得不采取强硬态度的理由是显而易见的。1999年9月6日，会场规划PT委员团纪彦向协会提交了质问信，在协会对这封信的书面答复中，用协会自己的话表达了上述理由。委员团提出了若干个问题，其中一个是，尽管采取了分散会场的形式后海上地区的建筑容积大约减少了一半，但土地修整面积仍然和发现苍鹰巢之前的规划差不多，其理由是什么？之所以提出这个问题，是因为建筑容积减少一半后，应该随之将修整面积也减少一半，这样才是减轻环境负担的最佳办法。而协会对于该问题的问答是："关于土地修整计划的重新制定，因为新住宅的城市规划决定、事业认可等手续已经无法撤销，所以没有讨论的余地，希望能够理解。"

正如上面所表明的那样，协会的会场扩张论的背后，是以新住事业为前提来推进世博会事业这样一种态度。自然保护派自不待言，就连很多协会委员也都提出了疑问，他们针对的就是顽固地认为这个前提"没有讨论余地"的协会。事实上，到这时为止，新住事业是实现爱知世博会理念的一个致命瓶颈，这一点已经成为很多人的共识。

如前所述，爱知县是将新住事业和世博会配套起来考虑的，所谓新住事业，就是在会场原址约一百四十公顷的土地上建设一个有两千户、六千人居住的"环境和谐型未来都市"，在设想中，这片街区将林立着从三层到十五层不等的集体住宅和研究设施。无论是从规模还是从手法上来说，这都是一个开发主义式的规划，与尽管受到批判却在一定程度上考虑到环境的世博会会场规划有着天壤之别。80年代末爱知县准备举办"另一个大阪世博会"时的构想，在这个层面上被原封不动地保留了下来。

在博览会协会自己写的环境影响评估的筹备书中，也承认新住事业对水岸、土壤、动植物、生态系统、景观等几乎所有的项目都有很大影响，珍贵动植物的"一半以上将灭绝"。问题如此之多的会场后续利用计划却独立于协会的事业计划之外，并将急不可待地先于后者推进下去。而且，对于新住计划，参与世博会会场规划的专家也指出，即使排除反对进行土地修整，从最近的房地产市场来看，两千户住宅早早售罄的希望不大，土地可能会被长期空置。即使从节约世博会的基础设施建设预算这个目的出发，新住事业的价值也变得没那么大了。

实际上，原本应该以发现苍鹰巢为契机，从根本上重新考虑新住事业的内容。如果爱知县要想回收用于海上地区土地收购的预算的话，正好这时原环境厅长官岩垂寿喜男[①]等人提出了一个能够同时实现撤销新住事业和填补预算的好主意，那就是把会场原址建设成用于环境教育的国营公园。他们的想法是：国营公园属于建设省的管辖范围，土地由国家来收购，所以即使放弃新住事业，也可以在不挤压爱知县预算的情况下，实现以保护自然为前提的会场后续利用。建成国营公园也好，从根本上修改新住事业的内容也罢，大动手术都是不可避免的。

你们正踩在地雷上

到了1999年秋天，问题的核心已经很明显了。然而，即使情况已经如此严峻，协会也无心对爱知县的新住事业进行根本性的修正。协会首脑们给出的理由是这超出了博览会协会这一组织的权限。这一主张虽然在法律上是对的，但在政治上却是错误的。如果要像保护派和环境三团体主张的那样撤销新住事业，同时也为了在协会的策划小组所拟定的"新住"的框架范围内对爱知县的地域规划进行重新编制，强力的介入应该是无法避免的。

在这种情况下，菲利普森(Ole Philipson)主席等BIE的干部来

---

① 岩垂寿喜男(1929～2001)，政治家，1996.1～1996.11任环境厅长官。

日本视察了会场。面对通产省的负责官员，他们用激烈的言辞批判了会场后续利用计划。世博会本身进行了非常细致的环境评估，但在会期结束后却要"把山削平进行土地开发，建设住宅小区"，这种行为具有欺骗性。他们还接连追问道，县里的会场后续利用计划"在我看来是非常大规模的 20 世纪型的土地开发。把山削平，把树砍倒，建设四五层的住宅小区，这种计划不正是 20 世纪型的开发至上主义的产物吗？这与你们所提出的世博会主题的理念不是背道而驰吗"？

如前所述，这一矛盾正是在泡沫经济全盛期以"另一个大阪世博会"为目标而构想出来的爱知世博会在变身为"超越开发"的环境世博会的过程中所必然会遭遇的矛盾。如何解决这一矛盾是决定整个爱知世博会的历史成败的关键所在。

当然，遭受到如此严厉的批判一事在 BIE 干部 11 月访日时完全没有被报道。所有的报纸标题都是"没问题。满意——认为爱知世博会计划制定顺利"（《每日新闻》）、"世博会筹备进展顺利——BIE 主席的看法"（《中日新闻》）之类，显得 BIE 对世博会的事业计划很满意。之所以当时的报道都是这样，是因为各报社只是原封不动地传达了记者招待会的消息，并没有努力地去调查内幕消息。

但是，此后传言开始扩散，《日本经济新闻》于 1999 年 12 月 12 日报道说，已经可以明确的是，"国际展览局的菲利普森主席等人在 11 月访日时对日本表示了严重忧虑，认为'如果 WWF 等开展反对运动的话，各国会犹豫是否要参加爱知世博会'，强烈要求重新考虑在会场原址建设卫星城市的'新住宅街区开发事业'"。接着，在 BIE 干部访日两个月后的 2000 年 1 月 14 日，《中日新闻》独家获得了有关 BIE 批判的内部文件，并以"会场后续利用是破坏自然"、"与世博会理念背道而驰"、"只不过是开发至上"等标题对其内容进行了大幅报道（《中日新闻》，2000 年 1 月 14 日）。

此后发生的是犹如洪水决堤般的巨变。继《中日新闻》之后，《朝日》、《读卖》等各报都登载了会议记录的全文，受此影响，通产大臣和爱知县知事、建设大臣之间展开了交涉。在协会，从事务总长到全体委员都在思考会场原址应该用于什么后续活动，以及那里应该采取什么样的"居住方式",另外,还围绕新住事业在会场后续利用中的是非进行了严肃的讨论,虽然为时已晚。但是,到了这一步,事情已经超出了协会层面,只能在政府层面上进行"政治性解决"了。

2000年3月,知事、通产大臣和环境三团体的负责人进行了会谈,接着又进行了事务层面上的协商。三团体的要求是如下三点:① 全面中止新住事业和道路规划;② 建立关于世博会进行对等协商的机制;③ 永久性保全海上森林的法律框架。最终,4月4日,通产大臣与爱知县知事、博览会协会会长达成了下列协议:放弃新住事业和道路建设,在广泛听取当地有关人员、自然保护团体和有识之士意见的基础上,对今后海上森林的保全和利用进行讨论。尽管已经被逼到了墙角,但这确实是爱知县神田知事的"英明决断"。

多年来怎么也无法突破的阻碍由于BIE的一句话而轻易地被打破了。如果仅从表面上来看事态的变化,看起来确实如此。这个结果仿佛佐证了日本社会如果不靠"黑船"①就无法有任何改变。

但真的是这样吗? BIE为什么在紧要关头准确地批判了会场后续利用计划呢? 究竟是什么样的力量的结合引来了"黑船"呢? 其实,BIE早在90年代前半期就收到过当地反对派市民们的信。但据说当时"没能很好地理解他们的主张"。不过,到了1999年秋天,BIE几乎全面接受了保护派的主张。其中究竟是怎样的契机在起作用呢?

是什么突破了阻碍?

让BIE如此严厉地批判爱知世博会的直接原因在于世界自然基金会(WWF)等国际环境保护团体的领导人写的几封信。在BIE干部即将访日的1999年10月末,WWF总干事给BIE主席写了一封信,对爱知世博会将给海上森林带来的影响表示了担心。他认为,"将要举行的世博会及会期结束后的住宅建设可能会给海上森林带来严重的损害,而海上森林是有灭绝危险的物种的栖息地,也

---

① 1953年,美国海军准将佩里率舰队强行驶入日本的江户湾,打破了日本闭关锁国的状态,由于舰队的船是黑色的,所以被称为"黑船"。

是名古屋市民重要的休闲场所"，并要求 BIE 采取适当的保全对策。

　　国际鸟盟（Birdlife International）的执行长也写了同样的信。信中更为明确地要求 BIE 劝告爱知县中止在海上森林的住宅计划，并劝告博览会协会不要破坏海上森林的生态系统，对自然环境进行野外展示，等等。BIE 干部自身在和通产官僚进行会谈时说道："我们很重视国际博览会所拥有的普遍形象。'爱知世博会是会导致自然破坏的大规模开发的遮羞布'，这是以 WWF 为首的国际性环境团体的主张。这种主张对我们 BIE 的活动是非常危险的。"由此可见，BIE 是极度害怕国际性自然保护组织站到博览会的敌对面的（《读卖新闻》名古屋版，2000 年 1 月 21 日）。

　　从全球的角度来看，环境运动的扩大已经远远超过了 BIE 的力量，为了 BIE 自身能在 21 世纪生存下去，世博会也需要得到这些国际性环境运动的支援。这也是爱知世博会向重视环境这一路线转变的另一个背景。因此，收到当地的市民团体来信后并没有采取行动的 BIE，对于国际性自然保护组织的劝告却作出了极为迅速的反应。

　　不过，究竟是谁推动了国际性保护组织呢？考虑到这一点，我们必须再一次将视线拉回国内。正如前面已经暗示过的那样，从 1995～1996 年左右开始，保护海上森林的地区性运动开始形成网络。这种地区性网络在 1996 年以降与全国性环境组织紧密地结合起来。在上述 BIE 访日的正好三年前，1996 年 11 月，当 BIE 主席来到日本视察会场候选地，与推进派和反对派进行面谈时，代表反对派出席面谈的有海上森林市民会议等四个当地团体以及日本野鸟会、日本自然保护协会、WWFJ 这三个中央的环境团体。从这时开始，扎根于濑户的保护派的运动与三个全国性组织的合作体制开始变得紧密起来了。

　　尤其是在 1998 年到 1999 年间，这种合作对事态的变化具有极为重大的意义。虽然当地的保护派市民团体构成了基础，但 WWF 等组织之所以会给 BIE 写信，主要还是因为全国规模的环境团体推动了上级国际组织。

网络超越边界

但是,网络并非自然形成的。从发现苍鹰巢到 BIE 的批判是一个决定性的阶段,在该阶段,两股力量使得保护派的网络急剧强大起来。其一是一位老练的政治家在促进网络形成方面所做的不屈不挠的努力。他就是原环境厅长官岩垂寿喜男,1960 年安保斗争中他是总评的斗士,同时也作为社会党的环境派对国家的公害对策和环境行政做出了巨大贡献。另外,作为日本野鸟会的副会长,他提出了一个既能中止在海上森林推进新住事业和道路建设,同时又不会给县财政带来太大负担的妙计,那就是将海上森林办成对下一代进行环境教育的国营公园。

他建立了野鸟会、自然保护协会和 WWFJ 这三个组织联合起来进行斗争的体制,并通过细致的联系、对话和劝说,将经常互相反目的地方上的反对运动撮合到了一起。而且,他还和中央的自民党政治家、部委的官僚、协会的委员进行交涉,彻底改变了看上去难以动摇的事态。保护海上森林的运动没有停留在地区性反对运动的层面上,而是与全国性组织及国际机构联合了起来,并对国家政治产生了影响,在这方面岩垂所发挥的政治能力是决定性的、不可或缺的要素。

另一股力量是互联网,尤其是电子邮件的迅速普及。松浦智子[1]详细验证了在保护名古屋港的藤前滩涂(与海上森林的水系也是相连的)的运动中,位于运动中枢的辻淳夫[2]是如何利用电子邮件将运动扩大化的(《然后,滩涂保留下来了》,LIBERTA 出版,1999 年)。虽然具体形态不同,但在保护海上森林的运动中,从1998 年左右开始,电子邮件成为了主要的交流手段,信息横向传递的速度之快是此前无法比拟的。

在爱知世博会构想的转变过程中,互联网所起的作用与此前协会的宣传及媒体报道对情况的陈腐定义形成了鲜明的对照。简而言之,就是以二手信息为中心的后者与第一手信息的传递形成网络的前者的差别。

---

[1]　松浦智子(1960～),社会学家,龙谷大学教授。

[2]　辻淳夫(1938～),保护藤前滩涂会名誉理事长、日本湿地联盟负责人。

协会此前一直致力于发动媒体把世博会的话题当成新闻来报道,但却从不提供第一手信息,也就是以各个评议会的会议记录为首的、主办方在作出决定时所依据的材料。另外,媒体上登载的报道很多都是照搬记者招待会的内容,很少有参照第一手信息写成的。

与此相对应,在互联网上,保护派的市民团体却把自己调查得到的详细的环境数据在主页上进行展示。另外,通过邮件列表,参加了各种会议和集会的人也把自己的经历直接传达给大家。当然,第一手信息也并非总是正确的,其中包含了发出信息者的偏见,但即便如此,人们也可以根据与此前的媒体报道有着本质不同的信息来对情况作出定义。

当然,利用互联网的不仅是保护派。追求新的市民参与型社会的推进派的人们也制作了主页,拓展了群众性网络。另外,从1999年夏天开始,协会内部对现状抱有危机意识的委员之间也开始交换意见和信息,并思考对策,形成了非正式的网络。

很多委员身处信息被纵向分割的体制中,不知道在自己没有参加的评议会中也有非常严重的意见对立,也不知道有些人把问题看得很严重。然而,在情况越发混乱的过程中,某个评议会中进行信息交换的邮件也开始转发给其他评议会的人,同样具有问题意识的人们之间的联系逐步加强。作为其结果之一,2000年1月14日,在时间上正好和《中日新闻》的独家报道是同一天,委员中的九位有志者向协会、爱知县和国家提交了一份意见书,内容是要求提供一个协会和爱知县、国家、环境保护团体、市民能进行横向讨论的机会,以便对计划做出路线上的修正。

在前面提到的《中日新闻》的独家报道之后,情况发生了急剧的变化,在此过程中,这些网络超越了"保护派"、"推进派"、"协会委员"等立场上的界限,开始联合起来。例如,2000年2到3月,协会的策划运营委员、通产省的环境评估委员和立场各异的各种市民团体进行了多次坦率的对话。在对话过程中,参加者们切身体会到,看上去持有完全不同主张的人们之间有着明显的信息不对称,如果能够消除这种不对称的话,是完全有可能进行建设性讨论的。

为了让这种对话能够以公开的形式进行，在刚刚决定中止新住事业和道路规划的 4 月 6 日，协会委员、保护派和推进派，再加上长久手町的人们和一部分协会职员，名为"市民参与的环境世博会 First Step Meeting"的自发性会议也诞生了。到六月为止，该会议频繁召开，把会议上立场各异的市民的对话当成"自我教育"并积极发言的谷冈郁子[①]受到了参加会议的人们的支持，不久后以戏剧性的方式当选为爱知世博会讨论会议的委员长。

5 圆桌会议的达成与局限

用市民自己的手打开 21 世纪的大门

自从 BIE 的批判被《中日新闻》报道出来之后，爱知世博会计划实现了超出大部分人预料的大转变。2000 年 4 月 4 日，爱知县知事和通产大臣放弃了被认为有问题的会场后续利用计划，即新住宅街区开发事业和道路建设。该月末，经过环境保护团体和博览会协会、爱知县、通产省之间的数次事务层面上的严肃交涉，决定设立自然保护团体、当地市民和有识之士等可以公平参加的爱知世博会讨论会议。

这就是所谓的六方共识，共识的内容包括：将会议名称定为"爱知世博会讨论会议（以海上地区为中心）"，通过市民参与来达成共识，在确定人选时要考虑当地有关人员、自然保护团体和有识之士的平衡性，对多个方案进行比较和讨论，会场地点和散发的资料要公开，等等。就这样，同年 5 月，由当地有关人员（推进派）九人、自然保护团体九人、有识之士六人、博览会协会策划运营委员四人共计二十八人组成的圆桌会议"爱知世博会讨论会议（以海上地区为中心）"诞生了。毫无疑问，这个爱知世博会讨论会议是从 90 年代初开始持续下来的有关爱知世博会的各种斗争和调整的最高潮。

事实上，爱知世博会讨论会议不仅是其诞生过程，就连到 8 月为止的几个月内的发展也充满了前所未有的波折。首先，5 月 28

---

① 谷冈郁子（1954～ ），政治家，曾任参议院议员。

日召开第一次会议时,委员谷冈郁子突然表示要竞选委员长。她是想对抗森岛昭夫才特意参加竞选的,而森岛昭夫在国家层面的世博会构想向环境转换过程中起到了重要作用,此前被协会、通产省和一部分委员认为是主席候选人。

谷冈在出席者的要求下进行了竞选演说,她认为,爱知世博会计划此前一直处于盲目状态的原因在于"试图用 20 世纪的手法来办 21 世纪的世博会",主张 21 世纪的大门必须由市民自己亲手打开。为此,会议主席不应该通过行政上的协商来确定,而应该在彻底公开的场合通过选举产生。谷冈在发言中还提到了幕府末期志士们的联盟,她是想从正面实现市民参与的环境世博会,认为这是市民对未来的责任。包括自然保护团体和当地有关人员等在内的二十八名讨论会议委员似乎被谷冈的竞选演说打动了,选她当了委员长。

讨论会议的诞生不是单纯的表面文章,它为不同立场的市民参加国家性事业的计划制定提供了一个横向讨论的场所,从这个意义上来说,它是一个划时代的事件。而且会议的实况是公开的,可以自由旁听,还在互联网上进行转播,这一点意义尤其重大。另外,谷冈的竞选演说是其后长达两个月的讨论会议的戏剧性发展的序曲。

回顾整个讨论会议的发展过程,大体可以将总共十三次会议分为三个时期。第一期是从 5 月 28 日的第一次会议到 6 月 18 日的第四次会议,这一时期的内容是运营方针的确认、协会和委员进行提案说明等,各人依次表明了自己的主张,并没有进入实质性的讨论。

但是,在第四次会议的后半段,在谷冈的催促下发言的博览会协会事务局长黑田真说:"如果你们能提出'在海上森林开博览会,可以有一定规模的东西进入其南部地区'这个方针的话,我们可以按照该方针制订计划。"这从根本上否定了讨论会议的宗旨,因此遭到了推进派和自然保护派两方委员的猛烈反对。黑田的这次失言使会议的走向从"推进派"对"保护派"这一主线转变为"中央·官僚"对"当地·市民"这一主线,并大大提高了作为"市民"代表谷冈的领导能力。

而后,在 6 月 26 日的第五次会议上,"市民派"团结到了一起,在 7 月 24 日召开的第八次会议上,谷冈委员长提出了试行方案,大家就此达成了共识,这一个月间的议程就是第二期。这一时期的特征是:在互联网上进行转播的讨论会议、谷冈命名为"开放式咖啡馆"的出入自由的讨论场所以及通过互联网的邮件列表进行讨论等,交流方式呈现多重性,另外,在达成共识的同时,裂痕和疑问也在一部分人当中蔓延开来。

这一时期的焦点是,海上森林的南部地区可以容纳多少入场观众,可以在多大程度上建设永久性设施,减轻其负担的方法又是什么。在讨论会议上,围绕这些问题,协会方案、委员长试行方案、专家和环境团体提出的方案之间进行了交锋。同时,还在外围设立了被称为"开放式咖啡馆"的讨论场所以便进行关于代替方案的讨论,这件事的意义非同小可。在这里,讨论会议的委员、环境评估专家、一直参与计划的建筑家,甚至包括神田知事在内的县政府成员也都加入了进来,进行了更为坦率的讨论,并形成了通往共识的氛围。

经过上述过程之后,最终在 7 月 17 日的第七次会议上,协会方面提交了关于海上地区的修正案,而谷冈则将其退了回去。同月 24 日的第八次会议上,谷冈提出了自己的试行方案,并使大家对此表示了同意。在第八次会议上达成的这一共识让会议过了最艰难的一个坎。此后,在到 12 月底为止的第三期中,讨论会议的焦点转移到了长久手町的青少年公园的会场方案以及会议结束后的监督体制的讨论上。

验证讨论会议

爱知世博会讨论会议是一次史无前例的、划时代的尝试,在会上,立场各异的人们进行彻底的讨论,探寻无比复杂的世博会计划的解决方案。这样的会议正式启动了,并得出了一定的结论,这两点具有很大的意义。

尽管如此,在会议结束后,对其评价并不一致。一方面,很多人给出了肯定的评价,认为"通过那些代表,在讨论时照顾到了相当一部分市民的意见,虽然不能说是全部"。但也有人批判说:"虽说是讨论会议,但对财政、会场等方面的……内容没进行讨论。"

另外，关于达成的共识，也有批判认为这是由于委员长谷冈身处领导地位才得以实现的，只不过是"疑似达成共识"。他们的疑问是，如果没有谷冈，讨论会议不可能在那么短的期间内达成共识，尽管有点勉强。但是，那真的是利害关系人经过深入讨论，在确信将来的基础上达成的共识吗？另外，关于讨论会议所面临的时间制约和前提条件是否真的难以改变，也有不同意见。

在讨论会议上没能明确的第二个重要问题是讨论会议与博览会协会及国家的关系。在后房雄①后来受协会委托写成的《围绕爱知世博会的"为了验证和扩大市民参与的论坛"报告书》（2003年）中，作为当地委员参加了讨论会议并起到重要作用的木村光伸②说了下面这番话：

> 我想，那是有各种异议的人、各种利害关系人第一次在同一个地方进行讨论。这是非常具有划时代意义的……不过问题是，……协会、爱知县和我的关系如何？这一点不明确。因为这个问题一直没有解决，所以后来只有"市民参与"这个词被叫得很响，但却并没有真正实现，就这样糊里糊涂地到了今天。

到了2000年的春夏之交，不管是否喜欢，爱知县、协会和国家都不得不接受讨论会议的决定。讨论会议之所以能够保持如此之大的政治力量，尽管只是一时性的，原因有几方面：一是其地位是由全国性的环境团体与国家之间的交涉所担保的（六方共识）；二是协会方面为了实现12月的注册③，被逼得不得不让步；三是讨论会议的走势与爱知县的舆论动向也有着很深的关联。

反过来说，当上述条件消失之后，聚集在讨论会议上的各种市民团体是否能凭借自己的力量在爱知县和协会的计划制定过程中占有确切的地位，这是个未知数。如何将像讨论会议那样的市民参与的试验发展成更固定化的市民参与的制度，是一个仍有待解

---

① 后房雄（1954～　），政治学家、行政学家，名古屋大学教授。
② 木村光伸（1949～　），名古屋学院大学教授，研究领域为生态论。
③ 指在 BIE（国际展览局）注册。

决的课题。

第三个问题是讨论会议和其他市民社会的关系形成的问题。后房雄在上述报告书中指出,讨论会议本身在这一点上有两个局限性。第一,"在会议公开方面做了很大的努力,这是事实,但是,尽管讨论会议的参加者、有关人员和旁听者等都体会到了相互理解的感动和成就感,但他们和其他的大多数市民之间存在很大的温度差"。第二,"虽然讨论会议被称为市民参与的里程碑,但其后在扩大和落实市民参与方面做得还很不够"。

同样的问题在报告书中还有另外的人提起,木村光伸说,讨论会议的议论"让普通民众的参与变得越来越遥不可及,起到了非常负面的效果,这种情况发生在濑户市等地区",因此,"我们现在能做的,正在做的就是重新摸索和这些民众一起能做些什么事"。吉见俊哉也认为,"有必要在讨论会议的外围建立一种机制,使得讨论会议的动向能够更广泛地推广,或者能够将其支撑起来",但这件事最终失败了,他感到很懊悔。正如后房雄所指出的那样,讨论会议"也包括反对派委员,是制定新的会场方案的地方,为了使新方案获得市民的认可,应该需要设立另一个场所",尽管如此,"原本只应该制定新方案的讨论会议同时也成了获得市民认可的场所,承担了过多的功能",这也许"让讨论会议的性质变得难以理解了"。

不过,讨论会议的结论所带来的最令人啼笑皆非的结果是,由于海上会场的面积大幅缩小,主办方在进行"环境"世博会的构想时,不一定非要与"海上森林"这一具体的自然环境对峙了。90年代中期以降,在谈及爱知世博会时,海上森林是将"世博会"和"环境"联系起来议论时的一大筹码。既然海上森林是会场,那世博会的惯例完全是行不通的,这一点不仅是专家,就连主办方也明白。爱知世博会的"环境"这一主题的实质总是和海上森林的具体自然环境联系在一起接受验证,有时还会受到无情的报复,这些都是会场设置这件事本身的应有之义。

然而,一旦海上森林不再是主要会场,上述验证功能就不起作用了。虽然爱知世博会提出"环境"作为主题,但至少在青少年公园这个主会场,可能有更多的人认为应该追求的不是这一主题的实质,而是和以前的世博会一样的"趣味性"和"华丽辉煌"。因此,对认为爱知世博会重视"环境"太无趣的人来说,海上会场的大幅缩小可能也是一个值得欢迎的结论。

堺屋太一再次登场

围绕爱知世博会的各类问题的令人啼笑皆非的转变早早就一目了然了。爱知世博会的举办在 2000 年 11 月的 BIE 执行委员会上被认可,12 月在 BIE 全体大会上被正式确定。但是在会上,BIE 居然以海上会场太小,"森林不是展示对象"为由,要求主要设施不要放在海上森林,而要转移到青少年公园。

从 BIE 的立场来说,要想让外国馆有更多的观众,需要把能吸引观众的设施集中到其附近。结果,注册申请书中原本将海上森林会场定位为"具体体现"爱知世博会的"自然的睿智这一主题的象征性会场",这样的措辞表达后来也被删除了。在主办方看来,海上森林已经开始变得不是爱知世博会的无可替代的"筹码"了。

另一方面,中部地区的经济界和通产省对此前不断变化的形势感到越来越不安,这种不安也导致了他们回归过去的世博会幻想,认为"只有那个人能把我们救出困境"。"那个人"就是世博先生,即堺屋太一。堺屋参与了以大阪世博会和冲绳海洋博览会为首的战后日本的主要世博会,并一直以此为荣。当爱知世博会问题一片混乱时,他正在担任经济企划厅长官,在经济界人士看来,他们的世博会幻想正面临危机,因此将其与对堺屋个人能力的信仰联系起来也并不奇怪。实际上,当讨论会议跨过最大一个坎的时候,当地经济界和博览会协会终于具备了对此前一直加强攻势的市民派进行反击的条件,他们试图着手以黑川纪章或堺屋太一为中心来制定反击对策,这两个人都是与大阪世博会有很深渊源的人物。而中部经济界存在着根深蒂固的大阪世博会幻想,因此他们向与该幻想密不可分的堺屋频送秋波。

这种动向的出现比堺屋实际就任"最高顾问"要早很久,大约是在 2000 年 8 月末左右。至少在 9 月份,为了能请堺屋担任新的制作人体制的带头人,博览会协会就开始进行准备工作了。有关世博会的主题,也由事务局进行了修正,而这种修正明显是在意识到堺屋的基础上做出的。

12 月 BIE 全体大会正式决定举办爱知世博会之后,很多中部经济界人士纷纷表示,"成功与否要看是否起用堺屋先生。想用三顾茅庐之礼请他出山",或是"想不出比他更好的人选了",等等。这种愿望在丰田汽车的统帅、曾任博览会协会会长的丰田章一郎和通产大臣平沼赳夫①等经济界和政界首脑身上尤为强烈,一度坚辞不受的堺屋最终以"最高顾问"的形式被请出了山。堺屋于 2001 年 3 月 19 日正式就任该职,与此同时煞有介事地组建了爱知世博会推进最高会议,聚集在该会议中的政界和经济界的首脑们觉得,这下爱知世博会终于走上正轨了,都如释重负。

但是,经济界、爱知县和协会都漏算了一着,那就是堺屋自己也是醉心于大阪世博会幻想的人。讨论会议受到人们那么大的关注,成为人们议论的焦点,历经波折总算达成了共识,得出了结论,但在就任"最高顾问"之后,堺屋居然毫不在乎地无视该结论,仿佛是要扩大和发展大阪世博会的幻想一般,开始将自己的世博观注入爱知世博会。当然,堺屋的目标和此前经过反复讨论、深化认识的市民团体的想法产生了尖锐的对立,这种对立超出了协会和爱知县的预期。

在就任最高顾问之前,堺屋就在发言中说:"世博会是专家的活动。市民不应该参加奥运会的马拉松比赛。"否定了市民对计划制定的参与权,因此市民团体要求他收回发言(《读卖新闻》名古屋版,2001 年 3 月 13 日)。而且,在就任最高顾问的见面会上,堺屋也认为,按照获得讨论会议共识的现行方案,很难举办"世博会",他还主张,有必要对 BIE 注册的规划进行大幅修正,"重新考虑会场规划",还说"博览会是创造文化的事业,与公共事业不同,不需要大家意见一致。需要彻底地做前人未做过的事",从正面否定了此前的探索历程。

堺屋的这种对"世博会"的热烈想法与经历过讨论会议的市民们对世博会的理解产生决定性的冲突,是在堺屋就任之后大约两个月的 2001 年 5 月末。对"世界博览会是大型的文化活动,正因为

---

① 平沼赳夫(1939~),政治家,2000~2001 年任通商产业大臣,2001~2003 年任经济产业大臣。

它具有'神圣的一次性',所以能够在文明的跳跃期发挥伟大的作用"这一点深信不疑的堺屋,将预计入场人数从一千五百万人向上调整为两千万人,并将与主会场爱知青少年公园相邻的七十公顷的砂土采集场新加入到会场中,并提出了一个宏大的构想:在那里建设高达一百米的外国政府馆,并将该馆面积达一公顷的墙面作为能够容纳一百万人的巨型露天剧场的屏幕。

在堺屋看来,爱知世博会正处于到底是办成"世界博览会"还是"地方博览会"的紧要关头,为了不办成地方博览会,至少要动员两千万人以上的观众。为此,需要具有让人们发出惊叹的"非日常性",一公顷的屏幕是其关键。在加上了砂土采集场之后,世博会场有海上森林、爱知青少年公园和砂土采集场这三个会场,堺屋构想的核心是将它们分别定位为"自然剧场"、"公园剧场"和"信息剧场"。另外,为了确保这么多观众能顺利到达会场,需要让爱知环形铁路的支线直接通到世博会场。

堺屋构想在受到打击的当地人看来,"就好像刚入座就把饭桌掀翻了一样"。因为首先,他公然无视在历经了多次困难的讨论后才获得的爱知世博会讨论会议的共识,并将成为痛苦讨论前提的制约条件也去除了。如果在海上森林和青少年公园之外可以有第三个会场的话,讨论会议的结论有可能会很不一样。第二,在经历了讨论会议的市民们看来,堺屋固执地强调的入场人数以及一公顷屏幕、世界塔(World Tower)等巨型作品,只不过是落后于时代的批量生产型的思维方式。第三,堺屋看上的砂土采集场是民间私有土地,而且作为爱知县为数不多的硅砂和陶土的开采地,仍处于营业状态,估计拿地将会非常困难。第四,如果要在世博会场中追加多达七十公顷的面积的话,需要重新进行环境评估,并且要和BIE进行注册条件变更的交涉,而这些在时间上已经来不及了。第五,要实现堺屋构想,会场建设费可能会大幅膨胀,但无论是县里还是协会,都已经完全没有余力承担了。

另外,在提出这些方案时,堺屋豪言壮语的口气就仿佛只有他自己熟知世博会的一切,是一种高压式的态度,抹杀了当地人此前的艰苦奋斗,这也是爆发批判的另一个原因。

"堺屋骚乱"中没提到的事情

就这样,开始了一场将堺屋、市民团体、爱知县、协会、通产省和爱知县经济界都席卷进去的纠纷,当地将其称为"堺屋骚乱"。这个名称可能包含着这样一种语感:如果说从 BIE 批判会场后续利用计划到讨论会议的发展历程是大的历史浪潮的话,那"堺屋骚乱"则是其后的小闹剧。虽然以丰田章一郎为首的经济界对堺屋的方案比较有好感,但当地市民,不管是自然保护派还是世博会推进派,全都猛烈反对。最重要的是,爱知县、濑户市和丰田市等当地自治体对堺屋的方案始终持否定态度,这对事态发展起到了很大作用。可以说,当地市民和行政部门团结一致拒绝堺屋的扩大方案这一场景已经出现。

以砂土采集场的会场化作为主要着眼点的堺屋构想在 5 月上旬清晰地浮出水面。该月下旬,神田知事对平沼经济产业大臣表示,铁路线直接进入会场一事他们会努力争取实现,但砂土采集场的会场化很难。接着,6 月 1 日,举办了堺屋向有关行政长官和经济界首脑说明构想方案的恳谈会,这个问题一下子迎来了最高潮。在会上,爱知县知事认为这是一个"非常难以实现的课题",濑户市长则表示,"将会场扩张到砂土采集场关系到陶瓷业从业者的死活问题,所以反对",还有人说"作为行政部门,负不起这个责任"、"谁能拿到土地",等等,批判声不断。经济界首脑中也有人提出"问题在于地点",持异议者占了大半。堺屋后来提出了一个妥协方案,把扩张面积减小到二十多公顷,但爱知县的判断还是"办不到",始终拒绝砂土采集场的会场化。最终,堺屋和爱知县公开决裂,堺屋于 6 月末辞去了仅仅担任了三个月的"最高顾问"一职。

乍一看,似乎是堺屋辜负了协会、爱知县和经济界的期待,无法走出大阪世博会的幻影,突然对当地提出了过分的要求,一旦要求无法实现,就闹别扭辞任了。如果是这样的话,那"堺屋骚乱"就仅仅是无法完全跟上历史变化节奏的堺屋一个人的独角戏。这是真实情况的一个方面,媒体的报道也主要是基于这种理解。但是,如果重新细致地探究"骚乱"的内容就会发现,这里有几个无论如何都无法消除的疑问。

第一,就任最高顾问后的堺屋的行为真的出乎大家意料吗?

在他就任的前一年,也就是 2000 年 10 月的时候,曾经接受过日本经济新闻的采访,当时他谈到了自己对讨论会议结论的解释,即"新计划不仅仅解除了公共事业方面的制约,而且回到了一片空白的阶段",他还主张,预计入场人数"一千五百万人太少了。从爱知世博会的意义和条件来说,必须要达到三千万人"(《日本经济新闻》名古屋版,2000 年 10 月 15 日)。

这时,堺屋主张世博会"应该展示以理想的形式实现高龄化、循环型、信息化这三点的社会范式",而他的这一主张当时正在不断被协会事务局引进到世博会理念中,由此我们可以推测,堺屋就任综合制作人已经是既定方针了。这样的话,堺屋对讨论会议结论的理解与当事人的认识有着不可调和的差距这一点应该很容易预计到。如果协会连这一点都没预计到就邀请堺屋担任"最高顾问"的话,只能说他们极其不用功,但是反过来,如果他们是在知道这一点的情况下还邀请堺屋的话,就说明经济界和协会试图通过引入堺屋来慢慢瓦解讨论会议的成果,这是一个狡猾的战略。

还有一点是,尽管当地媒体连日大肆报道"堺屋骚乱",但对引发一连串骚乱的最大焦点的讨论实际上非常不充分。堺屋提议作为第三个世博会场的砂土采集场靠近爱知环形铁路的八草站,是一片山林被破坏的荒地,那里散布着几处开采硅砂和陶土的矿山,还有产业废弃物的填埋场所等。我估计,堺屋赌上自己的去留也一心要把这片土地会场化的理由除了扩大会场面积之外,还有一点可能是他在三月下旬在现场视察时被采集场的景观迷住了。

事实上,担任堺屋助手的宫本伦明在对反对堺屋强制性方案的市民团体进行说明时曾这样说道:之所以想将砂土采集场作为新会场,"是因为青少年公园作为会场没有魅力",理由"不仅仅是面积大小"(《中日新闻》,2001 年 6 月 3 日)。反过来说,作为世博会场,砂土采集场具有青少年公园所没有的巨大魅力。在那里,散布着为了开采硅砂和陶土而挖掘的深达四十米的洞,并随处可见陡峭的悬崖,呈现出一片象征着爱知县窑业的风景。而且,该地区的东北角是产业废弃物处理场,如果考虑到作为大工业地带发展至今的爱知的历史,这是一片象征着产业化的负面遗产的场所。

在堺屋的方案中,这是一块试验场,准备在这片采集场上种植珍稀植物等,用十年左右的时间再造自然景观。这样一来,在可以称为现代产业化象征的这片土地上,在森林被砍伐殆尽之后进行再造自然的试验,这正是爱知世博会为了"超越开发"而进行的关键尝试。

实际上,这片砂土采集场作为会场的可能性从爱知世博会构想的早期阶段就已经被讨论过很多次。堺屋的会场方案绝不是突然的心血来潮,很多人早就确信采集场比青少年公园更适合作为环境世博会的会场,但却放弃了这一可能性,堺屋只是重新提出了这个问题。

然而,正是这个砂土采集场的问题,成了当地自治体对堺屋方案无论如何都无法让步的瓶颈。事实上,对于堺屋的扩张方案,协会曾提出过一个妥协方案,即可以确保在采集场扩大二十四公顷的面积,但是爱知县一直到最后都坚持在青少年公园内扩大会场面积。县里拒绝堺屋方案的理由之一是民间企业还在继续开采以及那里有产业废弃物处理场。但是,让开采硅砂和陶土与世博会的事业并存真的不可能吗?另外,产业废弃物处理场的建设,对于环境世博会进行再造自然的试验来说,难道不是一个带有挑战性的条件吗?

不过,在解决这些困难的课题时,堺屋的手法太专横了。正如保护藤前滩涂会的辻淳夫在堺屋方案遭到总攻击的跟踪会议上所冷静指出的那样,"将自然复原是理想的做法,但如果因为群众做不到就让他们别参与的话,那只是恫吓"(《中日新闻》,6 月 3 日)。堺屋方案中所包含的唯一可能性却因为堺屋傲慢的态度而变得难以发觉,最终,这也遮蔽了无法挑战堺屋权威的当地自治体的极限。

后退为"爱·地球博览会"

关于堺屋辞任后爱知世博会所走过的历程,我想在此没有必要多说。从爱知世博会计划所经历的多次戏剧性转变的历史来看,那是一个有点无聊的结局,是协会、爱知县、国家和经济界担心世博会被迫中止,首先追求安全的结果。

从某种意义上来说,"堺屋骚乱"的始末是"当地"对"东京"这一图式中,"当地"的市民和自治体团结起来阻止来自东京的蛮横干涉的过程。在这一图式的延长线上，如果经济界、爱知县和协会要摸索让爱知世博会软着陆的方法的话，当然会回归原点，也就是让爱知世博会回到由于国家介入而导致计划大幅更改之前的样子，这没什么奇怪的。

堺屋辞任仅仅半个月之后，博览会协会就委托木村尚三郎、菊竹清训和泉真也三人分别担任宣传、会场和展览的综合制作人。木村原本就是在爱知县层面上总结出爱知世博会构想的人，菊竹参与了冲绳海洋博览会的人造海上都市的设计和筑波科技博览会的会场规划，泉则担任过大阪花博会负责展览的综合制作人。也就是说，协会把操纵好几次都即将坠毁的爱知世博会着陆的任务交给了参与过冲绳海洋博览会、筑波科技博览会和大阪花博会的踏实可靠的"有经验者"们。

不过，当世博会开幕时，这三个人都已经超过了七十五岁，从这点也可以看出，这些人选已经不是为了试验新东西了。为了避免中止举办世博会这一最坏的事态，协会不得不尽可能地选择守势。

这样，到了 2001 年 10 月，完成了新体制下的基本计划的框架，同年 12 月，公布了基本计划。其要点说到底就是举办"以'自然的睿智'为纵轴，以'地球大交流'为横轴的广泛参与和交流的博览会"。大家很容易发现，在这两个关键词中，"自然的睿智"勉强继承了 90 年代中期爱知世博会计划向环境倾斜，即"超越开发"这一理念出现之后的潮流，而"地球大交流"则意味着爱知世博会构想以"技术·文化·交流——新的地球创造"为基本主题时的思维方式的复活。

新的制作人体制下的基本计划虽然将前者作为象征保留了下来，但更重要的是试图将后者作为世博会的公开形象。这一点在基本计划所提出的举办世博会的目的中表现得最为典型。90 年代中期转变方向时的世博会计划是以环保社区（Eco-Community）和生活技能（Art of Life）这两大关键词为核心，目的是实现问题提起型、理想的未来时代的试验场所、站在亚洲立场上等理念。与此相对，新的基本计划提出的举办目的是下面四点：① 创造宏伟的文化·文明的事业；② 多样的文化·价值观的交流场所；③ 日本向世界传递信息;④ 现在向未来传递信息。很明显,这四点都可以汇总到"地球大交流"中。在这种趋势下,2002 年 1 月,爱知世博会的爱称被定为"爱·地球博览会",在宣传等方面也开始全部使用这一爱称。

"环境世博会"与"市民参与"的走向

世博会计划回到起点的倾向,在海上森林与青少年公园这两个会场规划中也表现得很明显。在基本计划中,两个会场中的海上地区被定位为"作为爱知世博会原点的'纪念区'",开展"以里山的自然、陶瓷、市民的主动参与和交流为核心的活动"。另一方面,作为主会场的青少年公园地区则被定位为"体验地球大交流的繁华区","有国家、国际机构、民间企业、市民等众多参与者,……展现出国际博览会的规模感,并让观众拥有非常愉快的体验"。

在青少年公园,将要建设的是各国政府和国际机构的共同出展设施"全球共同馆(Global Common)"、用"水平走廊"将会场的主轴串联起来的"全球环(Global Loop)"、在会场的中央区展示最尖端技术的"全球屋(Global House)"、作为活动舞台的"地球大交流广场"、NGO·NPO 的展示场所"地球市民村",等等。而在海上地区,列入计划的是"政府出展活动"、"爱知县出展活动"、"市民交流广场",等等,其内容都很抽象。

无论是从名义上看还是从实际内容上看,爱知世博会正在逐渐变成非"海上森林"的博览会。不久,"海上"和"青少年公园"一起就被从世博会的会场名称中拿掉了,代之以自治体的名字,分别改称"濑户会场"和"长久手会场",这样的名字比较稳妥。

重心从"自然"回到了"交流"的世博会计划中,反而越发被强调的是"市民参与"。在原本的爱知世博会计划中,"市民世博会"这一要素并非从一开始就受到重视。在由于 BIE 的批判而迎来动乱期之前的博览会协会中,曾经有小组呼吁市民参与是世博会不可或缺的要素,为此还制定了具体的项目计划,但在整个协会中,这种意见一直处于边缘地位。

然而,这种对于"市民参与"的定位突然间发生了变化。"市民参与"被公认为爱知世博会的一大支柱,爱知县、濑户市和协会的制作人们也再三强调对此要加以推进。在堺屋辞任几个月后,爱知县的神田知事提出，爱知世博会的目标是"办成能够促进地区发展的县民参与型的世博会"。在新的制作人体制下制定的基本计划中，将在海上会场建设市民参与型的展馆——"市民交流广场"，而在青少年公园会场，将建设以国际性 NGO 和 NPO 为主体进行运营的"地球市民村"。

在海上会场，以协会在公开招募中选出的召集人为中心，以"对 21 世纪的地球市民来说什么是无可取代的，如何才能保持可持续发展"为主题，公开征集市民项目，在第一次公开征集中，有三百五十多位市民应征，大大超出了协会的预计。就这样，从早期阶段开始就在协会内部讨论过的市民参与的项目历经曲折，终于得以实现，虽然参与主体发生了改变。

这种过程本身很明显是一个小小的进步，如果到这一步为止所花费的巨大成本另当别论的话，是应该大加赞许的。的确，在这件事的发展过程中出现过若干曲折，例如围绕海上会场用于施工的道路的建设，市民团体严厉批判了协会提出的方案，但将"市民参与"作为爱知世博会的支柱这一趋势已经无法改变了。

但另一方面，我们也应该注意到，这里的"市民参与"毕竟只是在不根本修正会场规划的前提下，在有限范围内的实践。其局限性在青少年公园会场内的儿童综合中心关闭一事中表现得尤为清楚。这个中心是以"儿童与艺术的接触"为主题，自 1996 年起开设的设施，据说，在儿童教育专家和当地艺术家的参与下，开发并实践了多达五百种优秀的游戏项目。它在国际上的评价也很高，所以，按理来说应该也可以将其定位为市民参与世博会的第三核心设施。但是，尽管有人递交了要求中心继续办下去的请愿书，最终，为了使用高科技的"创造力游乐园"能够建成，中心还是成了牺牲品。

在丰田的巨大阴影下

正如上面所论述的那样，爱知世博会的转变过程非常复杂，而且是多层次的。不过，目前为止的讨论中实际上还遗漏了一个决定性的主体。细心观察讨论会议后的一连串事件就会发现，这些事件的主角既不仅仅是堺屋太一，也不仅仅是支持讨论会议的市民。

实际上，这个幕后的主角从提出举办世博会的构想时开始就在当地保持着压倒性的影响力，随着世博会计划逐渐陷入混乱，它随之便作为世博会的当然主角而登上前台。毋庸置言,它就是跨国企业丰田。作为国家项目的爱知世博会事实上的主角,丰田公司的名誉会长丰田章一郎是博览会协会的会长,并将很多职员安排进了协会,从这点也可以看出,丰田从一开始就占据着能够左右爱知世博会动向的位置。

但是,一直到 2000 年的急剧转变为止,丰田在爱知世博会中的作用并不明显。丰田原本瞄准的是在国际市场上的发展,而不是局限于当地,因此,它与中部电力、东海银行、名古屋铁道等扎根于中部地区的企业一直保持着一定的距离。

但是,自 2000 年丰田副会长矶村严①成为名古屋商工会议所会长之后,丰田作为名副其实的中部经济界的支柱,大幅扩大了其存在感。同一时期,丰田副社长就任中部经济联合会的副会长,而与丰田属于同一系统的电装(DENSO)的社长就任中部经济同友会的代表干事,丰田的人脉一举占据了中部经济界的要职。2001 年夏,在世博会场建设费的当地负担份额一百一十五亿日元中,约三成(三十三亿多日元)是由丰田、电装、丰田自动织机等丰田集团旗下各公司出资的。进一步说,推举堺屋太一担任"最高顾问"时起到决定性作用的也是丰田。在堺屋就任最高顾问后,丰田章一郎多次与其进行会晤,并发言称(堺屋方案的)"责任由我来负",借此支持堺屋。

通过上述情况我们可以发现,对于 90 年代末以降爱知世博会计划的转变,可以用与之前所说的完全相反的观点去解释。希望缩减海上森林的会场面积,如果可能的话,想让海上森林从世博会场名单中消失的,难道只是自然保护派的市民吗? 也许,与这些团体立场完全相反的一股巨大势力,从某个时候即已开始考虑将爱知世博会和海上森林割裂开来。

想要保住爱知世博会的"环境"这一主题的商业价值。但是,如果要将整个世博会在环境方面的措施在海上森林逐一进行实质性尝试的话,也就太受拘束了。如果可能的话,在举办世博会时,想把"环境"作为口号,同时能更加突出产业和娱乐。如果有人持有上述想法,并不奇怪。

---

① 矶村严(1932~2004),实业家。

以丰田为支柱的爱知经济界从 90 年代末的某个时候起，开始与全力以赴地保护海上森林的自然的人们拥有了同样的目标，但其意图与后者完全不同。在看准讨论会议跨越了最大的难关，并热心地抬出堺屋太一之前，他们没有在围绕世博会的政治动向中直接抛头露面。但是，回首往事，从发现苍鹰巢后世博会场的分散化到《中日新闻》的 BIE 批判的独家报道，如果没有这股幕后巨大势力的积极或消极的支持的话，世博会所面临的极其困难的状况到底还能发生那么急剧的变化吗？

在爱知世博会的转变过程中，市民最难看清的也许就是这种巨型资本的战略、意图以及世博会定位在其中的变化。爱知的产业界在同一时期开始强调爱知作为"制造业"基地的主体性，并开始致力于产业观光。

就丰田来说，到 2005 年为止，从用四千件实物和现场表演展示纤维机械和汽车技术史的产业技术纪念馆、展示世界名车的丰田博物馆、可以近距离参观丰田生产线的丰田会馆、聚焦于创始人丰田佐吉①及其继承人丰田喜一郎②的业绩和精神的丰田佐吉纪念馆和丰田鞍池纪念馆、占地达四十五公顷的里山示范林"丰田森林"，到作为体验型环境学习设施在岐阜县白川乡建成的丰田白川乡自然学校，建设了众多名副其实的从"产业"到"环境"的专业级别的设施，大有将世博会本身也办成自己公司的文化设施之势。

换句话说，如今，爱知世博会看起来仿佛正在沦为在大范围内铺开的丰田文化设施的附属建筑。虽然以前丰田就已经超出爱知县企业的范畴了，但现在，爱知县本身大有逐渐成为丰田的一个部门之势。这正是地方性的事物超越了国家的范畴，被全球性的事物吞并的典型事例。就这样，爱知世博会最终变成了丰田博览会，成了市民博览会，同时也是环境博览会，带有三层面貌。我们应该如何面对互相缠绕在一起的这三种面貌呢？

---

① 丰田佐吉(1867～1930)，发明家、实业家，创立了丰田纺织等企业，是丰田集团的奠基人。

② 丰田喜一郎(1894～1952)，实业家，丰田汽车的创始人。

末章 世博幻想与市民政治

1 从爱知世博会到战后的世博会史

与爱知世博会的两次相遇

1994年秋天,住在濑户的两位女性造访了我的研究室。她们分别是曾我部行子女士和北冈由美子女士,是市民团体"物见山自然观察会"的主要成员,当时,该团体为了保护原本应该成为爱知世博会主会场的海上森林的自然环境,正在推进反对举办世博会的运动。我在那两年前出版了《博览会的政治学》(讲谈社学术文库)一书,在书中我论述道,在19世纪后半期迎来全盛期的博览会时代在20世纪中期,最晚也在大阪世博会之前就已经终结了。另外,在其全盛期,博览会与帝国主义、殖民地的目光以及对大众性消费欲望的唤起是密不可分的。"物见山自然观察会"的成员们读了拙著,来拜托我在当年年末由她们举办的反对世博会的集会上进行演讲。

听了她们的话,我答应在那年12月初由世博会讲座实行委员会主办的市民集会上进行演讲,市民集会的名字叫做"现在质询'爱知世博会'! 世博会与里山"。我现在已经不记得当时讲的内容了,估计基本上是重复了《博览会的政治学》一书中的要点。在集会结束后的联谊会上,我听很多人讲了濑户的情况,说实话,那时我丝毫没想到这就是我与爱知世博会不浅的缘分的开始。"博览会"对于当时的我来说,是一个已经基本上完结了的课题,我的主要兴趣已经转向了别的地方。因此,我没有预料到自己不得不再一次从根本上思考爱知世博会问题以及作为其前提的战后世博会，也没想到到头来又出版了一本以世博会为主题的书。

不过，回顾一下这段历程就会发现，这次演讲是本书最初的出发点。在与"物见山自然观察会"开始来往后不到一年，又被当时正在筹办爱知世博会的通产省博览会推进室叫去征询意见，还出席了通产省主导的工作小组的会议。

如前所述，当时，国家正在介入爱知县主导的世博会计划，并将世博会的主题向重视环境方面进行大幅度的转换。国家方面有一种危机感，即 2005 年世博会如果完全按照爱知县的构想来办的话，将会跟不上国际潮流，可能很难获得举办权。因此当时，以精明强干的官僚、博览会推进室室长松尾隆之为中心，出现了彻底改变爱知县方案内容的趋势。以通产省年轻官僚为中心的这一趋势将会催生出什么？国家能在多大程度上主动变革此前一路加以推进的战后世博会的构造？而我对于从内部窥视这些问题确实有些兴趣。

为慎重起见，在此我想先声明一点，在 1995 年—1996 年的时候，以通产省的博览会推进室为中心进行的议论的氛围，与 1997年在 BIE 全体大会上获得举办权并设立博览会协会之后的策划调整评议会等机构的氛围完全不同。我能感觉到以松尾为中心的一群人有一股要办一届与此前完全不同的世博会的气概，有不少成员都觉得现有的世博会让人非常别扭。如果是那样的世博会，还不如不办——我感觉到很多人都有这种想法。而且，围绕爱知世博会的严峻的周边状况甚至让人有一种预感，即这次世博会也许会变身为某种与此前的战后世博会和地方博览会完全不同的、让"世博会"的概念几乎解体的东西。

结果，在博览会协会设立后，我在与当地的"反对派"保持联系的同时，又担任了策划调整委员——这一立场充满了矛盾。首先，既然我认为博览会的时代已经结束，如今再大张旗鼓地举办世博会没什么历史性意义。因此，我这样的人担任"推进"世博会的组织的委员，是言行极其不一致的。第二，我对当地的反对派感到同情，也对在海上森林举办世博会抱有疑问。既然如此，那为什么不从正面提出反对世博会，而且竟然还担任了博览会协会的委员？简而言之，人们认为这家伙说的跟做的不一致，而且做的事情也充满了矛盾。

当然，我还没有迟钝到没发现这种矛盾的程度。尽管如此，至今我仍然认为，在 90 年代后半期围绕爱知世博会的状况中，除了被卷进去之外别无选择。例如，当被邀请担任博览会协会的委员时，我提出了几个条件，如在评议会上和外面的媒体上都能自由发表反对意见、不隐匿在委员会上获悉的信息，等等，协会同意了我提出的所有条件。如果是在发言自由、可以持反对立场的前提下邀请我的话，我怎么能够拒绝呢？我认为，将世博会计划是否真能从根本上改变"世博会"的概念这个问题也当成自己的问题并接受委员一职，才是正经的、负责任的做法。

更宏观地说，这与社会学中被称为"吸纳反对派"的手法相近。从推进事业一方的角度来说，当该组织有弱点时，不是将反对派排除在外，而是在某种程度上对其加以吸纳在战术上会更有效。不是在敌我之间划一条单一的分界线，而是尽可能吸纳看上去会提出异议的人们，这样做可以给将来事业的发展留有更大的余地。

当然，这种做法是一把双刃剑，吸纳进来的人有时会从内部发动叛乱。但是，爱知世博会时，国家原本就试图大幅变更爱知县的旧计划，因此吸纳众多异己分子是符合其目的的战术。反过来说，从被吸纳人员的角度来说，如果发言的自由有保证的话，拒绝邀请简直就是不战而逃。

在转变的情况中

经过上面这番考虑，最终，我是从 1998 年 3 月开始，中间经历了《中日新闻》的独家新闻和讨论会议的动乱时期，一直到策划运营委员会的体制被废止的 2000 年 3 月为止，在大约两年的时间里，担任了自己不太想当的协会委员。这期间，会议的氛围与我前面讲到的通产省准备阶段的小委员会的氛围完全不同，这让我很生气，曾经几次提出过辞任，但一直给拖了下来，就这样，两年过去了。

对我来说，这段时间的一大收获是结识了与前述自然保护团体不同的、有附加条件的当地推进派。在名古屋统领城市建设智囊团的井泽知旦①、中部废物利用运动的领导人萩原喜之②、从市民角度思考世博会构想的市民团体领导人佐藤真纪子等,在陷入混乱的博览会协会的内部和外部,我认识了很多当地市民团体的人。他们和船曳建夫③、清水裕之④,还有我等几名研究者一起,反复讨论了世博会中市民参与系统的理想状态。虽然后来主体发生了变化,形式也有很大变化,但这是此后爱知世博会的市民参与方式的最初提案。

不过,一直以来我都觉得,而且现在也觉得,在那种情况下我只起到了一半原本应该起到的作用。如前所述,在 90 年代中期,围绕爱知世博会,我遇到了三种不同立场的人们。最初是反对举办世博会的当地自然保护运动的市民们,第二是试图从国家层面改变世博会现状的年轻官员们,第三是在世博会中探索新型市民参与的可能性的市民们。另一方面,我和参与会场规划的建筑家隈研吾、竹山圣⑤以前就认识,在策划运营委员和通产省中也有很多老朋友。难道真的不可能在更早的阶段把这些人横向串联起来开辟对话的可能性吗?

虽然我很早就指出:如果爱知世博会真想实现其主题的话,需要在思考事业主体的方式上进行决定性的变革;如果要让市民成为世博会的真正主体的话,不可或缺的第一步是彻底公开信息;由此来看,当时的博览会协会的体制确实存在很多问题,但一直到情况陷入僵局为止,我自己并没有冒着危险采取火中取栗式的行动。这也许说明,说到底,我是"东京"的学者,即便以"爱知"为主场,也不是"活动家"。或者说明,在早期阶段,不同立场之间的对话原本就是不可能的。

结果,在这种情况下,爱知世博会经历了从发现苍鹰巢、BIE 对新住计划的批判到爱知世博会讨论会议的诞生等一连串骚动。说

---

① 井泽知旦(1952~   ),名古屋学院大学教授,研究领域为城市建设,曾任都市研究所 SPACIA 董事长。
② 萩原喜之(1953~   ),1980 年成立"中部废物利用运动市民会"。
③ 船曳建夫(1948~   ),文化人类学家,东京大学名誉教授。
④ 清水裕之(1952~   ),都市环境学家,名古屋大学教授。
⑤ 竹山圣(1954~   ),建筑家,京都大学副教授。

实话,这一发展过程超出了我的预想。我没想到,围绕着海上森林的自然保护和市民参与的方式,问题竟然会以那么戏剧性的方式明朗化,也没想到国家和协会的计划会发生那么大的变化。在作为国家大事的世博会中,使得这种变化发生的力量到底来自何处?在被卷入围绕爱知世博会的问题的过程中,我的经历如果要在这个国家的世博会历史中加以定位的话,那又暗示着世博会会有何种变迁呢?

围绕博览会的〈政治〉与"政治"

因为有上述疑问,我在与爱知世博会的问题发生关联的过程中,逐渐改变了自己看问题的角度。最初,反对世博会的市民团体邀请我参加集会时,我的身份是《博览会的政治学》的作者,也就是博览会历史的研究者。对我来说,"博览会"是在思考 19 世纪到 20 世纪的国家和庆典、大众动员的力学时,非常具有启发意义的素材,它与这股历史大潮的关系在大阪世博会的时代就已经成为过去了。因此,当通产省方面邀请我参与爱知世博会的计划制定时,我对这一任务没有太大的兴趣。

然而,当我逐渐被卷入围绕爱知世博会的混乱和骚动的过程中时,于不知不觉中开始用"社会学者"而不是"历史学者"的眼光来看待事态的发展。一方面,我与当地的自然保护团体以及试图在世博会中探寻市民参与的可能性的人们保持着各种往来。另一方面,我在近处窥见了想要推进世博会的国家、自治体和博览会协会的动向。更重要的是,在第四章中讲述的围绕世博会计划的是非的一连串骚动中,我作为一名内部人员见证了整个过程。尽管这并非我的本意,但却是参与观察的绝好机会,而参与观察正是社会学者所擅长的。通过爱知世博会的问题,我开始注意到,对于博览会这一主题,有必要从与我以往的观点大不相同的角度重新提出一系列问题。

这就是将战后日本的博览会,尤其是世博会不仅看作〈政治〉的舞台,而且看作"政治"的舞台加以重新审视的重要性。在《博览会的政治学》中,博览会中的微观政治,也就是国家在博览会上试图呈现的世界形象及组织中的各种战略,以及出展人和观众们之间交织的目光的政治,这时围绕形象的编排和接受的政治学是主题。这里的政治不是所谓的政治学所研究的政治，而是指对文化的权力作用的关注在扩大过程中浮现出来的微观〈政治〉的力学。

但是，博览会不仅是这种微观的文化权力互相争斗的舞台，而且是更狭义的政治学意义上的权力，即不同的政治主体行使其影响力、交涉能力和达成某种目的的意志，同时又互相冲突，某一方的意志时而被采纳时而被无视，在保持紧张的同时进行调整的"政治"的舞台。正如本书中所指出的那样，大阪世博会以降的战后日本的世博会及地方博览会与经济增长、开发主义有着显著的关联，我认为，作为"政治"舞台的世博会这一观察角度尤其不可缺少。拙著《博览会的政治学》中有关大阪世博会等的考察在这种幕后"政治"的层面的分析中，很明显没有进行充分的展望。

我必须再写一本关于博览会的书。这本书将和前一本书一样，把博览会理解成政治的舞台，但焦点不是人们在会场中的经历，即不是展品、形象与人们的目光之间产生的故事，而是到开幕为止的准备过程，也可以说是到开演为止的准备过程中，不同立场的主体之间的互相争斗。我一直认为，有必要从这样的角度来试着对战后日本的世博会历史提出问题，有必要在战后日本的历史性展望中明确下列事项：爱知世博会中作为自己的问题被提出的事情的意义；很多伙伴和朋友们在尝试中碰壁，没有完成的事情的意义；部分实现了的事情的意义。

战后世博会史的主体们

回顾这段历程就会发现，围绕爱知世博会的一连串纠纷、混乱和骚动的过程使得贯穿战后世博会史的若干主要主体浮现了出来。第一个浮现出来的是国家与市民的关系。世博会首先是在国家的主导下进行准备的活动，在经济高速增长期以降的日本，这一点的意义尤其重大。另一方面，最初几乎没有进入组织者一方视线的市民的存在逐渐变得重要起来，最后使得世博会计划在国家的主持下进行了根本性的修正。在世博会的准备过程中发生这种骤变的市民与国家的关系在大阪世博会以来的历史中经历了怎样的变迁呢？

第二，国家也好，市民也好，其内部绝不是紧密无间地团结在一起的。在被总称为国家的机构中，地方自治体和中央机关之间存在各种竞争，就爱知世博会来说，爱知县、中部经济界和中央机关一直处于同床异梦的状态。而且，还成立了博览会协会这一具有不同目的和立场的人们的混合部队，它是博览会事业的责任主体。但因为母体分裂为众多立场和目的，所以要想让这种组织有效地发挥作用的话，按理来说需要非同一般的行政手腕。另一方面，市民也不是铁板一块，尤其是自然保护派的市民与城市建设派的市民在立场上的差异经常化为反对派和推进派的差异而表面化。而且，热衷于自然保护或城市建设的市民只是一小部分，实际上对于大部分市民来说，城市建设也好，自然保护也好，甚至是世博会的主题和理念也好，都只不过是来自于媒体的、用来满足其好奇心的新闻片断而已。

第三，是知识分子、艺术家、各种专家等立场不固定的人们。他们与国家及市民这两者有所重叠，时而站在一边，时而站在另一边，时而两边都站。这些人在交涉中可以作为资源加以利用的只有专业知识、方法意识、思想上的展望和语言，并不像官僚那样在有组织的体制中推进计划的制订，也不像市民组织那样在日常实践中形成网络。但是，既然博览会至少属于文化事业，那么，上述广义上的知识分子的参与是不可或缺的。而且，他们在博览会的理念和计划制定中与国家的关系如何，又与市民们如何合作，这将决定博览会能走多远。

最后，贯通上述各种主体的是当地的立场和东京的立场，还有超越国境的国际性立场的互相争斗。在爱知世博会中，以名古屋为中心的市民团体、知识分子、政府和经济界的认知层面和想法与以东京为据点的人们不同。我自己在与濑户、名古屋的人们交往的过程中学到了很多，我发现，即使是同样的事情，东京看不见，而爱知就能看见，而且这种事绝非个例。

说实话，东京＝中央、爱知＝地方这一构造本身是有问题的，在 90 年代，日本列岛的各个地方不通过东京而直接与国际性机构发生联系的可能性增强了。在国家和市民的关系发生位移的同时，"东京"、"地方"等主体的位置关系也处于变化中。从国家、市民、知识分子等基本范畴派生出来的中央和地方、城市建设派和自然保护派等前面提到的若干主体不仅在爱知世博会中，而且在战后的世博会和公共文化事业的历史中也反复登场，以不同的方式互相发生联系。也就是说，在从大阪世博会到爱知世博会的三十几年的岁月中，这种主体网络的结构性布置发生了很大的变化，尽管变化是一点点发生的。

而且，上述变化与日本列岛一直以来的社会结构的变化密不可分地联系在一起，即从经济高速增长期、后经济高速增长期一直到在停滞和混乱中摸索新型社会的形成的现在。因此，通过仔细观察这种变化的历史，我们应该不仅可以阐明战后世博会的有形可见的历史，而且可以刻画出使得世博会事业得以反复实现的社会语境以及发生在其中的结构变化。

2 战后世博会终结之后

战后世博会与开发主义

本书就是出于上述想法而写成的。在此，作为总结，我想再一次盘点在前面的考察中所阐明的要点。

第一，本书各章中所讲到的四次世博会在发端上有着显著的同时代性。如前所述，日本政府决定举办大阪世博会是在东京奥运会即将开幕的前夕；作为筑波科技博览会舞台的学园城市计划也是在 60 年代初开始推进的；冲绳海洋博览会则明显是在大阪世博会的影响下，作为"向本土看齐"的象征而策划出来的；而爱知世博会也是作为化为泡影的名古屋奥运会的替代方案被构想出来的，其发端与大阪世博会、冲绳海洋博览会、筑波科技博览会一样，孕育于收入倍增和经济高速增长的梦想中，这点我已经阐明了。

第二，四次世博会都是知识分子与国家的文化（开发政治）面对面进行交涉的舞台。换言之，也可以说在每次世博会上，战后政治中的智慧本身的实际情况都受到了考验。确实，我们可以看到，知识分子在世博会上试图探索的主题超越了将近四十年的时间间隔，具有明显的连续性。例如，从大阪世博会主题委员的目标——用来克服世界面临的"不和谐"的"人类的智慧"到爱知世博会的主题"自然的睿智"，都有着相通的基础。至少在知性理念的层面上，大阪世博会的目标是摆脱启蒙知识方面的西洋中心主义，冲绳海洋博览会的目标是地区性历史的全球性,爱知世博会的目标则是凭借自然的睿智超越开发主义。但是,在实际的世博会场呈现出的却经常是未来都市的风景,很难说上述主题或理念得到了理解。而且,也很难说战后的知识分子认真地探寻过填补这种乖离的方法论。

第三,战后世博会与地域开发的结合看上去不仅不是附带性的,而且有着非常稳固的结构。大阪世博会在毗邻千里新城的地方举办并非偶然,而在冲绳海洋博览会举办时,为了从本土政府获取更大的公共投资以完善干线道路,特地将离那霸较远的本部半岛作为会场,目的就是完善北部开发的基础设施建设。另外,筑波科技博览会在构想时带着一个明确的目的,即促进筑波研究型学园城市的事业,这在前面已经论述过了。爱知世博会原本也是与包括中部国际机场建设在内的东部丘陵开发、卫星城市的建设事业等相关的项目。因此,在整个战后史中,不存在不与"开发"相关联的世博会。正因如此,爱知世博会在某个阶段敢于提出"超越开发"这一主题,确实是一次非常冒险的尝试。

第四,尽管战后的世博会始终与开发主义联系在一起,对于知识分子提出的主题和理念,只是当成一种"口号",但世博会与其周边的市民社会的关系在这四十年中发生了巨大的变化。在大阪世博会上,对于这一举国盛事,一般市民和当地居民很少有批判性参与的余地,最多也就是参加"反博会"。在冲绳海洋博览会举办时,对冲绳的居民们来说,世博会本身只不过是被从本土带到冲绳的异质空间。但是,到了筑波科技博览会时,作为国家盛典的世博会开始显露出破绽,同时,有市民尝试举办非 EXPO 的 AXPO,也有人在世博会场的周边开设环境展馆。在爱知世博会上,这种趋势很明显获得了爆发式的发展。

总的来说,战后日本的世博会的历史首先是知识分子们的理念在博览会协会的矛盾体制中反复遭受挫折的历史,其次是成为会场的日本列岛的丘陵地带、沿岸地带及其毗邻地区以与其他全国性公共事业联动的形式被开发,其自然景观被迫改变面貌的历史,第三是数量庞大的大众在由此诞生的大同小异的未来都市中寻找确认自己的"富裕"的舞台的历史。但是最后,在上述历史的周边，也是具有从内部破坏这一幻想系统的潜力的市民们逐渐成长的历史。

战后世博会的长期热潮的终结

综观从大阪世博会到爱知世博会的历史，可以明确一点，即贯穿战后日本的世博会史的各趋势之间的比重在一点点发生变化。爱知世博会以降，一直到筑波科技博览会为止的那种伴随着会场建设而发生的对自然环境的破坏已经不可能重现，曾经徘徊在世博会边缘地带的市民政治则正在登上主舞台。另外，已经不可能再与地域开发轻易结合起来的世博会事业对地方自治体、当地经济界和政府来说，将变得不那么诱人，今后将逐渐不再被认为是值得投入巨额的国家和自治体预算举办的活动。爱知世博会可能不仅是战后日本始于大阪世博会的世博会长期热潮的最后一次，大概也会成为在日本举办的最后一次世博会。

的确，2010 年将要在上海举办大规模的世博会，此后，世博会也将在若干个国家以不同的面貌举办下去吧。然而我们可以认为，在战后日本，支撑世博会持续举办的结构性条件已经在围绕爱知世博会的一连串事件中丧失了。从收入倍增到东京奥运会，然后到大阪世博会，再到冲绳海洋博览会和筑波科技博览会，众多博览会活动中一直持续的开发主义活动的战后史如今终于要落下最后的帷幕了。也许，这最后一幕象征着战后国家体制自身的终结。

我们应该把这一历史变化看作巨大的进步而加以称赞吗？在某一方面确实如此。爱知世博会发生的"混乱"一定会作为战后世博会史的最大收获之一留在人们的记忆中。从 1970 年一直持续到 90 年代的战后型博览会已经没有必要在 21 世纪继续留存，也无法继续留存。一直以来，支撑这些世博会和地方博览的首先是这个国家和地域社会团结一致，追求经济增长、经济发展、地域开发和富裕的梦想的感情构造。对于这种总动员型梦想的样式，我们已经可以不用承袭了。

然而，如果是这样的话，未来我们将要走向何方呢？在这一点上，爱知世博会历经曲折，不知不觉从"国家"的世博会慢慢演变成了实质上的"丰田"的世博会一事具有象征意义。在开发主义的经济政策和战后国家的世博会举办系统露出破绽之后，作为主角登场的不一定只有市民的新型政治。作为比市民联合的扩大强大得多的趋势，能够左右全球市场动向的巨型企业在公共文化领域也开始具有主导性的影响。从80年代开始，时代的趋势就已经转向了迪斯尼乐园以及后来的六本木新城等巨型文化·商业复合体，而不是世博会。当战后世博会的长期热潮终结之后，这种趋势大概会越发明显。

向越境式的市民的亚政治前进

因此，我们必须研究新情况和新主体的配置。国家、市民再加上知识分子这样的框架结构已经无法把握后世博会时代的战略状况了。

正如在序章中提到的那样，60年代以降，中央的官僚们能够持续对国内企业和地方政府握有主导权。尤其是世博会，它曾经是作为主体的国家的"指导性"影响力对国内企业发挥巨大作用的舞台。但是，在90年代战后经济系统崩溃和全球化的浪潮中，主角明显已经不是国家，而是国际资本和市场。面对这样的市场和资本的力量，本书中所提及的市民政治能在多大程度上保持有效的批判力呢？

2000年2月，当《中日新闻》的独家报道导致的混乱通往讨论会议的道路已经开始显现的时候，我为《朝日新闻》写的一篇简短的爱知世博会论是以下面这段话结尾的。

> BIE主席警告通产省官僚说："你们正踩在地雷上"。但是我认为，爱知世博会的脚下不是地雷，而是岩浆。是试图封住这些岩浆，却反而在其喷发中和世博会理念一起被摧毁，还是和这股岩浆一起在世博会历史上引发地壳变动，爱知世博会如今正站在一个岔路口。（《朝日新闻》，2000年2月3日晚报）

我在这里之所以说"岩浆"而不是"地雷"，是因为我想指出，推动爱知世博会转变的不仅是环境世博会与新住事业的矛盾，还有市民的新型社会形成的契机，这比表露在外的矛盾更深、更广，与在地下发生的地壳变动和社会性活断层的存在有相通之处。然而,岩浆喷发流出之后,虽然经常会带来强烈的变化,但不久就冷却凝固了。要想让"岩浆"和地下活断层成为新型社会形成和文化创造的持久性力量,需要对这一新情况有恰当的认识,还需要面向未来的理论化。

实际上,在近年的社会学领域,在上述方向上进行的若干试论已经开始受到关注。例如,本书中论述的政治变化与乌尔里希·贝克①(Ulrich Beck)的下列观点相近:随着工业社会向"风险社会"过渡,一方面是统治机构的政治空洞化,另一方面是"政治性事物不依赖于制度的复活",这两方面是同时发展的。如今广泛存在的国家统治机构的受挫和对利害得失的关心的个人化绝不意味着"政治的终结",而是"政治性事物在超越公共权限和公共等级的地方突然出现,并迸发出来"。"从上方眺望政治、只是盼望结果的人都忽视了政治性事物所具有的自我组织性"。这一自我组织性如今"正在从'亚政治'这一方面推动社会的众多领域,甚至可以说是所有领域"(《自反性现代化》,而立书房,1997年)。

贝克所说的亚政治在如下两点上与以往的"政治"有所区别。第一,位于以往的合作主义政治系统(政党政治)外部的专业人员、职业集团、市民运动等正在登上决定政策的舞台。第二,不仅是已有的机构和运动组织,而且个人也作为政治的形成力量在进行竞争。从"上方"观望时,这些无数的亚政治的崛起看上去像是行政力量的丧失和政治的萎缩。但实际上,"一直没有参与实质性的技术化和工业化过程的团体,即市民、公众、社会运动、专家集团、在现场劳动的人们,等等,对于社会协定的产生具有发言权并参与到其中的机会正在增大"。

如今,新的高速公路、垃圾焚烧厂、与核能和生物科技有关的工厂和研究所的建设到处都在遭到居民团体的反对。反对很有力,同时也网络化了。从管理的一方来说,他们认为对所有人有好处才进行规划的事情反而被大多数人认为是灾难,从而遭到反对,面对这样的事态,他们逐渐迷失了方向。政府官员们没有注意到,

---

① 乌尔里希·贝克(1944~),德国社会学家,慕尼黑大学和伦敦政治经济学院教授。

双义性正在侵入社会变化的中心。

此时,以往的行政主导型的调整系统无法有效地发挥作用。此前的"单纯的"现代化是向着既定目标前进的直线型过程,与此相对应,如今正在扩大的"自反性"现代化则是不同的价值、目的和思考一边交叉结合一边分化的过程。因此,当务之急不是承认既定方针,而是形成一个允许双义性,互相越境,能创造出多面性意义的媒介系统。贝克认为,这种利害和主张有着多重对立的系统之间的调整可以从各种"圆桌会议"中找出恰当的初步模式。

这时,要想使"为了工业与政治、科学、居民之间能够取得共识的合作关系的框架"获得成功,必须满足下列条件。首先,管理者和专家必须抛弃这样一种想法,即自己比普通人更加知道正确的标准。第二,已经无法将居民、公众、社会运动家、在现场工作的人们等此前一直没有直接参与政策决定的人群排除在会场之外。第三,所有参加会议的人都必须认识到,并不是已经形成了决策,而是留有方针转换的可能性。第四,专家和管理者进行的非公开的交涉不管结果如何,都必须过渡到在尽可能大的范围内和各种行为主体之间进行的公开讨论。

与贝克一样,阿尔韦托·梅鲁西[1](Alberto Melucci)也认为:"我们所面临的不是政治的终结,而是其彻底的重构"。现在,"我们每天都在目睹政治性审级(political instanees)多样化并扩散的过程。在社会生活的各个领域,或者是各种组织和制度的内部,权威规定正在向政治关系转变。由于这种权威事物向政治事物的变化,此前只能通过权力权威性地传达规定的领域中,有必要引进新的交换系统和谈判步骤"(梅鲁西《现代的游牧民》,岩波书店,1997年)。梅鲁西在上面的叙述中看清了一种事态,即贝克所说的由于亚政治的崛起,以往的行政主导型的调整系统变得不起作用了,无论如何都需要形成一个允许双义性,互相越境的媒介系统。

我再次强调一下,这绝不是政治的终结。如今的集合式行为的形式"正因为扎根于日常生活的经验中,所以是前政治的(prepolitical),正因为政治势力无法完全代表这一行为形态,因此它又是

---

① 阿尔韦托·梅鲁西(1943~2001),意大利社会学家,研究领域为社会运动。

超政治的（metapolitical）"。这意味着政治场所自身的相位变化，以及政治向日常领域和扩散性领域的复合化。正因为如此，这种社会的社会运动将会在有限的地区和期间内，作为一时性、流动性的网络而加以展开，像过去那样由固定的组织或政党持续承担这种运动已无可能。不过，由于这种一时性、个别性的运动被发动起来，此前一直在暗处的日常政治的扩大便逐渐表面化了。

梅鲁西认为，全球化强化了这种社会运动的分散化和多维化趋势。如今，行为的机会和抑制的领域呈多极化，在跨国性系统中被重新定义。在世界各地，运动多元性地包含了不同历史起源的问题和纷争，同时在现在这一单一性时间中被网络化。很明显，环境也好，人权也好，女权主义也好，原住民的权利恢复运动也好，甚至是原教旨主义运动也好，如果不考虑全球语境中的日常政治的扩大的话，是无法理解运动的迅速崛起的。

全球资本主义与世博会幻想

贝克关于风险社会中政治的再创造的阐述作为解释围绕爱知世博会的一系列事态的辅助工具是有效的，而且很显然，爱知世博会讨论会议正类似于贝克所说的意义上的圆桌会议。另外，在爱知世博会的纷争中变成一股洪流的来自市民的浪潮，可以理解为梅鲁西所说的作为一时性、流动性网络的社会运动，这也没什么困难。这样看来，在新的亚政治和市民们的越境式网络扩大的情况下，我们的确可以准确地预告战后日本的世博会幻想的终结。

然而，尽管如此，最后必须提及以全球资本主义为背景的两种可能性，即本书中所论述的世博会幻想改头换面后全球化的可能性，以及作为跨国性超级事件而不是国家事件的世博会继续被举办，并创造出更高级的幻想系统的可能性。

在此首先被想起的就是计划将于 2010 年举办的上海世博会。中国政府于 1999 年确定了上海要申办世博会，2002 年在 BIE 全体大会上获得了举办权。在举办计划中，会场是纵贯上海市的黄浦江两岸的地段，总面积约为四百公顷，最大入场人数预计为七千万人，从中国的人口规模和如今的经济发展来看，这不是不可能实现的数字。会场设计将由在国际建筑设计比赛中选中的法国建筑家团体负责，方案已经确定，中心是连接黄浦江两岸的长六百米、高二百五十米的高耸的步行桥。

中国政府试图将这次世博会作为与全球资本主义的大潮融为一体的活动来举办。为了进行世博会的会场建设、基础设施建设、企业招募等实质性运作,成立了一家名为"上海世博有限公司"的股份制公司,其股票将在香港等地上市。上海市将为会场建设等工程首先提供两百亿人民币的资金,世博会的资金估计将由这种政府资金、通过发行股票获得的资金以及会场后续利用中获得的回收资金组成。总之,本应是社会主义国家的中国的世博会计划,比起战后日本的行政诱导色彩浓厚的世博会来,其资本主义色彩要明显得多。

在规划中,上海世博会的举办是与上海市在功能上的重新配置融为一体的。会场候选地是一直以来支撑着上海现代工业的河岸地区,也就是说,世博会是与这一滨水地区的再开发计划一起被列入规划的。因为是老街区,所以已经有相当数量的居民生活在那里,据说按照规划,将有八千五百户、两万五千多人被迫迁出现在的住所。这种拆迁规模在日本是很难想象的。另外,这一带林立着发电厂、造船厂、钢铁厂等数百家工厂,这些工厂的重新配置也同时列入了规划。当工厂群搬迁之后,这一带不仅将举办世博会,还将建设环球影城(Universal Studio)那样的主题公园,举办世博会与城市再开发的战略性结合是显而易见的。

不过,这真的是新的动向吗? 众所周知,中国在 2008 年也将举办北京奥运会,因此,在很多日本人眼里,北京奥运会与上海世博会的组合必然会和大约四十年前的东京奥运会与大阪世博会的组合重叠起来。事实上,上海世博会的主题"Better City, Better Life(城市,让生活更美好)"看上去直截了当地表现了对于经济增长神话的大众性梦想。在构想这次世博会时,似乎完全没有本书中所论述的变化,只是将其作为重新确认"开发"带来的富裕的舞台。

近年来,由于急速的工业化,中国正在发生各种公害、环境问题以及伴随着城市化出现的社会弊端。由于国家的人口规模异乎寻常地大,因此对地球环境的影响也很大。但是,在上海世博会上,焦点不是这些问题,而是让这个国家的很多人醉心的城市中的富裕。因为举办这次世博会的最大目的是大都市的再开发，所以"城市"本身成为主题也可以说是理所当然的。但即便如此，如此公然地标榜"更富裕的未来"的主题在近年还是很罕见。中国大众会想要在 2010 年的黄浦江畔看到日本大众 1970 年在千里的世博会场幻视的梦想，并一起涌向江畔吗？本书中论述的世博会幻想的中国版会进一步扩大规模而上演吗？

世博会幻想的走向

如果将视野扩大到韩国、中国以及东南亚、印度、俄罗斯、伊斯兰各国，世博会的未来就不太明朗了。以上海世博会为开端，在中国的其他很多城市举办世博会的可能性也无法否定。超越战后日本的世博会热潮规模的世博会长期热潮在 21 世纪初的中国大陆出现的可能性并非为零。

另一方面，在韩国，汉城奥运会举办五年后的 1993 年也举办了一次开发主义色彩浓厚的世博会，主题是"Challenge of a New Road to Development（通往发展的新道路）"，在 BIE 与上海争夺世博会举办权到最后的是韩国的丽水。在中国和韩国，将世博会作为开发的强有力手段加以使用的可能性仍然存在，而且这种可能性随着全球化中的人口移动和信息流通的爆发性增长，正在扩展到世界各地。

在这种情况下，本书所分析的战后日本的世博会热潮的经验会有怎样的批判性价值呢？的确，对于将来可能会在中国、韩国等亚洲各国举办的世博会或其他都市型超级事件，并不能原封不动地适用在战后日本这一特殊历史语境中产生的世博会政治的构造。事实上，在比日本具有更明显的权力秩序的韩国和中国，像博览会协会这种混合型组织缺乏统率力的缺点也许会得到改善。知识分子与国家项目的关系也会和日本呈现出不同的面貌吧。

然而，这些亚洲的超级事件能够跨越与开发主义的结合和未来都市的幻影吗？另外，围绕事件的市民们将会如何形成自己地方性/全球性文化创造的基础呢？

参考文献

　　以下的文献列表主要聚焦于本书中所论述的战后日本的四次世博会。有关博览会史的更广泛的相关文献，请参阅拙著《博览会的政治学》的参考文献列表。

　　浅田孝："后世博会"，《美术手帖》，1970年7月号增刊，1—6页

　　新崎盛敏："在冲绳设立海洋研究所"（上中下），《冲绳Times》，1970年6月9日—11日

　　新崎盛敏："围绕海洋博览会的诸问题"，《新冲绳文学》28号，1975年，159—166页

　　粟津洁等："特集　土法的思想——主体与技术"，《设计批评》，1969年9月号

　　五十岚太郎等："特集　世博会的远近法"，《10＋1》第36号，INAX出版，2004年，63—186页

　　池口小太郎（堺屋太一）："表达'日本'"，《朝日杂志》，1967年10月22日号，103—106页

　　池口小太郎（堺屋太一）：《日本的世博会——其意义·计划·效果》，东洋经济新报社，1968年

　　池口小太郎（堺屋太一）：《世博会与未来战略——商业人士指南》，Diamond社，1970年

　　石井威望等："座谈会　从科技世博会看日本的未来"，《文艺春秋》，1985年7月号，94—104页

　　石川弘义：《欲望的战后史》，太平出版社，1981年

　　石川真澄："'土木建筑国家'日本"，《世界》，1983年8月号，50—61页

　　石原纪彦："环境评估与市民参与——以爱知世博会的环境评

估为例",《环境社会学研究》第 7 号,2001 年,160—173 页

矶崎新:"我很失望",《朝日杂志》,1967 年 10 月 22 日号,107—108 页

矶崎新:《走向空间》,美术出版社,1971 年

井上元:"爱知世博会中海上森林保全的制度化过程——从市民参与计划制定的角度",《演习林报告》,东京大学大学院农学生命科学研究科附属演习林,第 107 号,2002 年,225—240 页

伊原义德、福田信之等:"特集 国际科学技术博览会",《筑波论坛》,筑波大学,第 14 号,1981 年 2 月

保罗·维希留(Paul Virilio):《速度与政治》,平凡社,1989 年

上地强等:"建设富裕的县 第二部·对开发的摸索 冲绳海洋博览会"(15)(16),《冲绳 Times》,1970 年 4 月 16 日、23 日

上地强等:"打开大海——冲绳新的可能性 第 2 部·海洋博览会"(9)—(14),《冲绳 Times》,1971 年 3 月 4 日—4 月 22 日

上地合:"本土资本进入冲绳",《世界》,1973 年 6 月号,69—71 页

上田隆等:"特集 从废墟到遗产——33 年后的大阪世博会",《建筑杂志》第 1066 号,2004 年,35—49 页

上田哲等:"座谈会 媒体的大作'世博会的虚像'",《媒体市民》第 42 号,1970 年 10 月号,26—41 页

乌贺阳弘道:"环境 NGO 真可怕——爱知世博会为何会遇阻",《AERA》,2000 年 3 月 27 号,18—20 页

后房雄编:《围绕爱知世博会的"为了验证和扩大市民参与的论坛"报告书》,2003 年

内田隆三:《消费社会与权力》,岩波书店,1987 年

荣久庵宪司等:"座谈会 EXPO'70——剖析企业展馆!",《宣传会议》,1970 年 6 月号,98—107 页

经济学家杂志编辑部:《经济高速增长期的证言》上下,日本经济评论社,1999 年

FSM 志愿者、爱知世博会东京研讨会实行委员会:《爱知世博会·市民的睿智——打开的 21 世纪之门》,2000 年 9 月

大阪市立博物馆:《世博会启封——时间胶囊 EXPO'70 与大

阪世博会》,大阪市立博物馆,2000 年

大城立裕:"私观·海洋博览会",《冲绳思潮》,第 1 卷第 3 号,1974 年,16—21 页

大畑裕嗣、成元哲、道场亲信、樋口直人编:《社会运动的社会学》,有斐阁,2004 年

大宫知信:"啊,筑波博览会真惨!",《宝石》,1985 年 10 月号,88—95 页

大宅映子等:"座谈会 科技世博会·谁都不知道的事情",《妇人公论》,1985 年 4 月号,86—93 页

大宅壮一:"'虚荣的集市'世博",《星期天每日》,1968 年 2 月 11 日号,122—123 页

冈河贡:"'经济高速发展的神社'的技术",现代主义日本研究会编《再读/日本的现代建筑》,彰国社,1997 年,295—307 页

冈部一明:《互联网市民革命》,御茶水书房,1996 年

冈本惠德:"思考海洋博览会——文化方面的思考"上下,《冲绳 Times》,1975 年 7 月 18 日—19 日

冈本太郎、桑原武夫:"对谈 冒险的精神",《朝日杂志》,1967 年 10 月 22 日号,96—103 页

冲绳经营者协会:"要让海洋博览会成功!",《冲绳春秋》7 号,1973 年,18—23 页

冲绳县冲绳国际海洋博览会协力局:《冲绳国际海洋博览会推进活动的现状与当前的课题》(海洋博览会会议资料),1972 年

冲绳县冲绳国际海洋博览会协力局:《冲绳国际海洋博览会概要》(海洋博览会资料),1973 年

冲绳县冲绳国际海洋博览会协力局:《关于冲绳国际海洋博览会的准备情况》(冲绳县报告书),1973 年

冲绳县工会协议会:"海洋博览会是反国民的措施",《冲绳春秋》7 号,1973 年,24—29 页

保护冲绳的文化和自然十人委员会编:《冲绳丧失的危机》,冲绳 Times 社,1976 年

荻昌弘:"世博会影像总批判论Ⅰ—Ⅵ",《电影旬报》,1970 年 6 月下旬号—10 月上旬号

海上森林网络:《96 年度版濑户市海上森林调查报告书——从自然环境看爱知世博会基本构想的问题》,1997 年 4 月

停办海上森林的世博会县民会议:《充满疑问的爱知世博会》(明白易懂的世博会小事典 vol.2),1999 年 1 月

贝沼洵编:《现代地方都市的"地方性调整样式"的社会学调查研究》,平成 11 年度科学研究费补助金研究成果中期报告书,2000 年 3 月

"即将开幕！对有缺陷城市的世博会的提议集",《周刊言论》,1970 年 3 月 20 日号,8—13 页

在冲绳举办海洋博览会推进协议会:《海洋世界博览会在冲绳举办的基本构想》(报告书),1971 年

曼威·卡斯特(Manuel Castells):《城市与市民》,法政大学出版局,1997 年

片木笃等:"特集　这样可以吗？爱知世博会",《C&D》,名古屋 CD 论坛,第 120 号,1999 年,18—44 页

加藤秀俊等:"特集　世博会与广播电视/对未来文明的挑战",《广播电视文化》,1970 年 4 月号,2—25 页

川田顺造等编:《现在为何要讲"开发与文化"》(岩波讲座　开发与文化Ⅰ),岩波书店,1997 年

神田真秋等:"地域文化振兴及其主体",《平成 11 年度长久手町文化之家事业记录》,长久手町,2000 年 3 月

"季刊危机"编辑委员会编:《筑波 EXPO 读本》(季刊危机　临时增刊),社会评论社,1985 年

"记者座谈会　极其喧嚣的海洋博览会会场",《冲绳 Times》,1975 年 7 月 11 日

北田晓大:《广告都市·东京》,广济堂出版,2002 年

本津川计:《通往含羞都市》,神户报纸出版社中心,1986 年

The Queens Museum, *Remembering the Future*：*The New York World's Fair from* 1939 *to* 1964，New York：Rizzoli, 1989

串间努:《虚幻世博会》,小学馆,1998 年

国吉真永:"来自大海彼岸乐土的桃太郎",《新冲绳文学》28 号,1975 年,167—181 页

久场政彦、宫本宪一:"冲绳经济开发的原则",《世界》,1970 年7 月号,178—200 页

久场政彦、宫本宪一:"为冲绳经济开发提建议",《世界》,1972 年7 月号,115—133 页

久场政彦、宫本宪一:"冲绳经济开发——现在能做什么?",《世界》,1973 年6 月号,52—64 页

久保田治夫:《筑波研究型学园城市——头脑都市的周边学》,筑波书林,1981 年

栗原彬:"现代日本的新社会运动",《The Journal of Pacific Asia》第 5 卷,1999 年,5—23 页

栗原彬:"市民政治的议程——向生命政治前进",《思想》第908 号,2000 年,5—14 页

来间泰男:"思考海洋博览会——文化方面的思考"上中下,《冲绳 Times》,1975 年7 月 15 日—17 日

黑川纪章、下河边淳:"临时设置的城市——EXPO'85 的会场概念",《新建筑》,1985 年5 月号,150—156 页

桑原武夫等:"座谈会 对世博会提要求",《朝日新闻》,1969 年9 月 15 日

桑原丰:"围绕会场后续利用的异议层出不穷",《日经建筑》,1999 年 12 月 13 日号,114—117 页

现代风俗研究会编:《现代遗迹·现代风俗 '91》(第Ⅰ部 日本世博会的故址),Libroport,1990 年

合田周平:"不要把筑波科技博览会办成杂技比赛",《宝石》,1982 年 10 月号,228—234 页

五木田悦郎:"研究型学园城市与自然",《朝日新闻》,1974 年9 月 20 日

国营濑户海上森林里山公园构想推进联络会:《"国营濑户海上森林里山公园"的基本设想》,1999 年 11 月

国营濑户海上森林里山公园构想推进联络会:《为了实现"海上森林里山公园"——市民提议的基本设想 2》,2001 年 3 月

国营濑户海上森林里山公园构想推进联络会:《从海上森林想开去! 森林·水·生物》,2002 年 2 月

后藤道夫等:"特集　开发主义国家与'结构改革'",《政治》第5号,旬报社,2002年

五野井博明:"想在'筑波科技博览会'上捞一笔的商家们的严重判断失误",《流言的真相》,1985年8月号,86—92页

小林传司:"名为'共识会议'的试验",《科学》第69卷第3号,1999年,159—163页

堺屋太一:"筑波科技博览会将如何改变日本",《中央公论》,1985年4月号,112—117页

佐佐木隆文:"穿过作为反乌托邦的世博会",《新建筑》,1970年5月号,255—262页

佐野正一、石田润一郎:《纪闻 关西的建筑》,日刊建设工业报社,1999年

柴田翔:"反叛世博会气氛的快活的'小孙悟空'们",《周刊朝日》,1969年6月6日号,90—94页

市民参与研究会:《地球市民项目构想方案》,2000年7月

下河边淳:《对战后国土规划的证言》,日本经济评论社,1994年

周刊东洋经济编辑部:《世博会读本》(周刊东洋经济临时增刊),1966、67、68、69年版,1966—69年

胜连哲治:"海洋博览会使冲绳混乱",《世界》,1973年6月号,66—68页

查莫斯·约翰逊:(Chalmers Ashby Johnson)《通产省与日本的奇迹》,TBS—BRITANNICA,1982年

"'忍耐与长蛇阵'的EXPO24小时",《周刊朝日》,1970年3月27日号,16—21页

住井末:"对筑波科技博览会的思考",《生活手帖》,1985年7—8月号,134—139页

总理府广报室:"日本世界博览会",《月刊舆论调查》,大藏省印刷局,1970年2月号

时间胶囊 EXPO'70 启封委员会事务局编:《时间胶囊EXPO'70第1回·启封的记录书——给2100年的留言》,每日新闻大阪本社制作(限量版),2001年

高崎裕士:"港岛博览会观后感",《朝日新闻》,1981 年 7 月 29 日晚报

高野雅夫:"海上森林保住了,但是——爱知世博会后来的发展",《科学》第 70 卷,2000 年,911—914 页

高桥秀实:《民主主义的诡计》,草思社,2002 年

多木浩二:"世博会反对论",《展望》,1969 年 1 月号,172—177 页

多田治:"冲绳海洋博览会的再讨论:其内容分析"(1)(2),《琉球大学法文学部人间科学科纪要 人间科学》第 9 号,2002 年 3 月,155—185 页;第 10 号,同年 9 月,111—148 页

多田治:《冲绳形象的诞生——蓝色海洋的文化研究》,东洋经济新报社,2004 年

丹下健三等:"主集 日本世博的设施",《建筑杂志》第 1021 号,1970 年 3 月

团纪彦等:"特集 迷失方向的世博会向何处去",《C&D》,名古屋 CD 论坛,第 123 号,2000 年,21—53 页

通商产业省企业局:《日本世界博览会 政府官方记录》,通商产业省,1971 年

通商产业省编:《通商产业政策史》第 1 卷(总论)、第 11 卷(经济高速增长期[4]),通商产业调查会,1993—94 年

筑波研究型学园城市生活记录会编:《长靴与星空》,筑波书林,1981 年

辻笃子等:"特集 科技博览会——筑波 '85",《科学朝日》,1985 年 2 月号,12—46 页

都筑响一:《Instant FUTURE:快餐式未来 大阪世博会,或 1970 年的白日梦》,ASPECT,2000 年

迈克·戴维斯(Mike Davis):《要塞都市 LA》,青土社,2001 年

照屋唯夫:"思考海洋博览会——文化方面的思考"(1)—(3),《冲绳 Times》,1975 年 6 月 26—28 日

居伊·德波(Guy Debord):《景观社会》,平凡社,1993 年

阿兰·图海纳(Alain Touraine):《反核运动的社会学——预言未来的人们》,新泉社,1984 年

阿兰·图海纳(Alain Touraine):《现代国家与地区争端——法国与欧西坦》,新泉社,1984 年

"会员座谈会 日本世界博览会——征询其意义与现状",《人类与科学》第 1 号,比睿书房,1969 年,68—88 页

都市研究所 SPACIA:《关于市民参与国际博览会的可能性的调查》,1999 年 5 月

中里友豪:"思考海洋博览会——文化方面的思考"上下,《冲绳 Times》,1975 年 7 月 9 日—10 日

名古屋学院大学 EXPO2005 项目研究:《EXPO2005:地域的智慧》,2001 年 5 月

名古屋学院大学综合研究所 EXPO2005 项目研究:《关于 EXPO2005 举办效果的问卷调查报告书》,2003 年 6 月

"名古屋的困境",《周刊钻石》,1999 年 11 月 27 日号,136—139 页

波平恒男:"从大城立裕的文学看冲绳人的战后",《现代思想》临时增刊号,第 29 卷第 9 号,2001 年,124—153 页

西山夘三:"日本世博会的构想与现实",《新建筑》,1970 年 5 月号,294—297 页

开启 21 世纪之梦研究俱乐部:《来自开启 21 世纪之梦研究俱乐部的讯息·孵化梦想》,1997 年 5 月

2005 年日本国际博览会协会:《2005 年日本国际博览会(爱知世博会)基本计划》,2001 年

2005 年日本国际博览会协会:《关于市民参与促进方法的讨论调查报告书》,2000 年 10 月

2005 年日本国际博览会协会:《环境项目小组讨论成果报告书》,2001 年 1 月

日本自然保护协会:《验证 2005 年爱知世博会构想——里山自然的价值与"海上森林"》,1997 年 6 月

日本自然保护协会:《验证爱知世博会的环境评估》,2003 年 4 月

日本世界博览会相关事业推进地方协议会编:《日本世界博览会相关事业建议书》,1996 年 7 月

日本世界博览会协会:《主题委员会会议录》(日本世界博览会官方记录　资料集别册),1971 年

日本世界博览会协会:《会场规划委员会会议录》(日本世界博览会官方记录　资料集别册),1971 年

日本世界博览会协会:《常任理事会会议录》(日本世界博览会官方记录　资料集别册),全 27 册,1971 年

野口武彦:"70 年代的奇怪的白日梦",《朝日杂志》,1970 年 6 月 28 日号,32—37 页

野村综合研究所:《关于日本世界博览会的基础调查》(第Ⅰ编入场人数预测),1967 年

大卫·哈维(David Harvey):《后现代性的条件》,青木书店,1999 年

桥爪绅也:《日本的博览会　寺下勋藏品》,别册太阳 133,平凡社,2005 年

长谷川公一:《环境运动与新的公共圈》,有斐阁,2003 年

滨田忠久、小野田美都江:《互联网与市民》,丸善,2003 年

针生一郎:"疯狂的意识形态",《朝日杂志》,1969 年 1 月 19 日号,5—10 页

"世博会开幕特集　没有见诸报端的内幕故事揭秘",《星期天每日》,1970 年 3 月 22 日号,39—42 页

"摧毁'世博会'！——'安保革命'游击战术的全貌",《周刊读卖》,1969 年 2 月 7 日号,16—25 页

"世博会去看的傻瓜　不看的傻瓜",《周刊读卖》,1970 年 3 月 27 日号,16—21 页

"世博会,投机派与反对派的故事",《周刊言论》,1969 年 6 月 11 日号,98—103 页

平泽正夫:"'文化与人类'缺席的废弃物",《朝日杂志》,1970 年 6 月 28 日号,39—46 页

广木诏三:"海上森林——丘陵地的里山的自然与爱知世博会",《科学》第 68 卷第 6 号,1998 年,443—445 页

福木诠:"逐渐被破坏的冲绳",《世界》,1972 年 12 月号,181—192 页

渊上保美："盛典与坟墓与 EXPO'70"，《媒体市民》第 34 号，1970 年 2 月号，4—12 页

古川隆久："皇纪·世博会·奥运会——皇室品牌与经济发展"，中公新书，1998 年

乌尔里希·贝克（Ulrich Beck）、安东尼·吉登斯（Anthony Giddens）、斯科特·拉什（Scott Lash）：《自反性现代化——现当代的政治、传统、美学原理》，而立书房，1997 年

乌尔里希·贝克（Ulrich Beck）：《风险社会》，法政大学出版局，1998 年

Tony Bennett：*The Birth of the Museum*，Routledge，1995

让·鲍德里亚（Jean Baudrillard）：《消费社会的神话与构造》，纪伊国屋书店，1979 年

卡罗琳·马文（Carolyn Marvin）：《当老技术还是新的时》，新曜社，2003 年

前田茂雄等：《博览会与田中友幸》，日本创造企划株式会社，2003 年

牧野浩隆：《重新考虑冲绳经济》，冲绳 Times 社，1996 年

町村研究班：《围绕博览会的"当地"的社会学——2005 年爱知世博会与濑户地区开发》，一桥大学社会学部町村研究班，1999 年 9 月

町村研究班：《爱知世博会　没有海图的航海——11 个指南针》，一桥大学大学院社会学研究室，2002 年 12 月

町村敬志、吉见俊哉编：《何谓市民参与型社会》，有斐阁，2005 年

松浦智子编：《然后，滩涂保留下来了》，LIBERTA 出版，1999 年

松浦智子、吉见俊哉："往来书简　就爱知世博会问题质问媒体"，水越伸、吉见俊哉：《媒体实践》，Serica 书房，2003 年，251—281 页

松浦智子："为了达成共识和市民参与的会议公开与媒体的功能"，《龙谷纪要》第 26 卷 1 号，2004 年，1—17 页

宫内嘉久："世博会——艺术的思想性责任"，《现代之眼》，

1968 年 9 月号,188—195 页

　　宫内嘉久:"不能说'不'的建筑家",《朝日杂志》,1969 年 1 月 19 日号,16—19 页

　　宫本宪一:"冲绳的地域开发可以这样吗?",《冲绳思潮》第 3 号,1974 年,60—74 页

　　宫本宪一:《地域开发可以这样吗?》,岩波新书,1973 年

　　目加田说子:《超越国境的市民网络》,东洋经济新报社,2003 年

　　阿尔韦托·梅鲁西(Alberto Melucci):《现代的游牧民——为了创造新的公共空间》,岩波书店,1997 年

　　物见山自然观察会:《濑户市海上森林调查报告书——"自然博物馆·爱知"构想》,1995 年 11 月

　　森川嘉一郎:"日本世界博览会　前卫的退却",《20 世纪建筑研究》,INAX 出版,1998 年,16—17 页

　　森山昭雄:"濑户市东南部海上森林的地形、地质与湿地生态系——世博会评估的批判性讨论",《保全生态学研究》第 5 卷,2000 年,7—41 页

　　山崎正和:"来自未来的胁迫",《朝日杂志》,1970 年 7 月 19 日号,4—8 页

　　山本明等:"座谈会　从 EXPO'70 看未来媒体与创意的可能性",《头脑》,1970 年 7 月号,57—72 页

　　山本康雄等:"主集　日本世界博览会的成果",《建筑杂志》第 1030 号,1970 年 11 月

　　屋良朝苗:《屋良朝苗回顾录》,朝日新闻社,1977 年

　　屋良朝苗:《激荡八年　屋良朝苗回想录》,冲绳 Times 社,1985 年

　　吉冈健次:"提出四个疑问——从希望居民进步与和谐的立场出发",《朝日杂志》,1969 年 1 月 19 日号,11—15 页

　　吉田光邦、菅野和太郎、铃木俊一:"座谈会　最后冲刺尚待解决的课题",《朝日新闻》,1969 年 3 月 15 日

　　吉田光邦:《改订版　世界博览会》,NHK Books,1985 年

　　吉见俊哉:《都市的戏剧学》,弘文堂,1987 年

吉见俊哉:《博览会的政治学——目光的现代》,讲谈社学术文库,2010 年

吉见俊哉:"拟像的乐园",多木浩二、内田隆三编:《零的修辞学》,Libroport,1992 年,79—136 页

吉见俊哉:"结束了使命的'博览会'——从文化史看'城市博览会中止'问题",《朝日新闻》,1995 年 5 月 15 日晚报

吉见俊哉:"化为泡影的东京奥运会",津金泽聪广编:《战争时期日本的媒体事件》,世界思想社,1998 年,19—35 页

吉见俊哉:"动摇的爱知世博会——环境与开发的矛盾凸显",《朝日新闻》,2000 年 2 月 3 日晚报

吉见俊哉:"市民参与型社会正在诞生"上下,《世界》,2000 年 12 月号,209—218 页;2001 年 1 月号,269—278 页

吉见俊哉:"围绕'市民参与'的实情(进化的语言③)",《每日新闻》,2000 年 9 月 18 日晚报

吉见俊哉:"冷战体制与'美国'的消费——大众文化中'战后'的地理政治学",吉见俊哉等编:《冷战体制与资本的文化》(岩波讲座 现代日本的文化史 9),岩波书店,2002 年,1—62 页

吉见俊哉:"作为媒体事件的'御成婚'",津金泽聪广编:《战后日本的媒体事件》,世界思想社,2002 年,267—287 页

若林干夫:《未来都市的现在》,广济堂出版,2003 年

后　记

　　也许有很多读者认为,本书的后记可以说已经写完了。正如在末章中提到的那样,本书在某种意义上是我于 1992 年出版的《博览会的政治学》(中公新书,讲谈社学术文库 2010 年再版)一书的续篇。但是,这两本书对博览会的探讨方式有很大的差别。在前一本书中,我聚焦于 19 世纪到 20 世纪中期的"博览会的世纪",交替论述了欧美的世博会和日本的国内博览会,考察了博览会会场中的文化政治学。与此相对,本书不仅是将考察对象转移到了战后日本的世博会上,而且关心的焦点也转向了使世博会得以举办的政治主体之间交错的理念与欲望、抗争与合作。如果说前者的焦点是"目光的现代",那么本书的焦点则是"战后政治的束缚与破绽"。

　　但是,在结束本书之前,有一件事我无论如何都要提一下。那就是本书的作者不是我一个人。促使我非写本书不可的是我们之间的若干次宝贵的相遇。

　　首先遇见的是在整个 90 年代一直进行保护海上森林运动的人们,以曾我部行子女士为首的物见山自然观察会的人们,森山昭雄先生等推进国营濑户海上森林里山公园构想联络会的人们,古南幸弘先生、吉田正人先生、草刈秀纪先生等环境三团体的人们。尤其是已故的岩垂寿喜男先生,在爱知世博会问题最混乱的 90 年代末,他将当地市民团体与全国性环境团体、国际机构以及中央机关的官员和自民党政治家细致地联系在一起,大大改变了当时的状况。岩垂先生是一名战后政治家,他作为总评的事务局长经历了 1960 年安保斗争,从 60 年代末的公害问题到桥本内阁环境厅长官的时代,他又一直致力于后经济高速增长期的环境保护。虽然我和他相遇的时间很短,但我觉得在他身上窥见了最佳意义上的何谓战后政治。

另外,在我参加了博览会协会的策划调整评议会之后,在里面遇见了好几位认真讨论爱知世博会的市民参与问题,摸索其突破口的朋友。包括东京大学的同事船曳建夫先生、名古屋大学的清水裕之先生、梦想俱乐部的佐藤真纪子女士、中部废物利用运动市民会的萩原喜之先生、都市研究所 SPACIA 的井泽知旦先生。另外还有城市规划专家佐佐木叶女士和交通系统专家森川高行先生,从 1999 年到 2000 年,我们共同摸索,试图为协会的委员与当地不同立场的市民牵线搭桥,他们还成立了 First Step Meeting (FSM)。我在 FSM 又结识了环境学专家高野雅夫①。

同时,在爱知世博会讨论会议诞生的过程中我还结识了讨论会议委员长谷冈郁子女士、名古屋学院大学的木村光伸先生、环境评估专家松田裕之②先生和原科幸彦③先生、从环境运动角度一直关心该问题的石原纪彦先生、从公众媒体的角度思考讨论会议意义的松浦智子女士。

另外,在围绕爱知世博会的讨论中,有些人并不总是和我站在同一立场,他们是:当我还在东大生产技术研究所原广司④老师的研究室时就是我的前辈的建筑家隈研吾先生、中泽新一先生,作为环境 PT 负责人在 90 年代后半期博览会协会的构想中处于中心地位的武内和彦先生,在 FSM 成立的过程中一起交谈过的建筑家团纪彦先生,高中时代起就是我朋友的建筑施工方法专家野城智也⑤先生等友人。还有在博览会协会围绕市民参与进行过直言不讳的讨论的通产省的黑岩理先生和村崎勉先生,同样是我高中时代的朋友、但在无法找到与当地市民沟通方法的情况下作为博览会推进室室长(当时)被卷入漩涡中的山田尚义先生,还有在找不到出

---

① 高野雅夫(1962～),名古屋大学副教授,研究领域为地区的可持续发展。
② 松田裕之(1957～),生态学家,横滨国立大学教授。
③ 原科幸彦(1946～),环境评估专家,千叶商科大学教授,曾任东京工业大学教授。
④ 原广司(1936～),建筑家,东京大学名誉教授。
⑤ 野城智也(1957～),东京大学生产技术研究所教授。

口的情况下比谁都苦恼的好几位协会职员。

如果我没有遇见上述各种各样的人们，就不可能想要写作本书。另外，既然有这么多朋友们站在不同的立场上，那么在我身上为什么没能更早出现改变事态的趋势呢？本书的写作也是为了反刍这种自责的念头，这是我想附加说明的。

尽管如此，本书并没有代表上述友人们和有关人员一丝一毫的意见。本书的焦点在于记述从大阪世博会开始的历史，并没能从多方面分析 90 年代末发生的事件，而且即使是这种历史，也只不过是一名社会学家对其所看见的情景的叙述。

因此，对于在书中讲述的故事，必须有更多不同的故事与其对置。作为这种另一角度的同时代分析，我在本书出版的几乎同时，与我的朋友、社会学家町村敬志先生合编了一本关于爱知世博会问题的论文集，名为《何谓市民参与型社会》（有斐阁）。该书横向收集了从不同立场参与一连串过程的众多有关人士的观点和考察。本书是从一名研究者的观点出发的历时性叙述，而该书展示的则是从众多不同观点出发的共时性情景。本书的故事可以说是第一人称式的，它必须被该书中复数人称式的叙述相对化。

对于爱知世博会，我说得有点过多了。本书论述的并非仅仅是爱知世博会，大阪世博会、冲绳海洋博览会、筑波科技博览会也是本书的中心对象。另外我还想再说一句，关于序章中提到的山田洋次的《家族》，我从电影社会学家中村秀之先生那里获得了启发；关于冲绳海洋博览会，从琉球大学的多田治先生那里也受教不少。

最后，我想对筑摩书房的增田健史先生深表谢意，他一次又一次顽强地追踪到多次任性逃走的本书作者，精心完成了编辑工作。

2005 年 2 月 16 日
吉见俊哉

本书原名《世博会幻想》，2005 年由筑摩书房（筑摩新书）出版。

图书在版编目（CIP）数据

世博会与战后日本／（日）吉见俊哉著；李斌译.
—南京：南京大学出版社，2016.2
（阅读日本书系）
ISBN 978-7-305-16501-6

Ⅰ.①世… Ⅱ.①吉…②李… Ⅲ.①城市发展-研
究-日本 Ⅳ.①F299.313

中国版本图书馆 CIP 数据核字(2016)第 023951 号

《BANPAKU TO SENGO NIHON》
© Shunya Yoshimi 2011
All rights reserved.
Original Japanese edition published by KODANSHA LTD.
Simplified Chinese character edition publication rights arranged with
KODANSHA LTD.
Through KODANSHA BEIJING CULTURE LTD. Beijing，China.
本书由日本讲谈社授权南京大学出版社发行简体字中文版，版权所有，
未经书面同意，不得以任何方式作全面或局部翻印、仿制或转载。

江苏省版权局著作权合同登记 图字：10-2013-339 号

出版发行 南京大学出版社
社　　址 南京市汉口路22号　　邮　编　210093
出 版 人 金鑫荣
丛 书 名 阅读日本书系
书　　名 世博会与战后日本
著　　者 吉见俊哉
译　　者 李　斌
责任编辑 田　雁　　　　　　编辑热线 025-83596027
照　　排 南京紫藤制版印务中心
印　　刷 南京爱德印刷有限公司
开　　本 787×1092　1/20　印张 11.5　字数 201 千
版　　次 2016 年 2 月第 1 版　2016 年 2 月第 1 次印刷
ISBN 978-7-305-16501-6
定　　价 45.00 元

网　　址 http://www.njupco.com
官方微博 http://weibo.com/njupco
官方微信 njupress
销售热线 (025)83594756